教育研究量化方法与管理运用：
理论、模型和实例

彭妮娅　著

中国财经出版传媒集团
中国财政经济出版社

图书在版编目（CIP）数据

教育研究量化方法与管理运用：理论、模型和实例／彭妮娅著．－－北京：中国财政经济出版社，2022.12

ISBN 978－7－5223－1780－9

Ⅰ．①教… Ⅱ．①彭… Ⅲ．①教育研究 Ⅳ．①G40－03

中国版本图书馆 CIP 数据核字（2022）第 231257 号

责任编辑：蔡　宾　　　　　责任校对：徐艳丽
封面设计：陈宇琰

教育研究量化方法与管理运用：理论、模型和实例
JIAOYU YANJIU LIANGHUA FANGFA YU GUANLI YUNYONG
LILUN MOXING HE SHILI

中国财政经济出版社 出版

URL：http://www.cfeph.cn

E－mail：cfeph@ cfeph.cn

（版权所有　翻印必究）

社址：北京市海淀区阜成路甲 28 号　邮政编码：100142
营销中心电话：010－88191522　编辑部门电话：010－88190666
天猫网店：中国财政经济出版社旗舰店
网址：https://zgczjjcbs.tmall.com
北京财经印刷厂印刷　各地新华书店经销
成品尺寸：170mm×240mm　16 开　17.25 印张　276 000 字
2022 年 12 月第 1 版　2022 年 12 月北京第 1 次印刷
定价：65.00 元
ISBN 978－7－5223－1780－9
（图书出现印装问题，本社负责调换，电话：010－88190548）
本社质量投诉电话：010－88190744
打击盗版举报热线：010－88191661　　QQ：2242791300

序　言

一、背景

教育研究中的量化研究方法得到了越来越多的关注，有专家提出将教育研究变成一门科学的重要途径便是通过实证研究方法。以往关于教育研究中的评测研究主要集中在两大方面：一是基于教育活动对教育的价值和功能进行评价，即按照一定的教育价值标准，对教育活动和相关因素进行系统描述，并做出价值判断；二是将一些量化研究方法运用到教育研究中来，是教育研究在方法上突破思辨后进行的量化分析尝试，也可认为是量化研究方法在教育研究领域的应用和扩展。前者以教育价值标准作为评价的依据，以教育活动作为评价对象，以客观事实为评价基础，进行本质为价值判断的评价行为，通过评价判断教育目标或教育计划实现的程度，着眼于提升教育效果。[①] 后者根据教育研究者或一线教师在开展教育教学研究时对定量数据分析的需求，选择与教育有关的统计研究案例，阐述教育研究情境中的量化统计分析方法，一般包含统计分析基本理论介绍和具体方法、软件操作的实现过程。[②] 前者多基于教育领域内，是对教学活动的测量与评价。后者多从教育领域扩充、延续到其他领域，研究教育及与其所在的社会、经济、文化等的关系。

本书适合阅读的人群为使用量化方法和测评模型进行教育研究的科研人员和相关专业师生。具有一定的高等数学和统计学基础会对阅读和理解本书有帮助，但是本书也尽量用通俗、浅显的语言介绍各种方法的理论原理和适用情况，以适合统计零基础的人学习。因此，本书不同于其他同类型专著的

---

① 史晓燕. 教育测量与评价 [M]. 北京：北京师范大学出版社，2016.
② 张屹，周平红. 教育研究中定量数据的统计与分析 [M]. 北京：北京大学出版社，2015.

一个明显之处是，基本理论介绍部分使用专业用语以确保科学性，还增加对相关术语的通俗解释说明及方法适用性的介绍，以扩大本书的读者群范围；同时在测评方法和模型实例部分，尽量避免量化方法和教育问题"割裂"的局面，避免将实证模型机械地冠以教育问题的帽子，而是切实加强教育问题与量化研究方法的融合，选用教育领域最新、最热、大家关注度最高的问题，以科学的方法研究教育领域的真问题。

二、本书内容

本书各章的主要内容包括教育测评的概念厘清、方法介绍、模型构建说明、模型使用案例、过程分析、难点解析、方法拓展等方面，依次对教育研究的公平与效率的评测、教育发展的动态综合评价、教育投入与产出的绩效评价、教育教学效果评测、教育与社会经济关系的评测等做一个系统的介绍和研究。通过系统的方法说明和具体翔实的案例，推广教育研究的评测方法和模型的使用，为相关人员用科学的量化方法研究教育问题提供参考和借鉴。

具体而言，各章内容安排如下：第一章介绍教育综合评价方法，梳理各种评价方法的概念和特点，介绍其和教育研究的关系；第二章介绍综合评价方法在教育研究中的具体运用，展示层次分析法、模糊综合评价、数据包络分析、人工神经网络等方法在教育研究中的应用实例；第三章介绍差异的测度，介绍均值、方差和变异系数的概念，介绍基尼系数和泰尔指数的异同和特征，并实证分析我国教育投入的差异；第四章介绍变化率的测度，重点介绍线性模型在表示效率和变化率测度中的建模及运用，分析教育投入经济效应和教育扶贫成效评估；第五章介绍降维的方法在教育研究中的运用，详细介绍主成分分析和因子分析的概念、原理、作用、步骤，并运用到学校发展状况综合评价和高等教育综合承载力评价上；第六章介绍协同发展（效率与公平）测度，通过基于"三螺旋"理论的概念厘清和协同发展指数构建，研究我国重大战略区域的产学研协同发展现状；第七章研究大数据方法在教育研究中的运用，先介绍大数据的概念发展及在教育研究中的主要运用方面，再用义务教育就近入学研究的实例呈现大数据方法的研究过程、结果和相比于其他方法的特点及优势；第八章介绍调查研究方法，这是一种特殊的量化研究方法，既有人文性，又有科学性和数量性，是定量研究和定性研究相结合的一种重要方法，在教育研究中的实例则是0—12岁儿童的校外教育投入调查研究；第九章是综合以上各种量化研究方法，展示教育研究中能用到的量化方法及研究过程，使相关方法更生动且便于理解。

本书的主要内容结构，如图0-1所示。

三、本书观点

本书的主要观点可分为对研究方法的观点和对研究内容的观点两部分。

第一，研究方法上，有专家提出将教育学变成一门科学的重要途径是通过实证研究方法。不论是对教育活动效果的测量评价，还是对教育与其环境的关系研究，量化研究都具有重要的意义。

（1）以量化方法和计量模型为基础的实证研究，是教育学走向科学的必要途径。实证研究基于事实和依据，通过量化获得对事物特征和变化的"度"的把握，获得有定论的发现或结论，并且可使用共同的方法和工具进行重复性的检验。实证研究是从最严格控制变量的实验研究、准实验研究，到完全不控制变量的大数据分析的方法体系，是精神、规则和方法的有机结合。①

（2）量化研究具有几个特征：一是以数据为依据，不论是宏观统计数据，或是微观调查数据，还是基于网络信息系统的大数据，都有确凿的数据来源，是基于现实的研究，具有充分的现实意义和可信度；二是以计量方法为手段，以数学、统计学、经济学等学科作为方法论基础，以直观的数学建模和分析过程为佐证，呈现方式具有手段和技术上的科学性。以上特征使得量化研究能丰富教育研究方法的多样性，提升精准性。

（3）虽然量化和实证研究在教育研究领域具有重要意义，但目前的应用情况还有待改进，主要有如下原因。一是大部分教育科研人员不具备统计学的学科背景，学科和专业的差异使得他们对量化研究方法不甚了解，习惯了思辨和定性研究的思维范式使得他们对定量研究不太推崇。或者有一部分人能接受并想要尝试定量研究方法，也会由于认识和使用上的阻碍限制其顺利进行；二是一些较好地掌握了定量研究的统计学方法的科研人员在尝试研究教育问题时，对教育缺乏足够的了解，往往存在将量化方法"生搬硬套"的

---

① 袁振国. 实证研究是教育学走向科学的必要途径[J]. 华东师范大学学报（教育科学版），2017，35（3）：4-17，168.

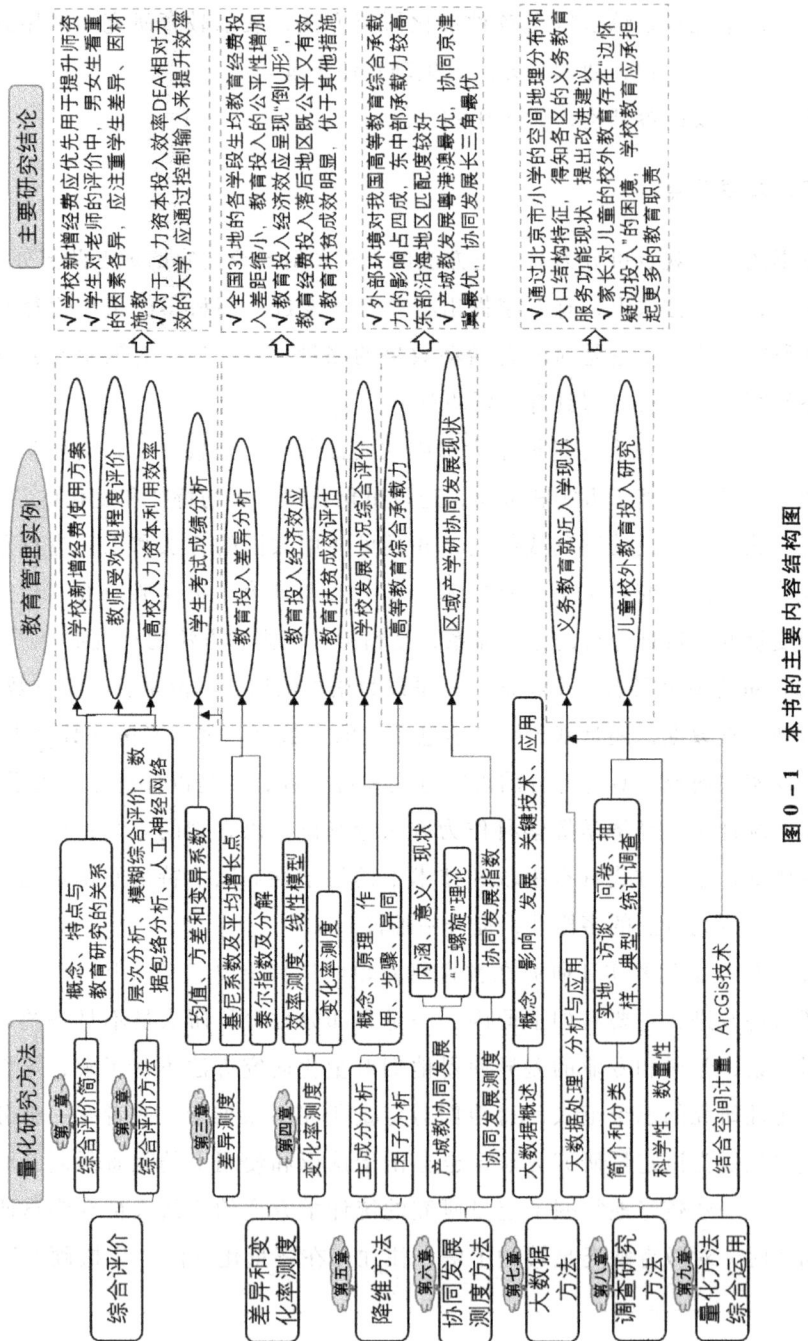

图0-1 本书的主要内容结构图

局限性，使得一些研究的量化方法介绍有余，而对教育现象和问题的观察及解释不够，使得相关研究缺乏方法与现实的融合，实践意义不够。因此，结合量化方法的理论和应用的系统研究，对于拓展教育研究的方法领域、呈现不同角度的教育问题研究结论具有重要意义。

（4）本书不同于其他同类型专著的一个明显特点是，基本理论介绍部分使用专业用语以确保科学性，还增加对相关术语的通俗解释说明及方法适用性的介绍，以扩大本书的读者群范围；同时在测评方法和模型实例部分，尽量避免量化方法和教育问题"割裂"的局面，避免将实证模型机械地冠以教育问题的帽子，而是切实加强教育问题与量化研究方法的融合，选用教育领域最新、最热、大家关注度最高的问题，以科学的方法研究教育领域的真问题。

第二，研究内容上，有针对性地选用不同类型的量化研究方法，对几个教育问题的研究结论如下。

（1）教育教学管理与综合评价方面。学校新增经费合理使用的方案优先顺序为：组建教师进修培训、引进新教学设备、扩建图书馆、扩建学生宿舍食堂、作为奖金或购买奖品。学校领导可根据该分析结果，决定各种方案实施的优先次序，从而做出决策。中小学生对教师的评价中，男生比较重视作业数量和老师的穿着打扮，女生比较看重老师的课堂趣味性和教学效果；对学生不同的分类法能得到不同角度的评价结果，但每次相比较的学校间的学生分类标准应是统一的。高校人力资本投入相对效率的 DEA 评估表明，充分使用了学校的人力资本，并产生了使公众和教师较为满意的结果的高校的人力资本投入效率是 DEA 有效的；人力资本投入效率为 DEA 相对无效的高校，可在输出不变的情况下，通过控制输入来提升其效率。

（2）教育经费的投入与产出绩效方面。2018 年和 2005 年相比，全国 31 个地区各学段生均教育经费投入数据，除中等职业学校生均一般公共预算教育事业费的泰尔指数外，其余指标的基尼系数和泰尔指数都明显变小，说明各地教育经费投入的差距缩小，各级教育经费投入的公平性显著增加。全国根据教育和经济水平划分的四类地区，随着教育投入的增加，其经济效应系数先增后减，呈现"倒 U 形"变化趋势。近年教育扶贫成效显著，教育投入对贫困地区的增收作用高于其他地区。以"三区三州"所在地为例，2002 年至 2016 年间，教育经费每增加 1%，农村人均纯收入增加 1.83%，其教育投入增加农民收入的作用是较高收入地区的 7.6 倍。教育扶贫成效是多方合力的结果，一指财政负担能力能够支撑使收入增加的教育发展策略；二指财政分配意愿能够优先满足教育发展需求，取决于管理者的认识和主观决策；三指社会文化环境能够认同并支持这种倾斜措施，取决于地区间的协作支援。

（3）教育与经济社会协同发展方面。外部环境因素对我国高等教育综合承载力的影响占四成，目前三分之一地区高等教育承载力与承载量基本匹配，超负荷地区数量是盈余地区的两倍，东中部地区高等教育承载力较高，东部沿海地区教育承载力匹配度较好，高等教育承载力超负荷的地区中部最多，西部次之，应疏解承载力"盈余"地区的高等教育资源，增加承载力"超负荷"地区的高等教育资源投入，保障和提升现有"匹配"地区的承载力水平。我国典型的三个重大经济发展战略布局城市群——京津冀、长三角、粤港澳的教育发展与其经济社会协同发展的现状研究表明，产城教发展水平粤港澳最优，长三角次之；产城教协同京津冀最优，协同发展综合水平长三角最高；长三角的教育与产业、城市协同发展状况可作为区域协同发展的范本；京津冀的地区间发展不平衡仍是影响区域协同发展的突出问题；粤港澳区域教育促进城市经济水平提升的作用有待加强。应在产城教协同和联动的基础上，研究教育促进经济社会发展的作用方式和影响大小，通过分析协同发展的微观作用路径，探索促进区域教育与经济社会协同发展的具体策略。

（4）教育资源的分布与投入结构方面。义务教育资源的空间分布应充分结合人口结构特征，相关研究面临着两个客观影响：一方面，教育部发布全面落实义务教育免试就近入学的规定；另一方面，"过道房""走廊房"等不具备实际居住条件的学区房价格仍高居不下，使得部分登记住址为"学区"内的学龄儿童的实际居住地并非在此。基于此，北京市义务教育阶段的就近入学的现状研究，可借助实时社交大数据，对比各学区的学生的实际住址与学校的距离，了解义务教育资源分布和就近入学现状，以提升区域教育资源的服务功能。除了上述空间分布外，教育投入的结构分担也是一个热点问题，随着学校"减负"盛行，家庭对儿童的校外教育投入骤增。目前有九成家庭的儿童校外教育平均每年每人投入金额在 3 万元以下，有 4.7% 的家庭该费用为 3 万—5 万元，还有 1.77% 的家庭该费用为 5 万元以上。虽然近年家庭校外教育投入增加，但大部分家长对校外教育机构的评价中等，表示效果有待提升,并且大部分家长对儿童校外教育存在"边怀疑边投入"的困境。一方面,是家长对于校外教育机构的作用不确定,对其效果持怀疑态度;另一方面,是在周围环境以及家长自身教育焦虑的影响下,继续保持甚至增加校外教育投入。因此,教育部门和学校应积极承担起教育责任,不应将儿童教育任务过多地分流给家长和社会,要对校外教育机构进行整顿、规范和监管,使其在合理范围内服务于儿童教育。国家应适当分担儿童校外教育成本,为儿童教育产生人口红利提供必要的条件保障。

四、主要方法

本书使用的研究方法主要是量化方法,包括以下几种。

(1)综合评价。综合评价是根据被评价对象系统在总体上的相似性和差异性所进行的各种分类或排序方法,它包含代表评价对象不同方面的多个指标,根据一定的评价目的和条件,利用相应的属性信息,采用一定的指标体系和评价方法,赋予一个综合评价值。综合评价是科学决策的前提和基础性工作,通过科学的评价方法,客观地反映评价对象的状态和特征,以此评价结果来指导决策,是综合评价的意义之所在。

(2)差异测度。测量差异的基础指标有均值、方差、变异系数,升级指标有基尼系数、泰尔指数等。均值(Mean),又叫平均值,表示一系列数据或统计总体的平均特征。方差(Variance),是一组样本数据与其算术平均值的离差平方和的平均数,表示的是样本与其均值的离散程度,亦即样本与其均值的整体差距,方差是测算数值型数据离散程度的最重要的方法。变异系数(Coefficient of Variation),是一组数据的标准差与均值的比值,反映的是一组数据的离散程度。基尼系数(Gini coefficient)是衡量差异程度的重要指标,其源于用洛伦茨曲线(Lorenz curve)衡量收入分配差距,后被广泛地应用于差异测度的各个领域。泰尔指数(Theil index)衡量不平等利用的是熵(Entropy)的概念,熵表示的是不确定或不稳定的程度,熵值越大,其代表的系统稳定性越小;熵值越小,其代表的系统稳定性越大。

(3)效率测度。效率(Efficiency)通常指单位时间完成的工作量,管理学角度的效率是指投入与产出的比率。本书使用的"效率"测度方法指教育研究领域,与教育经费投入、资源配置、师资培训、学生培养、校园建设等有关的各项教育投入的产出效率,通常用各项投入与产出的比率来表示相关效率。在数学模型中，效率可用因变量与自变量的比来表示，即测量自变量每增加一个单位，由此带来的因变量可以增加几个单位，就说明该自变量对因变量的效率是多少。

（4）降维技术。所谓"降维"，是"减少指标维度"，也就是"减少指标的个数"。评价中，每个变量都不同程度地反映了研究对象的某些信息，但很多指标之间有一定的相关性，即统计数据反映的内容有交叉重叠。在研究多变量问题时，变量数过多会增加计算问题的复杂性，而将具有相关性的几个指标通过线性变换表示为一个新的指标，能减少重复，而且变换后的新变量两两不相关，又尽可能多地保持了原有信息。主成分分析（Principal Components Analysis，简称 PCA）通过线性变换，将数量较多的指标转化为数量较少的几个综合指标。因子分析（Factor Analysis，简称 FA）从研究指标相关矩阵内部的依赖关系出发，把一些信息重叠、具有错综复杂关系的变量归结为少数几个不相关的综合因子，并能计算出因子得分。

（5）协同发展测度。协同发展测度也可视为效率与公平的测度，是对区域教育与经济社会的协同发展的二维测度方法，也可看作是区域发展战略中"极化（回波）效应"与"扩散（涓滴）效应"的统一。区域产城教协同发展指数由发展指数和协同指数两部分构成，发展指数衡量其产城教发展水平，协同指数衡量其地区间和地区内的产城教协调程度，由二者共同确定的产城教协同发展二维指数可用于评价区域教育与经济社会协同发展的现状。指数基本形式为：区域产城教协同发展指数 = 权重 × 区域发展指数 + 权重 × 区域协同指数。协同发展测度可明确经济发展战略与教育发展之间的关系，强化双向联动，并促进区域经济、社会和教育协同发展，提升产城教融合发展实效。协同发展指数是一个二维指标，包含三层含义，内涵丰富、清晰，对评价区域和所包含的地区层级进行了区分，可用于评价"嵌套"类型的多层级区域协同发展程度。

（6）大数据方法。大数据方法是随着大数据时代的到来而出现的一种搜集、处理和利用数据解决实际问题的方法，其特点可用 4 个 "V" 概括：数据量大（Volume）、数据类型多（Variety）、数据处理快（Velocity）、价值密度低（Value）。大数据的来源多样，科学研究、社会交往和实际生产生活都会产生大量的大数据。大数据的类型繁多，既有结构化数据，也有非结构化数据，后者约占九成，包括邮件、音视频、地理位置信息、生活出行网络信息、手机信号、网络日志等。而非结构化的大数据在教育研究中具有非常重要的补充性意义。在义务教育资源的分布和就近入学现状研究中,由于房价居高不下的"学区房"的存在,一些学生的实际居住地和入学所用的家庭房产所在地不一致。在这种情况下,利用学校周边的手机打车的网络数据,便能分析就近入学的实际情况。

(7) 调查研究。调查研究是指通过调查了解客观情况,直接获取与调查对象有关的数据和材料,并对这些材料进行分析的一种常用的科学研究方法。调查研究法能搜集到难以从直接观察中获得的资料,可以不受时间和空间的限制,在描述性、解释性和探索性的研究中都可以运用。时间上,观察法只能获得正在发生着的事情的资料,而调查法可以在事后从当事人或其他人那里获得有关已经过去的事情的资料。空间上,只要研究课题需要,调查法甚至可以跨越国界,研究数目相当大的总体以及一些宏观性的教育问题。调查法还具有效率较高的特点,它能在较短的时间里获得大量资料。调查研究方法具有科学性,其在实践中产生和发展,透过现象看本质,尊重事实,将调查和研究相结合。调查研究还具有数量性,贯穿于调查设计、调查实施、结果分析的全过程。

五、学术创新和价值

1. 探索研究量化方法与教育研究领域的融合

践行将教育学变成一门科学的实证研究途径,探索教育研究与量化方法的融合。一是将教育学中的定性研究议题与实证研究的定量方法相结合,通过"用数据说话"的研究方式,呈现具有可视化和可比性的教育问题研究结论;二是探索教育学、管理学、统计学等多学科交叉融合的实践途径,将量化方法的理论研究和实际问题验证充分结合,让量化理论、模型与应用过程、结果分析解读互相支撑。

2. 研究梳理量化分析的理论、方法和模型

对教育研究中的量化方法进行系统研究和说明,通过数学和统计学角度的理论发展和脉络梳理,呈现方法论的数量科学依据,通过对模型构建的过程展示和意义分析,透过模型架构看量化分析寻找和解决问题的方法本质,既保证量化分析方法的科学性,又提升其研究教育实际问题的贴合性,用通俗的语言揭开量化研究方法的神秘"面纱",增加教育科研人员了解和正确运

用相关方法的可能性。

3. 呈现量化方法运用于教育管理领域的实例结果

根据不同量化方法的特征和适用领域，结合教育管理的几个重要议题，从教育教学管理与综合评价、教育经费的投入与产出绩效、教育与经济社会协同发展、教育资源的分布与投入结构等方面，进行基于教育重大问题的量化分析实证研究，呈现相关结论：一是为教育科研人员提供多种角度的重大问题研究结论，二是为教育行政部门提供决策依据和参考，三是拓展教育研究的方法和思路，提升"兼听"则"明"的效果。

彭妮娅

2022 年 10 月

目　录

第一章　教育综合评价方法简介　/ 1
　　第一节　教育综合评价方法的概念　/ 1
　　第二节　现代综合评价方法的特点　/ 5
　　第三节　综合评价方法与教育研究的关系　/ 7

第二章　综合评价方法在教育研究中的运用　/ 19
　　第一节　层次分析法简介及运用　/ 19
　　第二节　模糊综合评价法简介及运用　/ 24
　　第三节　数据包络分析法简介及运用　/ 29
　　第四节　人工神经网络简介及运用　/ 37
　　第五节　几种综合评价方法的述评　/ 41

第三章　差异的测度方法在教育研究中的运用　/ 47
　　第一节　均值、方差和变异系数　/ 47
　　第二节　基尼系数　/ 51
　　第三节　泰尔指数　/ 56
　　第四节　差异测度的应用：教育投入差异测度　/ 64

第四章　变化率的测度方法在教育研究中的运用　/ 67
　　第一节　效率测度和线性模型　/ 67
　　第二节　效率测度的运用：教育投入经济效应　/ 71
　　第三节　变化率测度的运用：教育扶贫成效评估　/ 75

第五章　降维的方法在教育研究中的运用　/ 91
　　第一节　主成分分析　/ 91

第二节　因子分析　/　95
　　第三节　降维方法的综合运用：高等教育综合承载力及匹配度　/　101

第六章　协同发展的测度方法在教育研究中的运用　/　**114**
　　第一节　协同发展的概念　/　114
　　第二节　协同发展的测度　/　121
　　第三节　区域产学研协同发展的测度应用　/　127

第七章　大数据方法在教育研究中的运用　/　**142**
　　第一节　大数据概述　/　142
　　第二节　大数据方法在教育研究中的应用类型　/　152
　　第三节　大数据方法应用实例
　　　　　　——义务教育均衡发展时代的教育资源对房价的影响　/　168

第八章　调查研究方法在教育研究中的运用　/　**190**
　　第一节　调查研究方法　/　190
　　第二节　调查研究实例：0—12岁儿童校外教育投入调查　/　196
　　第三节　调查研究分析解读：0—12岁儿童校外教育投入调查结果
　　　　　　/　203
　　第四节　延续调查研究："双减"前后0—12岁儿童校外教育投入
　　　　　　变化　/　219

第九章　量化方法在教育研究中的综合运用　/　**234**
　　第一节　教育脱贫攻坚与乡村振兴有效衔接的投入策略　/　234
　　第二节　信息技术背景下的教育传播中韩比较　/　244

后　记　/　**258**

第一章 教育综合评价方法简介

第一节 教育综合评价方法的概念

一、评价

评价是依据一定的标准,对一个或若干个客观对象的属性、品质、特征等给出判断的行为。评价从各种角度估测研究对象满足主体给定要求的程度,并以一个综合价值来进行描述。从被评价对象主体中提取的本质属性转换成主观价值尺度后,评价行为能用客观的计值来度量被评价对象,并将过程和结果予以直观呈现。

评价是决策过程中常会遇到的普遍性问题,评价是为了决策,而决策需要依据评价结果。评价需要依据一定的指标,一般单指标评价通过比较能得出判断结果,方法相对简单;而多指标评价则需要将反映评价对象多项指标的信息进行汇总,得到一个综合指标,以此来反映评价对象的整体情况,这就需要用到综合评价方法。[1] 综合评价方法是对多指标进行综合的一系列有效方法的总称,对象常常是复杂系统。

二、综合评价

综合评价是根据被评价对象系统在总体上的相似性和差异性所进行的各

---

[1] 杜栋,庞庆华,吴炎. 现代综合评价方法与案例精选 [M]. 3 版. 北京:清华大学出版社,2015.

种分类或排序方法，它包含代表评价对象不同方面的多个指标，采用相应的评价方法对评价对象做出一个整体性的评判，得出一个代表评价对象一般水平的综合指标。

综合评价是对评价对象的全体，根据一定的评价目的和条件，利用相应的属性信息，采用一定的指标体系和评价方法，赋予一个综合评价值的行为过程。综合评价是科学决策的前提和基础性工作，通过科学的评价方法，客观地反映评价对象的状态和特征，以此评价结果来指导决策，是综合评价的意义之所在。

综合评价需要结合定性信息与定量信息，还要集成主观信息与客观信息，是一个复杂的过程，因此方法上要求具有科学性、公开性、可重复性、可检验性。[①] 综合评价具有七个要素，分别是评价者、评价目标、评价对象、评价标准、评价指标（含权重）、评价模型、评价结果。

1. 评价者。

评价者是发起和实施评价行为的主体，可以是单个主体或多个主体的组合，评价者根据一定的要求确定评价对象和目标，选择评价方法和指标，解读和分析评价结果，对评价的全过程起主导作用。评价者本身的知识背景、行为习惯、兴趣喜好等方面的差异会对评价过程产生一定的影响。

2. 评价目标。

评价目标是评价行为的初衷和起因，是评价行为要解决的问题或提出的决策方案的目标性描述，告诉评价者为什么要做这个评价，通过这个评价要达到什么目的、解决什么问题、实现什么效果。评价目标贯穿整个评价过程，决定方法的选择和评价的实施，为评价指明方向，对评价起着引导作用。

3. 评价对象。

评价对象是评价行为直接衡量和评测的客观对象及其特征，可以是某个抽象的属性，例如一首歌曲是否动听；也可以是某个具象的数值，例如一个班级里学生的平均身高；还可以是抽象属性和具体数值结合的某个综合概念，例如某地的基础教育发展水平。一次评价行为中，评价对象的数量可以是一个也可以是多个，前者为单对象评价，得出一个综合的描述结果即可；后者为多对象评价，通常还需要对多个对象根据结果进行比较或排序，进而择优

---

① 郭亚军. 综合评价理论、方法及拓展 [M]. 北京：科学出版社，2012.

选择或做出决策。

4. 评价标准。

评价标准是在评价行为中，评价者应用于评价对象的，对其属性或特征进行评判的客观标杆或尺度界限，是作为评价依据的价值反映。评价标准兼具系统性和典型性，既要全面综合地反映评价目标所涉及的要素，又要能代表评价对象的典型特征，同时还应简明清晰不存在歧义。

5. 评价指标（含权重）。

评价指标是对评价标准的分解和细化，是根据评价目标和评价对象，确定的反映评价对象各方面特征的具体指标的集合。评价指标通常是指评价指标体系，包含描述评价对象特征的指标及其权重。各指标相互独立、具有代表性，指标权重反映的是各指标之间的相对重要程度，由评价者依据一定的方法赋予。对于同一套指标和对象来说，不同的权重系数能产生不同的评价结果。因此，对评价指标体系的说明阐述应明确权重。

6. 评价模型。

评价模型常应用于多指标综合评价，是指将多个评价指标值，运用一定的数学方法，综合为一个整体性的评价结果的数学模型。其一般包含自变量、因变量、模型函数等部分。评价模型将多个变量之间的关系描述为函数表达式，并以此数量关系来验证和预测评价对象的未来变化趋势。

7. 评价结果。

评价结果是由评价者根据一定的评价目标和标准，对评价对象使用相应的评价模型和指标后，得出的综合性的评判结论。初始评价结果一般是客观的，但会由评价者经过主观的分析解读后，选择性地采纳使用，所以最后呈现出来的评价结果往往都是集合了评价方法的科学性、评价工具的客观性和评价者的主观意图的复杂性的综合结果。

当需要根据综合评价结果来进行决策时，我们应充分了解上述各要素的含义及内在联系，明白各要素在评价流程中的角色和定位，以促进综合评价的顺利进行，提升其有效性。

三、动态综合评价

动态综合评价是综合评价领域的一个重要部分，相对于对某一个固定时间节点的对象进行评价的"静态"评价而言。狭义的动态综合评价是指加入时间维度的综合评价，即采用相同的指标体系，对评价对象在不同时刻的特征或属性进行评价，将结果表示为随时间变化的序列，并通过时间向量集结该序列得到最终的评价值。从另一个角度来说，它是加入了时间变量的静态评价，即将变化着的时间序列作为一个变量来研究评价对象在某一时段内的变化情况，进而呈现评价对象的动态状态。

广义的动态综合评价不仅将时间序列作为一个评价变量，而且实时对评价指标或模型进行调整，对构成综合评价的各个环节和过程实行动态化处理。广义动态综合评价的外延更广，形式更灵活，应用的限制更少，但在实际使用中需要更多的条件甄别。虽然它的指标可以随时变化，但其变化不是随意的，而是需要有一定的条件限制和标准指向。尤其是在比较和排序的环节，除了用于比较的研究指标外，其他因素应该都是固定的，即要保证其指标设置具有可比性、过程具有可操作性、结果具有可信性。

动态综合评价和动态多属性决策之间的互通性很强，在以理论创新为主要内容的研究中，二者常混合使用。除了二者之间的相似性以外，二者的差异性也得到了关注，以确保在使用中准确区分和选择。一般而言，动态综合评价多用于对已经发生的事物进行评价，确定性较高，通过对所有对象进行比较来进行优劣排序；而动态多属性决策多面向未来，具有一定的不确定性，其目的是在众多方案中进行择优。在实际应用中，基于现状评价结果来指导未来决策，则是将二者结合使用的情况。

动态综合评价亦包含上述综合评价的七类要素，可分为经典动态综合评价、动态群体评价、动态大规模群体评价三大类。经典动态综合评价是指评价对象采用某种确定的方法对评价对象进行的动态综合评价；动态群体评价是指评价者是一个群体即评价者数量是多个的动态综合评价；动态大规模群体评价则是相对于前述的中小规模评价群体而言，其评价者是数量超过20个的大规模群体的动态综合评价。由单个评价者进行的经典动态综合评价的优点是效率高，评价者仅根据自身学识和意愿，对评价过程负全部责任，不用受其他因素的意见干扰，缺点是评价者数量少使得信息和方法的全面性或时效性不够，可能存在偏听偏信的局限。动态综合评价和动态大规模群体评价则集合了多个评价者的经验及方法意见，使得评价指标和考虑因素更全面，评价结果更具客观性和科学性，此为其优点；同时，它也存在一定的缺点，由于存在多个评价者，使得互相之间达成一致意见有不小的难度，尤其是评价者数量越多，其沟通和协商的难度越高。因此，评价者规模数量对动态群体综合评价的效果和效率非常重要，既要有一定的规模保证信息的全面性，又要降低评价者之间信息交流和沟通协商的难度，通过寻找和确定最优规模能提升评价的效率。

根据评价指标信息的多样性，动态综合评价可分为信息确定的动态综合评价和信息不确定的动态综合评价两类，前者指评价问题中各指标的评价信息是确定的具数，可以是基数或序数形式；后者指评价问题中各指标的评价信息是不确定的，常以概率形式或模糊信息表示。信息不确定的动态综合评价问题与实际生活关系更接近，但是处理方法更为复杂。

根据评价方案的数量多寡，动态综合评价问题可分为方案有限的动态综合评价问题和方案无限的动态综合评价问题。前者将评价问题的方案表示为一个备选方案集，集合中的元素是各备选方案，相关人员可从该元素数量为有限的集合中选择一个方案进行决策或对各方案进行排序；后者将满足评价问题的方案表示为一个描述性的集合，该集合不是由具体的有限数量的元素组成的，而是一类满足约束条件的方案的特征描述，这些方案的数量是无限的，不能穷举。若要依据无限方案的动态综合评价结果进行决策，则需要进一步的约束条件和选择标准，一步步缩小范围直至选出最优方案。

第二节　现代综合评价方法的特点

经过现代统计学、计算机科学、心理学等学科和技术的发展，现在的评价与以往相比有了较大改变，最重要的方面是主客观属性的变化和定性与定量方法的转化。

一、主客观属性的转变

在主客观属性上，现代科技手段使评价的主观属性逐渐减弱，客观属性逐渐得到强化和重视。原本由主体"我"对某对象做出的评价完全依赖于"我"对该对象的认识和感知，认识的片面或谬误导致评价结论的偏颇，也是"我"对该对象评价的一部分。从某种程度上说，"评价"本来就是一个主观性动词，个人学术背景、成长经历的千差万别，使得不同的主体对同一对象能给出相去甚远的评价,甚至主体的性格和喜好差异也能影响对同一个对象的评价结果。例如,对某一种水果的味道好坏的评价,喜欢它的人会认为它味道好,不喜欢它的人则会认为它味道差,这便是由于客观存在着的主观差异,使得同一评价对象得到不同的评价结论的例子,而这两种截然相反的结论,却又都是合理的。这种偏差便是评价行为的主观属性所致。对食物的味道好坏的评价,本来就存在主观差异,这是大家都能理解并接受的,而这种差异也会渐渐影响到其他不应受主观差异影响的评价方面,例如,对食物的营养价值高低的评价。本来对食物营养价值的判断应该根据食物中营养素的质和量来进行,而每种食物的营养素密度都是能根据某一确定的标准来量化的相对固定值,应该是不存在争议的,但是人们在对食物的营养价值高低进行评价的时候,往往会给自己喜好的食物赋予更高的营养价值,而忽略该判断的真实性,也就是用一个主观的感性认知来代替客观评判,这就是评价的主观属性影响评价结果准确性的例子。如果说对某一种食物味道好坏的评价差异是大家所能接受的话,相比之下,对某一食物营养价值的评价差异则不为大家所接受,这便是人们对评价的主观属性的有限接受程度。

所以,我们为了更准确客观地做出评价,首先应该认识并控制评价的主观属性的负面影响,一方面应承认评价的主观性的普遍存在,即便是借助客观的评价手段和方法,也脱离不了方法选择上的差异以及对同一结果的不同解读角度带来的主观性差异;另一方面应尽量降低评价主观性的负面影响,选择成熟的、结果唯一确定的量化方法,正是由于这一需求,催生了不断涌现和更新的量化研究的评价手段及方法。

二、定性与定量方法的转化

定量(实证)评价方法是对定性(思辨)评价方法的补充,是在评价的主观属性和客观属性的平衡与博弈的过程中,产生的一种可重复、可检验且具有较高的科学性和可信度的研究方法。在实证研究的热度越发高涨的当下,还是有一部分学者坚持着对思辨研究方法的研究和使用,尤其是基于教育研究的特殊性,在教育思辨研究与实证研究的"范式之争"中坚持着对思辨研究的推崇。他们寻找实证研究方法的局限性,比较实证研究和思辨研究在关键特征上的区别,以说明思辨研究的存在价值和前途。实证研究方法并非全无缺点,它忽视人们的自由想象,实证研究的突出特点是基于证据和事实,对于一些不能证实的想象内容缺乏重视。同时，实证研究缺乏对价值问题的探讨，价值问题也称为规范问题，是聚焦于人类基于现实的未来走向，关涉人类应该看重什么、在利益冲突面前应该选择什么，其含有人们主观意志上的必然要求，而实证研究注重事实，事实问题是习惯与经验的偶然联系。另外，实证研究的知识进步遭到质疑，属单称陈述的具体经验通过归纳法上升到全称陈述时，逻辑上可能存在一定的漏洞。[1] 基于上述理由，思辨研究由于对自由想象的重视和对价值问题的关注，而具有不能被抛弃的理由。

以上相关观点说明了在评价中，定性方法相比于定量方法具有的优势，同时，定量方法的优势也得到了很多学者的认同。实证主义哲学创始人孔德（Auguste Comte，1798—1857）把实证一词提升到了全新的思想高度。他认为一切知识都必须建立在观察和实验的基础上，经验是一切知识的来源，经验范围以外的知识都是不可靠的。他认为实证代表了几重含义，一是实证指的是真实，与虚幻相反；二是它表示有用与无用的对比，为的是不断改善我们个人和集体的现实境况；第三，它是用于表示肯定与犹疑的对立，在整个群体中促成精神的一致，而非无穷的争论；第四，它以精确对照模糊，获得与现象的性质相协调并符合我们真正所要求的精确度；第五，实证是否定的反义词，它的使命是组织，而非破坏。因此，实证是一种具有精神的"新哲学"，它的基础是理性精神，内在品质是怀疑精神，人格要求是独立精神，道德体现是公益精神，自然特性是变革精神。在这些精神的引领下，实证研究成了一个不断丰富创新的方法体系，不仅在自然科学领域得到成功运用，成为自然科学的基本范式，同时也向社会科学渗透，逐渐成为包括教育学在内的社会科学研究的共同范式。[2]

第三节　综合评价方法与教育研究的关系

综合评价方法与教育研究存在多方面的联系，在内容和范式两大方面都

---

[1] 王卫华. 教育思辨研究与教育实证研究：从分野到共生 [J]. 教育研究，2019，40 (9)：139-148.

[2] 袁振国. 实证研究是教育学走向科学的必要途径 [J]. 华东师范大学学报（教育科学版），2017，35 (3)：4-17，168.

紧密相关。首先在教育研究的内容上，教育评价一直是现代教育的重要研究领域，教育测量与评价是教育改革的重要内容。其次在教育研究的范式选择上，关于定性和定量、思辨和实证的争论及研究，使得综合评价方法作为实证研究的重要方法之一，越发受到教育科研人员的重视。

教育评价是对教育活动、现象、规律等进行价值判断的过程，是对教育领域的各要素和环节的价值评定。教育价值指教育能够满足人和社会的需求的程度，反映具有目的性和意识性的教育活动的主客体的关系范畴，一方面指教育对社会和个人的作用或功能；另一方面指社会和个人对教育功能的评价。教育功能可通过教育价值来体现，包含教育对个体的价值和对社会的价值两方面，也可认为是教育价值体现的微观和宏观两方面。教育的个体功能包括提升个体的知识水平，促进个体的社会化、个性化发展，促进个体的谋生和享用功能等，教育的社会功能包括促进全社会的经济、文化、政治发展，提升社会人口素质等。综合评价方法与教育研究的关系可以从内容和方法两方面来看。

一、作为内容的教育综合评价

教育活动及相关要素是教育评价的主要对象，作为内容的教育评价主要包括学生评价、教师评价、课堂评价、学校评价等方面。

1. 学生评价

学生评价是指教育活动的主体之一教师对教育活动的另一主体学生在参与教育活动中的表现给出的评价，包括学生参与教育活动的态度、目的、能力、水平、效果、影响等方面。学生评价主要由教师给出，也结合学校管理者意见和其他学生的同伴评价。

随着教育水平的提升，学生评价逐渐由单一化向多元化发展。一是评价主体多元化，由单一的教师评价向教师、学校、学生、家长、社会、专业人士等共同评价的局面发展。二是评价内容多元化，由过分注重学习成绩转向知识与技能、学习过程与方法、情感态度与价值观、道德品质与心理素质、人际交往与社会参与等方面的综合评价。三是评价方法多元化，由传统的纸笔测验方法向访谈评价、活动考察、日常观察等多种方法共同考核评价，还在以往的终结性评价方式上增加过程性评价。四是评价结果多元化，除了以往的绝对性评价和相对性评价以外，还注重差异性评价，要求在学生评价过程中承认学生之间的差异,重视对学生学习进程及个性特征的差异化评价和认可。

2. 教师评价

教师评价是指对教师的工作过程和结果进行的评判,是学校教育评价的重要内容之一。根据评价内容的不同,评价者可以是教育管理机构,也可以是学校。另外,学生对教师的评价也是管理者评价教师的重要参考内容。教师评价包括教师资质评价、教学工作过程评价、教师工作效果评价等,分别考查教师在任教前的资质获取,任教过程中的能力、态度,以及任教后的效果、影响等方面。

教师工作资质评价主要是评价教师是否具备执教所需要的基本条件,包括专业理念与师德、专业知识、专业能力等方面。根据最新的教师专业标准,我国中小学教师的专业标准包括职业理解与认识、对学生的态度与行为、教育教学的态度与行为、个人修养与行为、教育知识与学生发展知识、学科知识、教育教学知识、通识性知识、教育教学设计、教学组织与实施、班级管理与教育活动、教育教学评价与激励、沟通与合作、反思与发展等具体内容。①

教师评价制度分为奖惩性评价和发展性评价两种,前者指一种规定性的,有一定模式的教师评价制度,通过奖勤惩懒、奖优惩劣的方式为管理者对教师做出晋升、加薪等决策提供参考依据;后者指以促进教师专业发展为目的,采取科学的发展性评价技术方法,对教师的职业素养、能力水平、工作态度、工作效果等进行的价值判断,以促进教师的自我认识与自我完善。奖惩性教师评价面向过去的工作表现,注重结果,管理倾向较明显,是一种终结性的评价方式;发展性教师评价面向未来,为教师营造自我激励与发展的环境,激励倾向更明显,是一种动态的过程性评价方式。奖惩性评价主要为奖惩提供客观依据,发展性评价主要为促进教师发展提供动力,二者各有侧重,评价指向、评价关系、评价标准、评价方法皆不相同,但目的都是一致的,即促进教师发展,提升教育教学效果。

3. 课堂评价

课堂评价是指依据一定的标准,对课堂教学的各要素、环节及发展变化

---

① 史晓燕. 教育测量与评价 [M]. 北京:北京师范大学出版社,2016.

进行价值判断的过程。课堂教学评价是对教师教的情况和学生学的情况共同评价的结果，教和学互相影响，共同反映课堂质量。

课堂评价的主要方式有对教学过程的评价、对学生表现的评价、对教学效果的评价等。对教学过程的评价主要是对构成教学过程的各要素进行评价，如教学设计、教学方法等。对学生表现的评价主要关注学生通过课堂学习，在认知、技能、情感等方面获得的发展和提升，其以关注学生心理成长为中心，是一种过程性评价。对教学效果的评价是在教学活动结束后，对学生的进步做出的评价，主要通过考试、测验等方式来体现，是一种阶段性的结果性评价。对教学过程的评价侧重对教师的课堂设计和掌控能力的评价，学生表现和教学效果评价侧重对学生的教学参与、学习态度、学习效果等的评价，二者的评价对象各有侧重，但互相影响、紧密联系。精心设计、难度适中、互动性强、趣味生动的教学过程能有效激发学生的课堂参与和学习热情，提升教学效果，同时，积极的学生表现和效果反馈能促使教学过程不断改进和提升。另外，学生表现和教学效果的评价对象都是学生，但是针对的阶段有所不同。

课堂评价能有效促进课堂教学改革和教师专业发展，通过对认知目标、能力目标、情感目标等教学目标设置评价，能提升课堂设计水平，激发学生积极性的潜能。科学合理的教学内容能通过分层次的知识传授和科学系统的衔接，使教学过程更自然生动、容易接受。

4. 学校评价

学校评价是指依据一定的标准，对学校的办学水平、教育效果、发展潜力等进行价值判断的过程。其评价主体可以是教育管理部门，也可以是学生、老师和家长，还可以是学校自己。不同的评价主体从不同的评价视角和侧重点，反映出学校发展的不同方面，以一个综合评价结果来呈现学校的整体实力。

学校评价的内容大致可分为办学水平和学校发展两方面，前者着重于现状分析，后者着重于未来规划。学校办学水平评价是对学校进行的综合性的整体评价，包括办学思想、办学条件、管理水平、办学效益等内容。办学思想指学校办学的方向、目标、办学定位及管理理念；办学条件指维持学校运转的资源条件，包括人力资源（学校领导、教师队伍）、物质资源（学校建筑、设备）、财力资源（教育事业费、教育基本建设费）等条件；管理水平包括管理体制（领导体制、组织机构、管理制度）、管理过程（计划、执行、检查、总结）、管理环境（实体环境、精神环境）等；办学效益指教学活动投入消耗的资源与培养产出的质量之间的关系，包括人力资源效益、物质资源效益和财力资源效益等。上述学校办学水平评价从办学理念、办学条件、办学过程管理、办学效果评价等方面综合反映了学校的办学状态，是对学校整体"实力"的客观反映。

学校发展评价包括发展规划、发展能力、发展成效、发展保障机制评价等内容。学校发展规划从学校办学水平现状入手，根据发展现状与发展目标之间的差距，制定未来的具体发展策略和路径，包括短期规划和长期规划。发展规划的制订需要紧密结合学校的发展能力，发展能力是影响学校发展评价的重要指标，其中发展潜力是决定未来发展空间的重要因素。发展成效一方面是现有资源条件和教育管理水平在过去一段时间的成果体现，衡量学校发展目标的达成度；另一方面对未来发展能力、提升空间的评价起重要作用。发展保障机制是为了促进学校发展规划的顺利高效实施而制定的相关规章制度，是对资源和条件保障的重要补充。

二、作为方法的教育综合评价

教育评价贯穿教育活动的全过程，除了将教育作为评价内容，对教育活动中各环节的设置、呈现和参与主体的表现做出一定的评判，以促进未来教育发展外，还可以将教育评价作为教育研究的方法之一，以评价作为了解教育现状及其与社会、经济、文化发展等之间关系的渠道，摒弃教育活动的局限和束缚，以教育测量为基础，扩大观察领域，将教育研究与社会学、经济学研究充分结合，从丰富研究方法的视角来进行教育评价。

1. 教育评价的类型

教育评价的类型是指具有共同特征的教育综合评价所形成的分类，是根据评价活动的属性特征进行的类别划分，根据不同的标准，某种教育评价活动可以有不同的分类结果。教育评价的类型划分一般可根据评价涉及的范围、评价的参照标准、评价目的、评价内容、评价主体、评价方法、评价对象复杂程度等几类标准进行。

按照教育评价涉及的范围大小，教育评价可分为宏观教育评价、中观教育评价和微观教育评价。宏观教育评价以教育全领域或涉及国家宏观决策的教育现象、教育政策措施为对象，其以社会教育系统为评价主体，以教育与社会相互作用的关系状态为客体，以教育满足社会发展的需求程度为判断依据，旨在从教育决策者的角度对教育发展现状及其与社会经济发展的关系做出评价，进而指导未来的教育决策，以达到教育更好地服务社会的目的；中观教育评价是以教育管理部门或教育单位、机构等的各方面工作为评价对象的教育评价，它不像宏观评价那样站在教育全局与社会发展的高度，也不像微观评价那样以具体的教育参与个体为对象和案例，而是站在"中等高度"视角，对教育工作进行评价；微观教育评价是以具体的教育活动或教育的具体参与者为对象进行的评价，其评价视角关注教育参与个体的行为或成效，例如教师的教学方法、技巧和成果，学生的学习态度、习惯和成绩等，它以教育活动中的个体状况反映教育活动的整体成效，通过具体案例以点带面地反映教育发展面貌。以上三个层面的教育评价，其对象的范围有所不同，但是从各个层级和角度互相补充，共同反映教育发展的整体情况。

根据教育评价的参照标准，教育评价可分为相对评价和绝对评价两类。相对评价指在所有评价对象中选择一个或若干个作为评价标准，将其他对象和该标准进行比较，或以某种标准对所有对象进行比较和排序，得出各对象的相对优劣位置。绝对评价是在评价对象的集合之外，拟定一个确定的客观标准，将所有评价对象与该标准进行比较，得出各对象达到标准的程度。例如，某班学生某次考试的排名属于相对评价，考试分数属于绝对评价。另外，还有个体内差异评价，将每个评价对象的过去和现在进行比较，如学生成绩的纵向比较，反映个体的发展变化情况；或将评价对象的几个侧面进行比较，如从词汇、阅读、写作等几个方面来横向评价某学生的语文水平。

另外，根据评价目的的不同，教育评价可分为诊断性评价、形成性评价和终结性评价。根据评价内容的侧重点，教育评价可分为条件评价、过程评价和结果评价。根据评价主体的视角差异，教育评价可分为自我评价和外部评价。根据评价方法的使用情况，教育评价可分为定量评价和定性评价。根据评价对象的复杂程度，教育评价可分为单项评价和综合评价。通常，上述各种分类方法是混合使用的。

2. 教育评价的功能

教育评价的功能可以分为社会功能和教育管理功能两大方面，前者指通过评价教育活动与社会、经济、文化的关系，促进教育在社会中的定位明晰，发挥其应有的社会价值；后者指将评价作为一种管理手段，以评促改、以评促教、以评促学。

教育评价的社会功能体现在教育与社会系统各要素的关系评价中，比较典型的是教育投入的经济效应评价。教育投入是为发展教育事业而投入的各项人力、财力、物力的总和，一般可用直接投入的教育经费和将人力资本化换算后的投入来衡量，任何一项投入都会产生相应的经济效应。在教育领域的投入的经济效应如何、投入的教育经费是否产生了足够的社会效益来促进社会和经济的发展，是大家关心的问题，也是很多学者研究的对象。教育投入的经济效应评价则能反映教育投入及其经济产出之间的关系，一方面通过地区生产总值反映社会经济效应的获得情况；另一方面通过个人工资收入反映个人经济效应的获得情况。二者从宏观和微观两个层面共同构成教育经济效应的整体评价。[①] 这类教育投入经济效应的评价反映的便是教育评价的社会功能之一。另外，教育扶贫的评价也是教育评价的社会功能的典型实例。《中共中央关于制定国民经济和社会发展第十三个五年规划的建议》提出了到2020年我国要全面建成小康社会的设想。根据统计局数据，"十二五"期间，我国农村贫困人口减少了53.3%，2018年农村贫困人口再减少1386万人，年末还有1660万贫困人口，而脱贫攻坚是一项"不获全胜，绝不收兵"的事业。随着教育扶贫被纳入"五个一批"脱贫举措中，越来越多的学者关注教育扶贫的成效。有研究表明，教育扶贫成效显著，在促进贫困人口收入方面的作用高于"五个一批"中的其他四个举措，并且在越贫困的地区，教育投入促进贫困人口收入增加的作用越明显。[②] 相关研究采用全国省级面板数据，用统计学模型和评价方法，对我国近年来各省农村地区的教育投入促进农民收入增加的效果进行了评价，这也是教育评价的社会功能的体现。

除了社会功能外，教育评价的功能还体现在教育管理上。通过对教育活动的各环节进行反映和评价，进而管理教育活动，激励教育动力，提升教育效果。教育评价的管理功能涵盖很多方面，大致可从导向、诊断、激励、鉴

[①] 彭妮娅. 新世纪以来我国教育经费及收益率问题研究 [M]. 北京：中国财政经济出版社，2018.

[②] 彭妮娅. 教育扶贫成效如何？——基于全国省级面板数据的实证研究 [J]. 清华大学教育研究，2019，40（4）：90-97.

定、反馈、调控等角度来进行呈现。①

　　导向功能是指教育评价具有引导教育主体向着教育目标行动的指引方向的作用。教育评价活动是根据一定的目标和标准，对评价对象做出价值判断的过程，因此目标和标准的设定就是评价对象的行为方向，评价的内容和方式也会影响评价对象的行为方式。为了更好地发挥教育评价的导向功能，应该制定科学合理的教育目标，使之既符合教育教学实际，又顺应社会发展需求。

　　诊断功能是指教育评价对教育中存在的问题进行发掘和分析，进而提出改进措施，使之更加"健康"发展的功能。通过教育评价，能充分发现教育活动的优缺点，即与教育目标充分接近的方面和存有差距的方面，并根据相关评价结果发扬优点、弥补缺点。诊断问题不是教育的最终目标，通过发现和提出问题，对现状进行改进，才是教育评价的目的所在。

　　激励功能是指教育评价具有调动教育主体的积极性、激发内在潜能、提高教学和学习的主动性，进而提升教育效果的功能。激励功能主要是通过发现教育主体的优点并予以展示，使教育主体通过外在肯定来激发内在认同，从而获得前进的动力来发挥作用的。激励功能和诊断功能是教育评价在"扬长"和"避短"两方面作用的分别体现。

　　鉴定功能是对教育主体的表现达到何种水平的判断，具体可分为对教师的教学能力、学生的学习能力和学校的管理能力的鉴定。教育评价对学生的鉴定多体现在水平和评优鉴定，前者是对学生在德、智、体、美、劳等方面的表现是否达到预期目标的评价，是对个体的独立鉴定；后者是对学生群体的表现通过互相比较之后评选出优胜者的比较鉴定。教育评价对教师的鉴定可分为资格鉴定和水平鉴定，前者是对教师是否具有教学资格的一种门槛鉴定；后者则是对教师教学能力和效果的鉴定。

　　反馈功能是指教育评价通过对结果的展示，能将评价对象的综合表现得分客观地反映给评价对象，使之了解其真实水平。以此反馈信息，教育主体可以根据评价结果对评价涉及内容的改进方式提出意见建议，以信息循环促进教育质量提升。教育评价的反馈功能主要是对教师、学生和学校管理者的教育活动的状态、成绩或效果，从评价者即旁观者的角度给出相对客观的评

---

① 史晓燕. 教育测量与评价 [M]. 北京：北京师范大学出版社，2016.

价信息，以减少教育主体对自身认知的主观性限制，以客观公正的评价促进科学的认知和反馈。

调控功能是指教育评价对教育主体的教学、学习、管理等活动进行调节和控制的功能。教育评价的调控作用体现在两方面：一是为评价者提供评价信息，通过比较分析评价结果与评价目标之间的差异，适当调整教育目标和教育方式；二是为评价对象提供相关教学和学习的情况总结，使评价对象在充分了解认识自己的基础上，调整教学和学习方式，以尽量接近教育目标。

3. 教育评价程序

一套完整的教育评价由多个程序和步骤组成，每个环节有各自侧重点，共同构成一套教育评价流程。从实施过程来看，教育评价大致可分为如下五个步骤。

第一，确定评价主题和内容。这是进行一项教育评价的起因和目的，即对什么进行评价，评价哪些方面，希望通过评价达到什么目的。通过确定评价主题和内容，明确评价目标，选用合适的评价方法，有利于后续流程的顺利进行。教育评价涉及的范围较广，可选择的主题也很多。教育活动方面，可以评价学生的综合学业表现和学习能力，也可以评价学生某一门课程的知识获得情况，还可以评价教师的课堂教学水平和综合管理能力，因此相应的评价主题分别为学生学业、学科课程习得、教师教学水平或教师管理能力。评价内容则是对评价主题的具化和细化。

第二，确定评价对象。评价主题和内容确定以后，下一步要做的就是选择评价对象。评价对象的选择范围要根据评价目的来确定，如果评价的目的是反映某个具体地区或学校的教育教学情况，那么评价对象在该区域内选择即可。例如若要评价某省某县区的初中生的财经素养，那么由于其评价目标的明确性，其评价对象实际上也已经大致确定了。对于评价区域或范围明确的评价活动的对象确定，难度较小，而对于评价范围不确定、评价区域不具体的评价活动的对象选择，则需要把握几个原则，要能反映全面性，又要有代表性，还要有准确性。例如，在对全国教育扶贫成效的评价中，评价对象的选择就需要经过一定的思考过程。由于教育扶贫成效的命题较宽泛，在进行评价之前，我们应了解教育扶贫的内涵和涉及人群。经过文献查阅了解，教育扶贫是指通过发展教育来提升贫困人口的收入使之脱离贫困的过程，于是教育扶贫成效的评价对象便可选定为贫困人口，具体指标可选为教育投入与贫困人口收入。另外，在数据获取方面，由于没有贫困人口收入的个体数据，而农村地区通常是相对贫困的地区，也是扶贫工程的重点，于是可用农村人口来代替相对贫困人口。因为评价的范围是全国，可将31个省（自治区、直辖市）同时作为研究对象，还可以将收入较高地区和较低地区进行对比分析，于是最后确定，在对全国教育扶贫成效的评价中，研究对象为31个省（自治区、直辖市）的教育经费投入与农村人口收入。

第三，选定评价方法。对相同的研究主题和对象，选择不同的评价方法能得出不同的结果，因此评价方法能为评价过程"定调"。从评价采用的方法手段来看，评价方法可分为定性评价和定量评价。定性评价是对评价资料做"质"的分析，运用分析和综合、比较与分类、归纳和演绎等逻辑分析的方法，对评价所获得的数据、资料进行思维加工。定性评价不采用数学的方法，而是根据评价者对评价对象平时的表现、现实和状态或文献资料的观察及分析，直接对评价对象做出定性结论的价值判断。因此，定性评价可以关注更广泛的教育目标及学习结果，强调关注现场和专业判断，对学生种种表现试图做出具有教育学、心理学意义的解释与推论。[①] 定量评价是采用数学的方法，收集和处理数据资料，对评价对象做出定量结果的价值判断。定量评价强调数量计算，以教育测量为基础，它具有客观化、标准化、精确化、量化、简便化等鲜明的特征。[②] 以教育扶贫成效评价的例子来说明，如果采用定性评价方法，则应着重在教育扶贫这一领域的现象而言，关注教育扶贫事业在"质"方面的发展，关注教育扶贫结果与目标之间的一致性，强调对教育事业发展及其对贫困人口产生的经济红利进行系统调查，并对受教育扶贫事业影响的个体的独特性做出"质"的分析与解释，同时对整体教育扶贫事业的成就做出实质性的评价。如果采用定量评价方法的话，则应确定采用何种定量评价方法，是采用多层次指标体系，对涉及教育扶贫成效的若干个教育事业发展和经济增长的指标进行分解，细化到二级指标、三级指标甚至更深层次指标，依次打分后得出一个教育扶贫成效的综合得分；还是采用投入产出模型，对教育投入与经济产出、农民收入等变量之间的变化关系进行分析，通

---

① 360百科. 定性评价 [EB/OL]. https：//baike. so. com/doc/1449495－1532229. html，2019－11－28.

② 360百科. 定量评价 [EB/OL]. https：//baike. so. com/doc/3528428－3711323. html. 2019－11－28.

过变化率表示出教育投入的变化对农民收入的变化产生的影响,进而指导未来教育投入决策;抑或是采用大数据分析的方法,通过对历史数据的分析和模拟,预测未来的教育投入和农民收入的变化;等等。还有其他很多具体的定量评价分析方法,都可供我们使用,我们可根据评价目标选用合适的方法。

第四,进行教育评价。在前述程序都完成的基础上,开展教育评价并得出相关结论便成了水到渠成的事。此过程需要注意评价资料、数据收集和使用的准确性、科学性,即要保证评价依据的可靠性。进行教育评价的过程,是在明确评价目标、选定评价对象、确定评价方法后,依据材料(包括文字材料和数据)对评价对象的品质和表现,借助一定的方法手段,对比评价目标特征,给出价值判断的过程。教育评价的过程看似顺其自然的结果,实则需要前期大量的准备,同时还起到联系评价基础与评价成效的桥梁作用。一方面,对评价对象进行评价的过程,需要一定的评价基础,包括方法基础、资料基础、设备基础、人力基础、知识基础等,需要通过对具有相关学术背景的专业人员经过方法培训来实现;同时,评价资料和数据的真实有效性,要在保证资料数据来源权威性的基础上,进行有效甄别。在基础工作准备妥当后,严格依照评价步骤进行操作即可,此时只需要两个条件,一是专心致志的操作,二是充分的时间。另一方面,当评价过程进行完毕,得出相应的评价结果并进行分析后,相关评价的效果如何,也需要由评价过程来进行联系和保证。

第五,分析评价结果。这是评价的最后一个环节,也是最重要的一个环节,对评价结果的分析和处理,决定了整个评价行为的水平和效果。分析评价结果既要着重于结合原始评价目标进行比较,还要注重对评价结果的分析和使用,提出对未来的发展决策有利的、可行的建议。对评价结果的使用充分与否,体现了整个评价行为的效率高低。效率尚可的评价行为对评价结果的使用程度适中,即能达到评价目标中所要求的结果呈现,并能根据评价结果对评价对象进行简单的原因解析,进行利于未来发展的简单探索。效率较高的评价行为则能对评价结果进行合理充分的使用,除了达到上述使用程度外,还能对评价结果进行全面、深入的分析,挖掘与评价对象和评价目标有关的各方面因素,分析评价对象呈现该结果的深层次原因,探索各要素之间的相互影响及作用,并提出使评价对象达到甚至超越发展目标的各种对策建议。一般对评价结果的分析应包含以下内容:一是描述评价对象通过评价指标表现出来的性状特征，这是评价的主要目的，即通过评价活动想了解的评价对象在相关指标上的表现，应在结果分析中占用较大的篇幅来进行充分说明，以达到评价的基本目标；二是分析评价结果与评价目标之间的差异，这是对现状分析后的一个初步衍生分析，它是对评价结果的现状分析的适度拓展，又与现状表现评价紧密相关，评价结果与目标之间的差异分析能使评价者清楚地了解评价对象与评价目标之间的差距，了解评价目标设置的合理性，还可以明确使评价对象向评价目标接近的可行性方向；三是基于评价过程和结果分析对未来提出发展建议，这是对现状分析后的深度衍生分析，已经超过了一个完整的评价活动的必备要求，但是该拓展分析能很大程度地提升一个评价活动的原始意义，也是很多评价者注重的超过了评价意义的决策意义之所在。

第二章　综合评价方法在教育研究中的运用

第一节　层次分析法简介及运用

一、方法简介

层次分析法（Analytic Hierarchy Process，简称 AHP）是美国运筹学家 T. L. Satty 等人在 20 世纪 70 年代提出的，应用网络系统理论和多目标综合评价方法的一种层次权重决策分析方法，它是定性与定量分析相结合的多准则决策方法。其特点是对复杂决策问题的本质、影响因素和内在关系进行分析后，构建一个层次结构模型，利用较少的定量信息，把决策的思维过程数学化。它将决策问题分解成目标层、准则层、方案层等层次，为复杂的决策问题提供一种相对简便的操作方法。[①]

层次分析法首先是将决策问题按总目标、各层子目标、评价准则直至具体的备择方案的顺序分解为不同的层次结构，其次得用求解判断矩阵特征向量的办法，求得每一层次的各元素对上一层次某元素的优先权重，最后再加权和的方法递阶归并各备择方案对总目标的最终权重，此最终权重最大者即为最优方案。这里所谓"优先权重"是一种相对的量度，它表明各备择方案在某一特点的评价准则或子目标下优越程度的相对量度，以及各子目标对上一层目标而言重要程度的相对量度。层次分析法比较适合于具有分层交错评价指标的目标系统，而且目标值又难以定量描述的决策问题。其用法是构造

[①] 杜栋，庞庆华，吴炎. 现代综合评价方法与案例精选 [M]. 北京：清华大学出版社，2005.

判断矩阵,求出其最大特征值及所对应的特征向量,归一化处理后即为某一层次指标对于上一层次某相关指标的相对重要性权值。层次分析法的特点是,在对复杂的决策问题的本质、影响因素及其内在关系等进行深入分析的基础上,利用较少的定量信息使决策的思维过程数学化,从而为多目标、多准则或无结构特性的复杂决策问题提供简便的决策方法,尤其适合于对决策结果难以直接准确计量的场合。[1]

二、模型和基本步骤

1. 建立层次分析结构

分析问题后,将有关因素按不同属性自上而下分解成若干层次,构造出一个层次分析结构的模型。同一层的若干因素从属于上一层因素或对上一层因素产生影响,同时又支配下一层因素或受到下层因素的作用。一般最上层为目标层,表示解决问题的目的,即应用 AHP 要达到的目标;中间层为准则层或指标层,是实现预定目标所涉及的中间环节;最下层为方案层或对象层,是解决问题可供选择的具体方案、措施等。

建立层次分析结构后,问题便转化为方案层中的各方案相对于目标层的优先次序,或资源在方案层的各因素中的分配问题。

2. 构造判断矩阵

构建层次分析结构模型后,在各层元素中进行两两比较,能得出比较判断矩阵。层次分析法的一个重要特点就是,用两两重要性程度之比的形式表示出两个方案的相应重要性程度等级。具体方法为从层次结构模型的第 2 层开始,对于从属于(或影响)上一层每个因素的同一层若干因素,用成对比较法和 1—9 比较尺度构造比较判断矩阵,直到最下层。

假设某一层的元素个数为 n,各元素分别为 $E_1, E_2, \cdots, E_n$,两两比较判断矩阵 $E = (E_{ij})n \times n$,其中 E_{ij} 表示因素 i 相对于因素 j 的重要值。一般判断矩阵形式为:

$$E = \begin{bmatrix} E_{11} & \cdots & E_{1n} \\ \vdots & \ddots & \vdots \\ E_{n1} & \cdots & E_{nn} \end{bmatrix}$$

---

[1] 360 百科. 层次分析法 [EB/OL]. https://baike.so.com/doc/5386070 - 5622520.html,2019 - 12 - 05.

矩阵 E 具有如下性质：$E_{ij} > 0$；$E_{ij} = 1/E_{ji}(i \neq j)$；$E_{ii} = 1(i,j = 1,2,\cdots,n)$。具有这种性质的矩阵为正反矩阵，对于正反矩阵 E，如果对于任意的 i,j,k，均有 $E_{ij}E_{jk} = E_{ik}$，则称该矩阵 E 为一致矩阵。

3. 计算权向量

构造出判断矩阵后，计算权向量并做一致性检验，若检验通过，最大特征值对应的特征向量经归一化后即为权值；若不通过，则需重新构造成对比较阵。计算最下层对目标的组合权向量，根据公式做组合一致性检验，若检验通过，则可按照组合权向量表示的结果进行决策，否则需要重新考虑模型或重新构造那些一致性比率较大的成对比较阵。[1]

4. 决策

计算出某层次因素相对于上一层中某一因素的相对重要性，这种排序为层次单排序。层次单排序问题可归结为计算判断矩阵的最大特征值及特征向量的问题。依次沿递阶层次结构自上而下逐层计算，可得出最低层因素相对于最高层因素的相对重要性或相对优劣的排序，这种排序为层次总排序。经过层次单排序和层次总排序后，便可针对备选方案进行决策。[2]

三、层次分析法在教育研究中的应用简例

下面以一个学校的新增经费的使用为例，来说明层次分析法在服务决策上可以如何使用。假设一所中学新得到了一笔发展资金，校领导要决定这笔资金如何使用，经过调查和师生建议，有如下方案供选择：

（1）扩建学生宿舍、食堂等基础设施；

（2）扩建图书馆；

（3）引进新的教学设备；

（4）组建老师进修培训班；

（5）作为奖金和购买奖品在年底发给优秀师生。

从改善学生的学习生活条件、提升教师的教学水平、调动教师的工作积极性来看，以上方案都有其合理性，而资金有限，不能五方面都兼顾，只能从中选择一项来进行投入。那么最后如何使用这笔资金，则是校领导层需要

---

[1] 360 百科. 层次分析法 [EB/OL]. https：//baike. so. com/doc/5386070 - 5622520. html，2019 - 12 - 05.

[2] 杜栋，庞庆华，吴炎. 现代综合评价方法与案例精选 [M]. 北京：清华大学出版社，2005.

思考分析的问题。首先构造如图 2-1 所示的层次分析结构。建立层次分析结构后，问题转化为新增资金使用的若干方案对于实现总目标的优先次序问题。

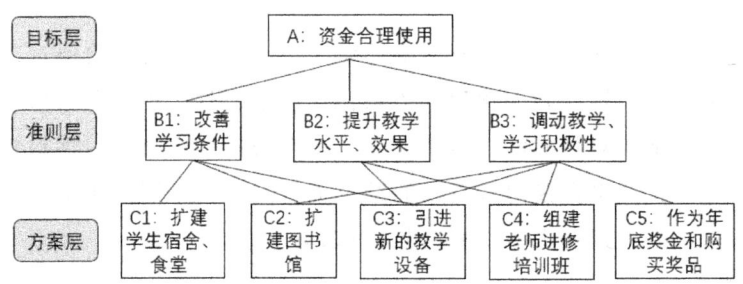

图 2-1 学校新增资金合理使用的层次分析结构图

建立层次分析模型后，在各层元素中进行两两比较，构造比较判断矩阵，用 1—9 标度法进行打分的判断矩阵依次为：

$$A = \begin{bmatrix} 1 & 1/3 & 1 \\ 3 & 1 & 2 \\ 1 & 1/2 & 1 \end{bmatrix}, B_1 = \begin{bmatrix} 1 & 1/2 & 1/3 \\ 2 & 1 & 1/2 \\ 3 & 2 & 1 \end{bmatrix}, B_2 = \begin{bmatrix} 1 & 1/3 \\ 3 & 1 \end{bmatrix},$$

$$B_3 = \begin{bmatrix} 1 & 3 & 2 & 5 \\ 1/3 & 1 & 1/2 & 3 \\ 1/2 & 2 & 1 & 3 \\ 1/5 & 1/3 & 1/3 & 1 \end{bmatrix}$$

计算各矩阵的特征向量 W 和最大特征根 λ_{max} 后，对判断矩阵进行一致性检验，先计算一致性指标 CI，然后根据平均随机一致性指标 RI，由 $CR = CI/RI$ 得到随机一致性比率 CR，当 $CR < 0.1$ 时，认为判断矩阵具有满意的一致性。随后沿层次结构由上而下逐层计算总排序得分。[①]

矩阵 A 的特征向量为 $W = \begin{bmatrix} 0.21 \\ 0.55 \\ 0.24 \end{bmatrix}$，最大特征根为 $\lambda_{max} = 3.02, CI = 0.01$；

---

① 详细计算过程可参考《现代综合评价方法与案例精选》（作者杜栋、庞庆华、吴炎，2005，清华大学出版社）第 19—22 页。

矩阵 B_1 的特征向量为 $W = \begin{bmatrix} 0.16 \\ 0.30 \\ 0.54 \end{bmatrix}$，最大特征根为 $\lambda_{max} = 3.01, CI = 0$；

矩阵 B_2 的特征向量为 $W = \begin{bmatrix} 0.25 \\ 0.75 \end{bmatrix}$，最大特征根为 $\lambda_{max} = 2.00, CI = 0$；

矩阵 B_3 的特征向量为 $W = \begin{bmatrix} 0.48 \\ 0.17 \\ 0.27 \\ 0.08 \end{bmatrix}$，最大特征根为 $\lambda_{max} = 4.06$，$CI = 0.02$。

由于二阶判断矩阵总是具有完全一致性，RI 对它而言只是形式上的，并无实际意义。下面仅列出阶数为 3—9 的矩阵的平均随机一致性指标 RI（见表 2-1）。[①]

表 2-1　　　　　　　　n 阶矩阵的平均随机一致性指标

n	1	2	3	4	5	6	7	8	9
RI	—	—	0.58	0.90	1.12	1.24	1.32	1.41	1.45

上述四个矩阵均通过一致性检验，经过层次单排需和层次总排序后，最低层因素相对于最高层因素的相对重要性可通过表 2-2 表示。

表 2-2　　　　　　　　学校新增资金合理使用方案总排序

层次	B_1	B_2	B_3	总排序得分 W $\sum_{j=1}^{3} b_j c_{ij} (i=1,2,3,4,5)$	总排序结果
	0.21	0.55	0.24		
C_1	0.16	0	0	0.03	4
C_2	0.30	0	0.48	0.18	3
C_3	0.54	0.25	0.17	0.29	2
C_4	0	0.75	0.27	0.48	1
C_5	0	0	0.08	0.02	5

① 杜栋，庞庆华，吴炎. 现代综合评价方法与案例精选 [M]. 北京：清华大学出版社，2005.

经过上述 AHP 后可知，对于合理高效使用该学校新增资金的目标来说，五个方案的相对优先顺序为：C_4，组建老师进修培训班，0.48；C_3，引进新的教学设备，0.29；C_2，扩建图书馆，0.18；C_1，扩建学生宿舍、食堂等基础设施，0.03；C_5，作为奖金和购买奖品在年底发给优秀师生，0.02。学校领导可根据该分析结果，决定各种方案实施的优先次序，从而做出决策。

第二节　模糊综合评价法简介及运用

一、方法简介

模糊综合评价（Fuzzy Comprehension Evaluation Method）是以模糊数学为基础，应用模糊关系合成的原理，将一些边界不清、不易定量的因素定量化，从多个因素对被评价事物隶属等级状况进行综合性评价的方法。[①] 模糊综合评价涉及综合评判和模糊逻辑两个概念，其中，综合评判是对多种属性的事物或总体优劣受多种因素影响的事物，做出一个能合理的综合这些属性或因素的总体评判的过程；模糊逻辑是通过使用模糊集合，来精确解决不精确、不完全信息的方法，其可以比较自然地处理人类思维的主动性和模糊性。[②] 例如，对某门课程教学质量的评价是一个多因素、多指标的复杂评价过程，不能用简单的好或坏来进行评价，这时便需要用模糊综合评价法来进行评价。

模糊集合理论（Fuzzy Sets）的概念于 1965 年由美国自动控制专家查德（L. A. Zadeh）教授提出，用以表达事物的不确定性。[③] 20 世纪 80 年代初，我国学者汪培庄提出了模糊综合评判模型，其基本原理是：首先确定被评价对象的因素集和评价集，其次分别确定各因素的权重及它们的隶属度向量，获得模糊评判矩阵，最后将模糊评判矩阵与因素的权向量进行模糊运算并归一

[①] 杜栋，庞庆华，吴炎. 现代综合评价方法与案例精选 [M]. 北京：清华大学出版社，2005.
[②] 360 百科. 模糊综合评价法 [EB/OL]. https://baike.so.com/doc/390277-413299.html，2019-12-10.
[③] 360 百科. 模糊综合评价法 [EB/OL]. https://baike.so.com/doc/5421682-5659870.html，2019-12-11.

化,得到模糊评价综合结果。模糊综合评价法是在模糊环境下,考虑多种因素的影响做出的综合决策方法。它对评价对象有唯一的评价值,不受评价对象所处的对象集合的影响。同时,它需要从评价对象集中选出优胜对象,还需要将所有评价对象就综合评价结果进行排序。[①] 模糊综合评价法具有结果清晰、系统性强的特点,能较好地解决模糊的、难以量化的问题,适合解决各种非确定性的问题。

二、模型和基本步骤

1. 建立综合评价的因素集和评价集

设 $U = \{u_1, u_2, \cdots, u_m\}$ 为刻画评价对象的 m 种因素(评价指标),$V = \{v_1, v_2, \cdots, v_n\}$ 为刻画每一个因素所处状态的 n 种决策(评价等级),m 由具体的评价指标体系决定,n 为评价等级的数量,通常根据评价需要选定为 3—5 个。

2. 构造评价矩阵

首先对因素集中的单因素 $u_i(i = 1, 2, \cdots, m)$ 做单因素评判,因素 u_i 对评价等级 $v_j(j = 1, 2, \cdots, n)$ 的隶属度为 r_{ij},因素 u_i 的单因素评判集为 $r_i = (r_{i1}, r_{i2}, \cdots, r_{in})$,$m$ 个着眼因素的评价集构造出一个总的评价矩阵 R。

$$R = (r_{ij})_{m \times n} = \begin{bmatrix} r_{11} & r_{12} & \cdots & r_{1n} \\ r_{21} & r_{22} & \cdots & r_{2n} \\ \vdots & \vdots & \vdots & \vdots \\ r_{m1} & r_{m2} & \cdots & r_{mn} \end{bmatrix}$$

其中,r_{ij} 表示因素 u_i 能被评为等级 v_j 的隶属度($i = 1, 2, \cdots, m$; $j = 1, 2, \cdots, n$)。也就是说,r_{ij} 表示因素 u_i 在等级 v_j 上的频率分布,一般将其归一化使之满足 $\sum r_{ij} = 1$。经过这样处理后的矩阵 R 无量纲。用等级比重法确定隶属度时,为了保证结果的可靠性,一般要注意两个问题:一是评价者人数不能太少,足够的评价者才能保证评价结果的可靠性,避免评价的片面性;二是评价者必须对被评事物有充分足够的了解,特别是一些涉及专业方面的评价,更应该保证评价的谨慎和科学。

[①] 杜栋,庞庆华,吴炎. 现代综合评价方法与案例精选[M]. 北京:清华大学出版社,2005.

3. 确定因素权向量

权数是表征因素相对重要性大小的量度值，一般评价问题中的权数多通过主观赋值得到，具有一定的主观性，因此要尽量保证赋权的客观性、科学性、可靠性，减少主观因素的偏见和影响。虽然说既然权数是由主观赋值得到的，那么难以避免地会受到主观差异的影响，使得对同一件事物的重要性的赋值会有不同的结果，但是我们要尽量避免主动的主观性的影响，即不能因为其具有主观差异，便以主观差异作为借口而故意扭曲客观事实，以失真的结果导致决策者的错误判断。

为了保证主观赋值的相对客观性，我们需要借助一些科学的方法，一般较常用的是采用层次分析法确定评价指标间的相对重要性次序，从而确定权向量 $X = (x_1, x_2, \cdots, x_m)$。

4. 合成综合评价向量

利用合适的算子 $*$ 将权向量 X 与模糊关系评价矩阵 R 进行合成，得到模糊综合评价结果向量 A，其具体计算模型为：

$$A = X * R = (x_1, x_2, \cdots, x_m) * \begin{bmatrix} r_{11} & r_{12} & \cdots & r_{1n} \\ r_{21} & r_{22} & \cdots & r_{2n} \\ \vdots & \vdots & \vdots & \vdots \\ r_{m1} & r_{m2} & \cdots & r_{mn} \end{bmatrix} = (a_1, a_2, \cdots, a_n)$$

上式中，$*$ 为模糊算子符号，表示由 X 和 R 合成得到 A 的模糊变换，针对不同的模糊算子，能得到不同的模糊综合评价模型。上述广义模糊合成运算有很多种，可以根据具体的需要进行相关定义。常见的有"与""或"算子以及将两种运算搭配使用的情况，使用度较高又相对简单的是矩阵乘法算子，即加权平均法。这种模型让每个因素都对评价结果有所贡献，而普通乘积算子是较易理解，也较易被接受的算子。如果 $\sum a_j \neq 1$，则应将它进行归一化处理。

5. 确定系统总得分

a_j 表示评价对象具有评语 v_j 的程度，各评价指标具体反映了评价对象在所评价的特征方面的分布状态，使评价者对评价对象有更深入的了解。A 是对每个评价对象综合状况分等级的程度描述，不能直接用于评价对象间的排序比较，而要经过进一步的分析处理后再加以使用。为了充分利用 A 带来的信息，可以把各等级的评级参数和评价结果 A 进行综合考虑，使得评价结果更符合实际。假设相对于各等级 v_j 规定的参数列向量为 $C = (C_1, C_2, \cdots, C_n)^T$，得出的等级参数评价结果为 $p = A * C$。此处，p 是一个实数，表示等级模糊子集 A 和等级参数向量 C 所带来的综合信息。

三、模糊综合评价法在教育研究中的应用简例

某学校要根据学生对所有老师的喜欢程度，对老师整体的工作水平和能力等做一次评价。学生是否喜欢学校的老师，与该校老师讲课的生动趣味性、讲课的效果与学生成绩、对待学生的态度、布置作业的数量和形式等紧密有关，另外甚至还与老师的衣着打扮、外表形象等有一定关系。现采用模糊综合评价法来确定某校老师的整体受欢迎程度。

1. 确定模糊综合评价因素集

根据影响学生对老师评价的因素，评价因素集（指标集）为：$U = \{$课堂趣味性，讲课效果，对待学生的态度，作业的数量和形式，外表和衣着$\}$

2. 建立综合评价的评价集

评价集是根据评语的等级分类组成的集合，此处学生对老师的评价集为：$V = \{$很喜欢，喜欢，一般，不喜欢$\}$

3. 进行单因素模糊评判，求得评价矩阵

单独从上述各因素出发对老师的整体受欢迎程度进行评价，通过对全校学生进行调查得到，该校学生对老师的整体印象通过评价因素集中的指标给出各评价等级的人数比例为：

$R_1 = (0.2, 0.5, 0.3, 0)$

$R_2 = (0.1, 0.3, 0.5, 0.1)$

$R_3 = (0, 0.1, 0.6, 0.3)$

$R_4 = (0, 0.4, 0.5, 0.1)$

$R_5 = (0.5, 0.3, 0.2, 0)$

上述 R_1—R_5 分别指课堂趣味性、讲课效果、对待学生的态度、作业的数量和形式、外表和衣着等指标，每个括号中的四个数字分别是在该项指标上，学生对老师的整体评价给出"很喜欢""喜欢""一般""不喜欢"等四个等级的人数的比例。

根据上述评价得到的评价矩阵为：

$$R = \begin{bmatrix} 0.2 & 0.5 & 0.3 & 0 \\ 0.1 & 0.3 & 0.5 & 0.1 \\ 0 & 0.1 & 0.6 & 0.3 \\ 0 & 0.4 & 0.5 & 0.1 \\ 0.5 & 0.3 & 0.2 & 0 \end{bmatrix}$$

4. 建立评价模型，进行综合评价

对老师的受欢迎程度的评价，由于不同年级、不同年龄、不同成绩、不同性格特征的学生对老师的喜好标准都不同，甚至在上述情况类似的条件下，男生和女生对老师的评价标准也不一样，因此对不同的人群，评价因素的侧重不一样，权数也不一样。于是我们先选出男生的评价情况。根据调查，男生比较重视作业的数量和老师的穿着打扮，对老师的课堂表现则不那么重视，因此对各因素的权数确定如下：$X = (0.1, 0.1, 0.15, 0.3, 0.35)$，于是评价模型为：

$$A = X * R$$

$$= (0.1, 0.1, 0.15, 0.3, 0.35) * \begin{bmatrix} 0.2 & 0.5 & 0.3 & 0 \\ 0.1 & 0.3 & 0.5 & 0.1 \\ 0 & 0.1 & 0.6 & 0.3 \\ 0 & 0.4 & 0.5 & 0.1 \\ 0.5 & 0.3 & 0.2 & 0 \end{bmatrix}$$

$$= (0.35, 0.3, 0.3, 0.15)$$

5. 评价指标处理

采用模糊分布法，将上述评价指标归一化，得到：$A' = (0.32, 0.27, 0.27, 0.14)$。

这一评价结果表示，该校老师在所有男生中的受喜好程度为，32%的男生"很喜欢"，27%的男生"喜欢"，27%的男生认为"一般"，还有14%的男生表示"不喜欢"。

如果评价者是女生，她们比较重视老师的课堂趣味性和效果，因此各因素的权重为$X = (0.3, 0.35, 0.1, 0.1, 0.05)$。这样，归一化后的综合评价结果为：

$$A' = (0.21, 0.315, 0.37, 0.105)$$

这表明，该校女生对老师的喜欢程度，21%的女生表示"很喜欢"，31.5%的女生表示"喜欢"，37%的女生表示"一般"，还有10.5%的女生表示"不喜欢"。

经过上述模糊综合评价,得到了该校男生和女生分别对老师的整体喜欢程度。当然,也可以从其他角度,例如通过年级或者学生成绩等级等进行分类,确定权重,得到不同人群对老师印象的整体评价。

6. 计算综合得分

经过上述模糊综合评价,得到了该校老师在学生中的整体受欢迎程度的等级分类结果。如果需要采用该方法对多所学校的老师在学生中的评价进行打分和排序,则可以在分别对多所学校采用上述方法进行等级分类的基础上,再对各种分类等级进行赋分,进而得出最后得分。例如,相对于从"很喜欢"到"不喜欢"四种类别等级的得分向量为 $C = (100, 80, 60, 40)^T$,而本例中学校的男女生人数占比为 0.53 和 0.47,于是该校的老师受学生欢迎程度的最后得分是:

$$p = 0.53 * (0.32, 0.27, 0.27, 0.15) * (100, 80, 60, 40)^T + $$
$$0.47 * (0.21, 0.315, 0.37, 0.105) * (100, 80, 60, 40)^T = 74.3$$

考虑等级得分向量和男女生人数比例后,得出了该校老师在学生中印象的得分为 74.3 分(满分为 100 分)。同样地,我们还可以根据年龄、入学年份、成绩等级、性格特征等对学生进行分类,从而得出不同角度的评价结果。如果需要在多所学校间进行横向比较,则需要注意,对学生的分类要采用相同的分类方式,这样得出的最后得分才具有可比性。当然,也可以同时采用多种分类方式,然后分别进行比较,但是要注意,每一次相比较的学校间的学生分类标准应是统一的。

第三节 数据包络分析法简介及运用

一、方法简介

数据包络分析(Data Envelopment Analysis,简称 DEA)是由美国著名运筹学家 A. Charnes 和 W. W. Cooper 提出的,以相对效率概念为基础的一种效率评价方法,它根据多项投入指标和多项产出指标,利用线性规划的方法,对具有可比性的同类型单位进行相对有效性评价。这种数量分析方法产生于运筹学、管理科学与数理经济学交叉研究领域,现可广泛运用于综合评价中。[1] DEA法直接使用输入、输出数据建立非参数的经济数学模型,在处理多输入特别是多输出的问题方面具有优势。

一个经济系统或生产过程可以看成是一个单元在一定可能范围内,通过投入一定数量的生产要素得到一定数量的产品的过程。虽然这些活动的具体内容各不相同,但它们具有同一个目的,即获得最高的效率和收益。这样的单元被称为决策单元(Decision Making Units,简称DMU)。[2] DMU的概念可适用于很多方面,具体到教育研究领域,它可以是一所学校,也可以是一个班级,还可以是一个地区甚至一个国家。

在我们的生产生活中,经常会遇到这样一类问题,需要在具有相同类型的决策单元中开展评价。所谓相同类型,是指一些决策单元的集合具有如下特征:一是具有相同的目标和任务;二是具有相同的外部资源环境和内部结构;三是具有相同的输入和输出指标。而在DMU中开展评价的依据便是决策单元的输入和输出数据。例如,某高校的各个学院之间要开展评价,输入数据为各学院的全年投入资金、教职工人数、教职工办公用房面积、教学占用的教室数等,输出数据为培养的学生人数、毕业生质量、学院科研成果产出等。若利用这些输入和输出数据来对各决策单元进行相对优劣评价,则需要用到数据包络分析法。

数据包络分析法,通过明确地考虑多种投入或资源的运用和多种产出或效果的产生,来比较提供相似服务的多个单位之间的效率。它避开了计算每项服务的标准成本,因为它可以把多种投入和多种产出转化为效率比率的分子和分母,而不需要转换成相同的货币单位。因此,用DEA衡量效率可以清晰地说明投入和产出的组合,因此,它比一套经营比率或利润指标更具有综合性并且更值得信赖。

数据包络分析方法的基本原理是,通过保持决策单元(DMU)的输入或输出不变,借助于数学规划和统计数据确定相对有效性的生产前沿面,将各个决策单元投影到DEA的生产前沿面上,并通过比较决策单元偏离DEA前沿面的程度来评价它们的相对有效性。DEA方法以相对效率概念为基础,以凸

---

[1] 360百科. 数据包络分析法 [EB/OL]. https://baike.so.com/doc/414626-439189.html, 2019-12-18.

[2] 杜栋,庞庆华,吴炎. 现代综合评价方法与案例精选 [M]. 北京:清华大学出版社,2005.

分析和线性规划为工具,能充分考虑对于决策单元本身最优的投入产出方案,能更充分地反映评价对象自身的信息和特点。

DEA方法具有几个特点:一是在处理多输入多输出的有效性综合评价问题方面具有优势;二是不直接对数据进行综合,决策单元的最优效率指标与输入输出数据的指标量纲选取无关,也无须对数据进行无量纲化处理;三是无须设置权重,最优权重由实际输入输出数据得到,具有较强的客观性,排除了一些主观干扰;四是它认为输入和输出值之间存在某种关联,但不必确定这种关联的数学表达式,为实际操作提供了更多可能性。

二、模型和基本步骤

1. C^2R 模型

C^2R 模型是 DEA 的第一个模型,我们通过介绍它来了解数据包括分析的基本步骤。

设某个 DMU 在一项生产活动中的输入向量为 $x = (x_1, x_2, \cdots, x_m)^T$,输出向量为 $y = (y_1, y_2, \cdots, y_s)^T$,我们用 (x, y) 来表示这个 DMU 的整个生产活动。现设有 n 个 $DMU_j (1 \leq j \leq n)$,DMU_j 对应的输入、输出向量分别为:

$$x_j = (x_{1j}, x_{2j}, \cdots, x_{mj})^T > 0, j = 1, 2, \cdots, n$$

$$y_j = (y_{1j}, y_{2j}, \cdots, y_{sj})^T > 0, j = 1, 2, \cdots, n$$

对于任意的 $i = 1, 2, \cdots, m, r = 1, 2, \cdots, s, j = 1, 2, \cdots, n$,满足 $x_{ij} > 0, y_{rj} > 0$。每个决策单元有 m 种类型的"输入"以及 s 种类型的"输出",x_{ij} 为第 j 个决策单元对第 i 种类型输入的投入量,y_{rj} 为第 j 个决策单元对第 r 种类型输出的产出量。x_{ij} 和 y_{rj} 的数据类型没有特别的要求,既可以是历史资料数据,也可以是实际观测数据,还可以是用于实验的假设数据。

在实际生产过程中,各种输入和输出的地位和作用各不相同,因此在对 DMU 进行评价之前,要对它的输入和输出分别进行"综合",即对 m 种类型的输入和 s 种类型的输出分别赋予适当的权重,以综合得到一个输入和一个输出(见图2-2)。

在图2-2中,$v_i (i = 1, 2, \cdots, m)$ 为第 i 种类型输入的权值,$u_r (r = 1, 2, \cdots, s)$ 为第 r 种类型输出的权值。输入值的权向量 $v = (v_1, v_2, \cdots, v_m)^T$ 和输出值的权向量 $u = (u_1, u_2, \cdots, u_s)^T$ 并非由事先确定,而是将其看作变量,在分析过程中根据实际情况确定。采用这种处理方式主要有两方面原因:一是在分析前对输入和输出的信息情况和特征了解不够，这种处理方式能避免将重要信息遗漏或是对关键信息错误处理；二是未经过分析就赋权重，难免会受到主观因素的影响，而这种处理能尽量减少主观偏见导致的谬误。

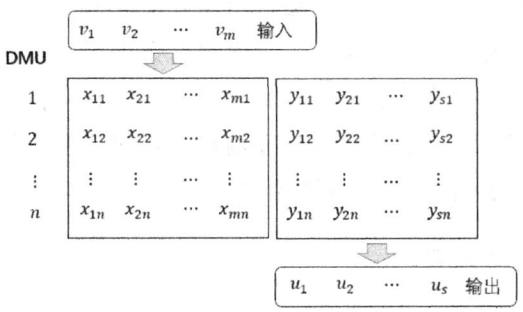

图2-2　n个决策单元的输入和输出

经过赋权后的决策单元 DMU_j 有相应的效率评价指数 h_j，可以通过选择适当的权向量 v 和 u，使得 $h_j \leq 1$。

$$h_j = \frac{u^T y_j}{v^T x_i} = \frac{\sum_{r=1}^{s} u_r y_{rj}}{\sum_{i=1}^{m} v_i x_{ij}}, \quad j = 1, 2, \cdots, n$$

当对第 j_0 个决策单元进行效率评价时，h_{j0} 的大小能表明其相对效率。一般来说，h_{j0} 越大，表示 DMU_{j0} 能用相对较少的输入得到相对较多的输出。如果要看 DMU_{j0} 在多个决策单元中是不是相对最优的，则可以通过变化权值，看 h_{j0} 的最大值是多少。以 h_{j0} 为目标，以所有的 DMU 的效率指数为约束，可构造出 C^2R 模型。

$$\begin{cases} \max h_{j0} = \dfrac{\sum_{r=1}^{s} u_r y_{rj0}}{\sum_{i=1}^{m} v_i x_{ij0}} \\ s.t.\ \dfrac{\sum_{r=1}^{s} u_r y_{rj}}{\sum_{i=1}^{m} v_i x_{ij}} \leq 1, j = 1, 2, \cdots, n \\ u \geq 0, v \geq 0 \end{cases}$$

上式是一个分式规划问题，可通过 Charnes – Cooper 变化，将其变成线性规划模型。

令 $t = \dfrac{1}{v^T x_0}, \omega = yv, \mu = tu$，可得线性规划模型 P：

$$(P) = \begin{cases} \max h_{j_0} = \mu^T y_0 \\ s.t.\ \omega^T x_j - \mu^T y_j \geq 0, j = 1, 2, \cdots, n \\ \omega^T x_0 = 1 \\ \omega \geq 0, \mu \geq 0 \end{cases}$$

这样，决策单元 j_0 的有效性便能通过线性规划 (P) 的最优解来定义，并且确定决策单元 j_0 的有效性需要将 j_0 与其他的决策单元进行比较。由于线性规划是对偶理论，可将其转化为对偶规划以从经济学意义上对其进行深入分析。

线性规划 (P) 的对偶规划为：

$$(D') = \begin{cases} \min \theta \\ s.t.\ \sum_{j=1}^{n} \lambda_j x_j \leq \theta x_0 \\ \sum_{j=1}^{n} \lambda_j y_j \geq y_0 \\ \lambda_j \geq 0, j = 1, 2, \cdots, n \\ \theta\ \text{无约束} \end{cases}$$

引入松弛变量 s^+ 和剩余变量 s^-，将上述不等式约束变为等式约束：

$$(D) = \begin{cases} \min \theta \\ s.t.\ \sum_{j=1}^{n} \lambda_j x_j + s^+ = \theta x_0 \\ \sum_{j=1}^{n} \lambda_j y_j - s^- = y_0 \\ \lambda_j \geq 0, j = 1, 2, \cdots, n \\ \theta\ \text{无约束}, s^+ \geq 0, s^- \geq 0 \end{cases}$$

建立如上模型后，便可通过 θ 和 s^+、s^- 的值来判定生产活动的有效性。另外，也可以通过 C^2R 模型中的 λ_j 的最优值来判别决策单元的规模收益情况。[①]

[①] 具体判别方法不赘述，可参考杜栋、庞庆华、吴炎所著的《现代综合评价方法与案例精选（第3版）》第69—70页。

2. 基本步骤

应用 DEA 方法进行评价主要有如下几个步骤：

（1）明确问题。在明确评价目标的基础上，对评价对象进行分析，明确各层级目标和相关影响因素，建立层次结构。确定各种影响因素的性质是可变或不可变、可控或不可控、主要还是次要，考虑因素间可能的定性和定量关系。明确决策单元的边界、结构和层次，对结果进行定性地分析和预测。

（2）建立模型。一是建立评价指标体系：根据第一阶段的分析结果，确定能全面反映评价目标的指标体系，把指标间的一些定性关系反映到权重的约束中；同时，还可以考虑输入输出指标体系的多样性，将每种情况下的分析结果进行比较研究，获得比较合理的管理信息。二是选择决策单元：根据具有相同的目标、任务、外部环境和输入输出指标等特征，选择具有一定代表性的参考集。三是选择模型：根据有效性分析的目的和实际问题的背景，选择适当的 DEA 模型进行计算。

（3）结果分析。在上述工作的基础上，对计算结果进行分析和比较，找出无效 DMU 之所以无效的问题，并提供进一步改进的途径。根据定性的分析和预测的结果来考察评价结果的合理性，必要时可应用 DEA 模型采取几种方案分别评价，将结果综合分析，也可结合其他评价方法或参考其他方法提供的信息进行综合分析。

三、数据包络分析法在教育研究中的应用

下面以高校的人力资本利用效率的评估来说明数据包络分析的具体应用。众所周知，高校之间的教学和科研水平的竞争从本质上讲是人才水平和科研成果的竞争，因此，人力资本的投资对高校保持竞争优势具有非常重要的意义。然而，高校对人力资本的引进和投入的注重程度往往有余，而对人力资本投入的产出的分析研究却不够，这样会造成人力资本的无效投入或者有效需求的投入不足的情况。针对这种情况，高校需要了解人力资本的利用程度。数据包络分析方法能从多个输入量与输出量着手，对各人力资本决策单元的相对有效性进行研究。下文通过建立人力资本评价模型，用一个具体案例来分析研究高校间人力资本使用的相对有效性。

在开始具体的案例分析前，应先思考如下问题，高校管理者如何评估人力资本的利用率应先明确三个问题：一是如何界定人力资本系统的输入量及度量方

法；二是如何界定该系统的输出量及度量方法；三是如何选择正确地衡量这些输入输出之间的关系的方法。带着三个问题，开始 DEA 的人力资本相对效率评估。

1. 输入和输出的指标

高校从招聘直至正式使用人力资本需要花费一定的成本。一般而言，这些成本主要包括教师工资、医疗福利、岗位培训等。另外，用工风险的选择也会直接影响高校的科研成果产出。高校如果要在竞争中立于不败之地，必须进行适当的人才储备以抵御外部环境的变化，同时可以抓住稍纵即逝的发展机会。用工风险大致可以反映出高校今后的发展情况。

高校的输出指标可以分为公众满意度和教师满意度。这里的公众是指消费高校的人力资本并且享受其成果的内部人员（高校学生）和外部人员（能享受高校人力资本发展带来的相关成果的社会人员）。只有满足学生和公众需求的高校人力资本投资，才能真正实现人力资本的价值。另外，教师是高校人力资本投资的受益者，只有令教师满意的投资才能切实发挥人力资本的潜能，取得预期的投资收益。教师的满意度可以细分为培训是否真正有效果，教师是否真正意识到自己是组织的成员，教师的归属感是否增强。

2. 指标体系

考虑到高校实际投入的差异性，在使用度量指标时选择相对度量指标体系，并制定相应的评判标准（本例中满分为 5 分，各标准的分数由左及右降低），如表 2-3 所示。通过评价标准可知各指标的类型，一般而言，输入指标为负向指标，即输入越高其得分越低；输出指标为正向指标，即输出越高其得分越高。这与我们的相对效率评价的目的，希望通过较少的输入得到较多的输出的相对效率的目标是一致的。具体数值可以由专家和管理人员组成的评定小组对各项指标进行确定。

表 2-3　　　　　　　　高校人力资本投入效率分析的指标

	评价指标	评价标准	指标类型
输入指标	教师工资	低—高	负向指标
	医疗福利	低—高	负向指标
	岗位培训	少—多	负向指标
	用工风险	低—高	负向指标
输出指标	学生及公众满意度	高—低	正向指标
	教师满意度	高—低	正向指标

3. 评估流程

DEA 评估方法的流程可分为四个阶段，第一步选择输入和输出指标，得到输入和输出数据，第二步将数据输入 DEA 模型中，第三步是进行相对效率的评价，第四步根据评价结果的相对效率性进行纠偏，而后又可进入下一个评估流程，根据纠偏后的输入输出数据再进行 DEA 评估（见图 2-3）。

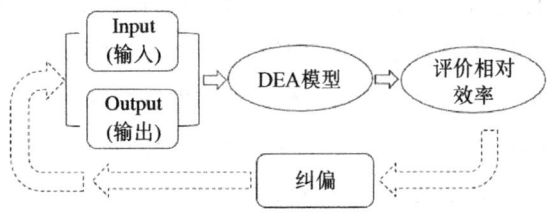

图 2-3　数据包络分析的基本流程

4. 实例计算

本简例中以三所高校为样本，研究它们某年度人力资本投入的相对效率，输入和输出数据及结构见表 2-4、表 2-5。

表 2-4　　　　　　高校人力资本投入效率的 DEA 评估指标

高校	输入指标				输出指标		相对指标
	教师工资	医疗福利	岗位培训	用工风险	学生及公众满意度	教师满意度	θ
A 大学	4	3	4	3	3	2	0.88
B 大学	4	5	4	3	2	4	1.00
C 大学	4	2	5	3	5	2	1.00

表 2-5　　　高校人力资本投入效率的 DEA 评估的松弛变量和剩余变量

高校	s_1^-	s_2^-	s_3^-	s_4^-	s_1^+	s_2^+	θ
A 大学	0.52	0.39	0	0.39	0	0	0.88
B 大学	0	0	0	0	0	0	1.00
C 大学	0	0	0	0	0	0	1.00

5. 结果分析

从计算结果来看，可知 B 大学和 C 大学的人力资本投入效率是 DEA 有效的，即它们都充分使用了学校的人力资本，并产生了使公众和教师较为满意的结果。而 A 大学的人力资本投入效率为 DEA 相对无效，分析其原因可能是投入过多或产出过少,或是二者兼而有之。运用 DEA 的投影理论分析,如果 A 大学保持现有输出的话,其教师工资可以控制在 0.88×4-0.52=3 以内,医疗福利可以控制在 0.88×3-0.39=2.25 以内,用工风险可以控制在 0.88×3-0.39=2.25 以内。通过这样控制输入后,在输出不变的情况下,A 大学的人力资本投入效率也可变为 DEA 有效。

第四节 人工神经网络简介及运用

一、方法简介

1. 人工神经网络

人工神经网络(Artificial Neural Networks,简称 ANN)是一种模仿动物神经网络行为特征,应用类似于大脑神经突触连接的结构,进行分布式并行信息处理的算法模型。人工神经网络的运算模型,由大量的节点(或称神经元)和相互连接构成。每个节点代表一种特定的输出函数,称为激励函数(activation function)。每两个节点间的连接都代表一个对于通过该连接信号的加权值,称之为权重,这相当于人工神经网络的记忆。网络的输出则依据网络的连接方式、权重值和激励函数的不同而不同。网络自身通常都是对自然界某种算法或者函数的逼近,也可能是对一种逻辑策略的表达。这种网络依靠系统的复杂程度,通过调整内部大量节点之间相互连接的关系,从而达到处理信息的目的,并具有自学习和自适应的能力。人工神经网络能够类似人一样具有简单的决定能力和简单的判断能力,这种方法比起正式的逻辑学推理演算更具有优势。[1]

2. 人工神经网络的特征

人工神经网络的特点是,它将信息或知识分布储存在大量的神经元或整个系统中,它具有全息联想的特征、高速运算的能力,还有很强的适应能力和自学习、自组织的潜力。另外,它有较强的容错能力,能够处理那些有噪

---

[1] 360 百科. 人工神经网络 [EB/OL]. https://baike.so.com/doc/1591389-1682151.html,2019-12-24.

声或不完全的数据。

鉴于人工神经网络具有上述特征,可以建立基于人工神经网络的多指标综合评价方法。其解决评价问题的方式与层次分析和模糊理论分析法完全不同。它是模拟人脑的思维,把大量的神经元连成一个复杂的网络,利用已知样本对网络进行训练,即类似于人脑的学习,让网络存储变量间的非线性关系,即类似于人脑的记忆功能,然后利用存储的网络信息对未知样本进行评价,即类似于人脑的联想功能。[1]

人工神经网络是由大量处理单元互联组成的非线性、自适应信息处理系统。它是在现代神经科学研究成果的基础上提出的,具有四个基本特征:一是非线性,二是非局限性,三是非常定性,四是非凸性。非线性是自然界的普遍特性,大脑的智慧就是一种非线性现象。人工神经元处于激活或抑制两种不同的状态,这种行为在数学上表现为一种非线性关系。非局限性表现为一个神经网络通常由多个神经元广泛连接而成。一个系统的整体行为不仅取决于单个神经元的特征,而且可能主要由单元之间的相互作用、相互连接所决定。非常定性指人工神经网络不但处理的信息可以有各种变化,而且在处理信息的同时,非线性动力系统本身也在不断变化。非凸性是指这种函数有多个极值,故系统具有多个较稳定的平衡态,而这也将导致系统演化的多样性。

3. 人工神经网络评价法

当影响评价的某些因素发生变化时,评价结果会产生误差,这时需要重新建立非线性模型,重新对评价因素进行分析。这样就会导致许多重复性的工作,并且使得以前的一些经验不能被充分利用而产生浪费。为了解决这些问题,人们提出模拟人的神经网络工作的原理,建立能够"学习"的模型,并能将经验性知识积累和充分利用,从而使求出的最佳解与实际值之间的误差最小化,这种方法称为人工神经网络评价法。

人工神经网络多指标综合评价方法,是通过神经网络的自学习、自适应能力和强容错性建立的,更加接近人类思维模式的定性和定量相结合的综合评价模型。训练好的神经网络把专家的评价思想以连接权的方式赋予到网络上,模型的权值不是人为赋予的,而是通过实例学习得到的。这样一来,该

---

[1] 杜栋,庞庆华,吴炎. 现代综合评价方法与案例精选 [M]. 北京:清华大学出版社,2005.

网络不仅可以模拟专家进行定量评价,而且避免了主观因素影响导致的评价错误。

二、模型和基本步骤

神经网络通过一定的算法进行训练,现在比较成熟的以及经过演变的神经网络模型和算法有很多种。下面对应用较广的一个模型——反向传播(BP)算法进行说明。

反向传播算法,又称为 BP 人工神经网络(见图 2-4),是由 Rumelhart 等人于 1985 年提出来的一种多层次反馈型网络,所使用的是有"教师"的学习算法。基于 BP 人工神经网络的综合评价方法具有运算速度快、问题求解效率高、自学习能力强、适应面宽等优点,较好地模拟了评价专家进行综合评价的过程,在很多领域得到了较好的运用。

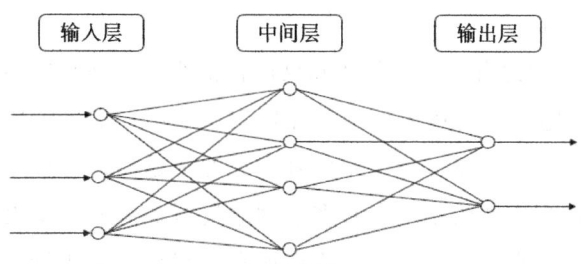

图 2-4 BP 神经网络模型

BP 神经网络是一种具有三层或三层以上的层次结构模型,相邻上下层之间各神经元实现权连接,而每层的神经元之间无连接。BP 算法有输入层节点、输出层节点和隐含层节点三个环节。一般输入信号要先传播到隐含层节点,经过函数作用后传播到输出层节点,最后输出结果。隐含层节点可以是一个,也可以是多个。

对于 BP 神经网络模型的输入神经元,其输出与输入相同。隐含层和输出层的关系可进行如下规定:$Y_{kj} = f(\sum_{i=1}^{n} W_{(k-1)i,kj} Y_{(k-1)i})$,其中,$Y_{(k-1)i}$ 是 $k-1$ 层第 i 个神经元的输出,也是第 k 层神经元的输入;$W_{(k-1)i,kj}$ 是 $k-1$ 层第 i 个神经元与 k 层第 j 个神经元的连接权值;Y_{kj} 是 k 层第 j 个神经元的输出,也是 $k+1$ 层神经元的输入;f 是 Sigmoid 函数,$F(u) = 1/(1 + e^{-u})$。n 是第 $k-1$ 层神经元的数量。可知,BP 网络除输入层以外的基本处理单元为非线性的输入输出关系，处理单元的输入、输出值可连续变化。

BP网络的输入输出关系是一个有着多输入和多输出的非线性映射关系，由于该映射关系难以由某一个数学表达式明确表达出来，因此它是一个"黑匣子"。一般增加层数可以降低误差，提高精度，但同时由其带来的网络复杂化也增加了权值训练需要的时间。除了增加层数外，增加隐含层中的神经元数目也可以提高精度，其权值训练效果也比增加层数的训练效果更易观察和控制，所以，通常情况下应首先考虑增加神经元的数目来提高模型精度。

隐含层神经元数的确定是BP神经网络模型的应用中一个较重要的问题，如果隐含层神经元数过少，会由于学习时间少和学习量不够导致其识别性和容错性差，出现不能处理的情况；如果隐含层神经元数过多，则会由于训练强度太大使得学习时间过长，增加学习难度，但也不一定能降低误差。因此在实际应用中，往往是对不同的神经元数进行训练，然后进行对比，选择较为合适的神经元数。

BP算法的学习过程由正向传播和反向传播组成。在正向传播中，输入信息经过输入层和隐含层的逐层处理后经输出层输出，如果输出结果与期望值有差距，则转入反向传播，将误差信号沿原通道返回，通过修改各层神经元的权值，使得误差信号减小。在对多层网络进行训练时，要提供训练样本的输入值和理想输出值，然后将实际输出值和理想输出值进行比较，当二者不一致时，要修改权值后再进行输入输出和比对，直到通过模型计算后的实际输出值与理想输出值一致，这表明模型的训练合格，学习结束。

假设BP网络每层有N个处理单元，训练集包含M个样本模式对。对第p个学习样本（$p = 1, 2, \cdots, M$），节点j的输入总和记为I_{pj}。输出记为O_{pj}，则：

$$I_{pj} = \sum_{i=1}^{N} W_{ji} O_{pi}, O_{pj} = f(I_{pj})$$

如果任意设置网络初始值权值，对于每个输入样本p，网络输出与期望输出d_{pj}之间的误差为：$E = \sum_{p} E_p = [\sum_{j}(d_{pj} - O_{pj})^2]/2$，其中，$d_{pj}$表示第$p$个输入样本输出单元$j$的期望输出。

在BP网络学习过程中，输出层单元与隐单元的误差计算有所不同。权值修正公式为：

$$W_{ji} = W_{ji}(t) + \eta \delta_{pj} O_{pj}$$

$$\delta_{pj} = \begin{cases} f'(I_{pj})(d_{pj} - O_{pj}), \text{对于输出节点} \\ f'(I_{pj}) \sum_{k} \delta_{pk} W_{kj}, \text{对于输入节点} \end{cases}$$

上式中，η 表示学习速率，其可以加快网络的收敛速度，同时可能带来振荡。

上述权值修正公式中还要加入一个惯性参数 α，使得

$$W_{ji} = W_{ji}(t) + \eta \delta_{pj} O_{pj} + \alpha [W_{ji}(t) - W_{ji}(t-1)]$$

其中，α 是常数项，称为势态因子，决定上次的权值对本次权值更新的影响程度。

在网络的学习过程中，权值随着迭代的进行而更新，权值一般是收敛的，但当权值的初始值太大时，会导致网络很快达到饱和，并且过大的权值会影响网络的收敛速度。另外，学习步长也影响网络的收敛速度：过小的学习步长会使权值更新量过小，使收敛变慢；过大的学习步长则会使极值点附近的振荡可能性加大，从而影响其收敛性。

BP 神经网络的学习算法可分为以下步骤：

第一步，初始化网络及学习参数，设置网络初始权矩阵、学习因子、态势因子等；

第二步，提供训练模式，不断训练网络，直到其满足要求，完成学习过程；

第三步，前向传播，提供输入值，计算输出，比较实际输出值与理想输出值，如果有误差，进入下一步，否则返回第二步；

第四步，反向传播，计算同一层单元的误差，修正权值和阈值（此处，阈值为 $i = 0$ 时的连接权值），并返回第二步。

第五节 几种综合评价方法的述评

一、综合评价方法评价

1. 层次分析法

层次分析法是一种实用的多准则决策方法，它把一个复杂问题表示为有序的递阶层次结构，通过人们的判断对决策方案的优劣进行排序。它把复杂

的问题分解为各个组成因素，将这些因素按支配关系分组形成有序的递阶层次结构，通过两两比较的方式确定层次中各因素的相对重要性，然后综合人的判断以决定决策各因素相对重要性总的顺序。这种方法能够统一处理决策中的定性与定量因素，具有实用性、系统性、简洁性等优点。它完全依靠主观评价做出方案的优劣排序，所需数据量很少，决策花费的时间很短。

层次分析法的特点是：将人们的思维过程数学化、模型化，系统化、规范化，便于人们接受，用 AHP 进行决策，输入的信息主要是决策者的选择与判断，决策过程充分反映了决策者对决策问题的认识。由于这种方法较易被掌握，使得以往决策者和决策分析者之间的沟通难题得到改善。在多数情况下，决策者直接使用 AHP 进行决策，增加了决策的有效性。另外，在 AHP 的使用过程中，无论建立层次结构还是构造判断矩阵，人的主观判断、选择、偏好对结果的影响极大，判断失误即可能造成决策失误。这使得 AHP 进行评价时，受到主观因素影响的成分较大，可能由此造成评价结果的客观性、可靠性降低。这也对采用 AHP 方法的决策者提出了一定的要求，要对问题的本质、包含的要素及其相互之间的逻辑关系掌握得十分全面透彻。因此，为了保证 AHP 评价结果的科学可信，评价者应不断提升自己的知识水平，尽量避免主观认识缺陷给评价结果带来的谬误。

2. 模糊综合评价法

模糊综合评价法是利用模糊集理论进行评价的一种方法，它应用模糊关系合成的原理，从多个因素对被评判事物隶属等级状况进行综合性评判。模糊评价法不仅可对评价对象按综合分值的大小进行评价和排序，而且还可根据模糊评价集上的值按最大隶属度原则去评定对象所属的等级。这就克服了传统数学方法结果的单一性缺陷，使结果包含的信息量更丰富。这种方法简易可行，在一些用传统观点看来无法进行数量分析的问题上，显示了它的应用优势，很好地解决了判断的模糊性和不确定性问题。

模糊综合评判的优点是可对涉及模糊因素的对象系统进行综合评价，作为较常用的模糊数学方法，它广泛地应用于经济社会评价各领域。然而，随着综合评价在经济、社会等大系统中的不断应用，由于问题层次结构的复杂性、多因素性、不确定性、信息的不充分以及人类思维的模糊性等矛盾的出现，使得人们很难客观地做出评价和决策，模糊综合评判方法也因此呈现出其不足之处：一是它不能解决评价指标间的相关性造成的评价信息重复问题，二是隶属函数的确定还没有系统的方法，三是其评价过程大量运用了人的主观判断，使得结果难以避免地存在主观性。总体来说，模糊综合评价是一种基于主观信息的综合评价方法。综合评价结果的可靠性和准确性依赖于合理选取评价指标、指标的权重分配和综合评价的合成算子等。所以，在选择合适的评价模型和算法时，要注重客观性、科学性和针对性，以提升模糊综合评价结果的可靠性。

3. 数据包络分析法

数据包络分析法的一个重要应用是根据输入、输出数据对同类型单位（又叫决策单元）进行相对效率与效益方面的评价，其特点是完全基于指标数据的客观信息进行评价，剔除了人为因素带来的误差。一般来说，利用数据包络分析法进行效率评价，可以获得如下两方面的管理信息：一是设计出科学的效率评价指标体系，评价各决策单元的 DEA 有效性，为决策提供参考；二是分析各决策单元的有效性对各输入、输出指标的依赖情况，了解其在输入、输出方面的优势和劣势。

数据包络分析法的优点是，可以评价多输入多输出的大系统，并可用"窗口"技术找出单元弱环节加以改进；缺点是只能表明评价单元的相对发展指标（相对量），而无法表示出实际发展水平（绝对量）。另外，数据包络分析法不需要预先给出权重的特点是一个"双刃剑"，从操作的简便性来说是一个优点，但有时也会成为其缺点。数据包络分析法最严重的一个缺陷是，由于各决策单元是从最有利于自己的角度分别求权重的，使得这些权重随着决策单元的不同而不同，因此各决策单元之间缺乏可比性，评价结果可能与实际情况有差距。

在使用数据包络分析法进行分析评价时，还要考虑输入、输出指标体系的多样性。常用方法是在实现评价目标的大前提下，设计多个输入、输出指标体系，将多个指标体系的分析结果放在一起进行比较。当将较多的决策单元放在一起，使得"同类型"反映不够充分时，可以将它们按照一定特性分成几个子集，每个子集内的决策单元能较好地体现出"同类型"，这样对这几个子集分别进行数据包络分析，往往能够得到一些新的有用的信息。

4. 人工神经网络评价法

人工神经网络评价法是面向复杂系统的一类交互式的综合评价方法。它可以根据用户期望的输出不断修改指标的权值，直到用户满意为止。一般来说，人工神经网络评价方法得到的结果会更符合实际情况。神经网络具有自适应能力，能对多指标综合评价问题给出一个客观评价。在以前的评价方法中，传统的权重设计带有很大的模糊性，同时人为因素对权重确定的影响较大。而人工神经网络确定指标权重的过程，是一个利用已有样本进行学习，比较输出结果与期望结果之间的差距，反向修正权重后再次学习并比较输出结果与期望结果，如此反复学习修正后得到能使输出结果与期望结果一致的权重的过程。人工神经网络评价法完全从数据本身出发，避免了主观因素的影响。

人工神经网络方法的优点在于，它适用于难以用一个简单明确的数学关系式表示的多影响因素的模型，它甚至不必深究多个影响因素和被影响因素之间是否有明确的函数关系，而只需用输入输出数据进行训练，即可用来进行评价和预测。它是对大量样本间的共有关系的模拟和描述，基于此种关系，可以用来预测其他类似样本的发展趋势。同样地，人工神经网络评价方法存在一个逻辑上的缺陷。我们知道，人工神经网络需要经过训练，而训练规则和训练好的标准都是人为给定的。既然我们已经得知训练的规则和标准，那么在进行评价时直接用该规则对评价对象进行评价即可，而不必先用已有样本模拟出表示某种不明确关系的权重，再用此不具备明确数学意义的权重去套用评价对象得到评价结果，这种操作多少有点"多此一举"。实际上，人工神经网络方法的强项在于处理复杂的多因素的不确定关系时进行预测和控制变量分析。

二、方法组合运用

综合评价是一个复杂的问题，评价方法、评价指标、评价样本等的选取不同，可能使得对同一个问题的评价结果出现差异，这样会对客观认识评价结果造成影响，也会对决策者进行科学决策造成一定困惑。因此，我们需要对各种综合评价方法进行科学的选择和组合，以保证评价结果的科学性、合理性。事实上，各种评价方法都可根据实际需要进行任意组合，而不同的组合方式能在彰显各自优点的同时，尽可能地扬长避短，达到所需要的评价效果。

例如，层次分析法和模糊综合评价法的组合，前者能将定量分析和定性分析结合，后者能对涉及模糊因素的对象进行评价，二者的结合能将模糊评价指标体系分成递阶层次结构，运用层次分析法确定各指标的权重，然后分层次进行模糊综合评价，最后综合得出总的评价结果。

层次分析法还可和数据包络分析进行组合，数据包络分析以各决策单元的输入输出指标的权重为变量，确定各指标在优先意义下的权重，尽量减少主观因素的影响。层次分析法的判断矩阵由专家给定，专家的知识结构、认识水平、主观偏好等因素皆会对其一致性造成影响，结合数据包络分析后，可降低主观因素的影响，使评价方法更完善。

模糊综合评价法和数据包络分析的组合，目前已有的数据包络分析模型涉及的指标体系和投入产出数据多是确定的，但是许多领域的评价和决策问题都存在大量的不确定性。模糊综合评价能运用到有不确定因素的领域里，能得出各决策方案的优劣程度，却无法得知较差方案效率低下的原因。若将二者结合，则能弥补各自的短处，在模糊综合评价的基础上，引入数据包络分析理论，通过构造输入和输出指标，建立新的系统综合评价方法。

模糊综合评价和人工神经网络的组合，由于客观事物在很多情况下都带有模糊性，使得相应的评价和决策有必要引入模糊数学的理论和方法，但是这些方法大多缺乏自学的能力，而且较难摆脱决策过程的随机性和主观不确定性的影响，因此可以建立基于人工神经网络的模糊综合评价方法。一方面通过一个模糊变换，将评价因素集中的元素映射为评价结果集中的元素，同时给各因素分配合理的权重；另一方面，通过神经网络方法，使用一些实际数据进行学习，保证最终的权重在约定的精度范围内可靠有效。

这里简单列举了几种综合评价方法两两组合的情况，实际上，在正式使用过程中，组合方法远超于此，组合也并不仅限于两种方法进行组合，可以三种甚至以上的方法进行融合使用。只要我们了解了各种评价方法的原理和基本模型、适用情况和各自优缺点，那么在实际评价中，可以根据需要进行组合，以提升评价结果的可信度和为决策者提供参考的能力。

Tips **指标体系权重**

对信度进行检验是分场合的，没必要所有的调查或测试结果一开始都做信度检验，评价结果追求信度是个伪命题（重测信度，间隔2—4个月，被测者的知识结构和认识水平发生了变化；副本信度，测试的是两套表达方式不同的量表间的一致性；同质性信度正好说明了题目之间的难度相似性，分半测验时至少有两道题之间是相似的，不具有区分度）。

没必要追求信度以及内部一致性，信度仅仅只能说明一致性，对问卷或评价的内容、水准和质量说明无意义。起初用于心理测试的量表需要通过信度来确定其稳定性，是由于心理测试题目的表达具有特殊隐讳性，不能"明示"，对题目的理解也是测试的一部分，因此需要通过验证稳定性来佐证问题的有效性。而在其他的测试和调查中，问题的表达都是力求简洁、清晰、明了，一般不具有题干表达造成理解差异的问题，因此对信度的追求并无意义。

综合评价指标体系　高等教育承载力及匹配度单独说明

狭义地说，评价与综合评价指的是本章介绍的相关内容。广义地说，后文将要介绍的各种测度和模型都是评价方法的一种，只不过各有侧重，它们是具有更明确更具体的方法和用途的评价方法，但由于它们有各自专攻的使用领域和特点，而有必要单独成章进行阐述，并与本章介绍的评价方法进行区别。

第三章 差异的测度方法在教育研究中的运用

第一节 均值、方差和变异系数

一、基本概念

本章我们介绍差异（差距）的测度及在教育研究中的应用，我们从最基本、也是最常用的差异测度——方差入手。讨论方差之前，应先对均值有所了解。

1. 均值

均值（Mean），又叫平均值，表示一系列数据或统计总体的平均特征。根据平均方式的不同，有算术平均值、几何平均值、平方平均值、调和平均值、加权平均值等类型，其中以算术平均值最为常见。均值是计算差异的前提，它代表的是一种平均的情况，表示了整体的大致、平均水平，也可视为一种标准。有了这个大概的代表整体平均水平的标准，我们讨论差异时才有参照物。假设现有 n 个研究对象或样本，其值分别是 $x_1, x_2, \cdots, x_n$，那么它们的各种均值可通过如下公式计算得到。

(1) 算术平均值：$\overline{X}_1 = \dfrac{x_1 + x_2 + \cdots + x_n}{n} = \dfrac{1}{n}\sum\limits_{i=1}^{n} x_i$

(2) 几何平均值：$\overline{X}_2 = \sqrt[n]{x_1 x_2 \cdots x_n} = \sqrt[n]{\prod\limits_{i=1}^{n} x_i}$

(3) 均方根平均值：$\overline{X}_3 = \sqrt{\dfrac{x_1^2 + x_2^2 + \cdots + x_n^2}{n}} = \sqrt{\dfrac{1}{n}\sum\limits_{i=1}^{n} x_i^2}$

(4) 调和平均值（倒数平均值）：$\overline{X}_4 = \dfrac{1}{\left(\dfrac{1}{x_1} + \dfrac{1}{x_2} + \cdots + \dfrac{1}{x_n}\right)/n} = \dfrac{n}{\sum\limits_{i=1}^{n} \dfrac{1}{x_i}}$

(5) 加权平均值：$\overline{X}_5 = \dfrac{\omega_1 x_1 + \omega_2 x_2 + \cdots + \omega_n x_n}{\omega_1 + \omega_2 + \cdots + \omega_n} = \dfrac{1}{\sum\limits_{i=1}^{n} \omega_i} \sum\limits_{i=1}^{n} \omega_i x_i$

值得注意的是，上述加权平均值是针对算术平均值进行加权得到的，事实上，"加权"的做法也可用于其他平均值的计算上，例如调和平均值。除了上述简单调和平均值外，还有加权调和平均值，就是在计算倒数的时候将权重也考虑在内，得到：$\overline{X}_4^* = \dfrac{1}{\left(\dfrac{\omega_1}{x_1} + \dfrac{\omega_2}{x_2} + \cdots + \dfrac{\omega_n}{x_n}\right)/(\omega_1 + \omega_2 + \cdots + \omega_n)} = \dfrac{\sum\limits_{i=1}^{n} \omega_i}{\sum\limits_{i=1}^{n} \dfrac{\omega_i}{x_i}}$。

2. 方差和标准差

方差（Variance），是一组样本数据与其算术平均值的离差平方和的平均数，表示的是样本与其均值的离散程度，亦即样本与其均值的整体差距。方差是测算数值型数据离散程度的最重要的方法。

同样地，以 n 个研究对象 $x_1, x_2, \cdots, x_n$ 为例，其均值为 $\overline{X}_1 = \dfrac{1}{n}\sum\limits_{i=1}^{n} x_i$，用 σ^2 表示方差，则 $\sigma^2 = \dfrac{1}{n}[(x_1 - \overline{X}_1)^2 + (x_2 - \overline{X}_1)^2 + \cdots + (x_n - \overline{X}_1)^2] = \dfrac{1}{n}\sum\limits_{i=1}^{n}(x_i - \overline{X}_1)^2$。

若将方差取算术平方根，则得到标准差（Standard Deviation），又叫均方差（mean square error），其计算公式为 $\sigma = \sqrt{\dfrac{1}{n}\sum\limits_{i=1}^{n}(x_i - \overline{X}_1)^2}$。

一般来说，方差既是表示一组数据离散程度的指标，又是表示数据整体与平均值的距离的指标。方差越小，说明样本数据之间的差异越小，整体与平均水平越接近；方差越大，说明样本数据之间的差异越大，整体与平均水平越有差距。

3. 变异系数

变异系数（Coefficient of Variation），是一组数据的标准差与均值的比值，反映的是一组数据的离散程度。当需要比较两组数据离散程度大小的时候，如果两组数据的测量尺度相差较大,或者数据量纲有所不同,这时直接使用标准差来进行比较不太合适,而变异系数则消除了测量尺度和量纲的影响。

$$C.V = \frac{SD}{Mean} \times 100\%$$

变异系数的大小,同时受均值和标准差两个统计量的影响。变异系数越小,变异(偏离)程度越小;反之,变异系数越大,变异(偏离)程度越大。变异系数还可以帮助检测数据的有效性,一般在进行数据统计分析时,如果发现变异系数大于15%,则要考虑该数据可能不正常,应该将其剔除。

二、均值、方差和变异系数的应用实例

均值和方差是基本的统计学指标,能描述样本数据的平均特征和整体的离散程度,在学生成绩评价方面,能发挥重要作用。下面以某初中二年级一班的两门学科考试成绩的均值和方差来说明其应用意义。

该班40个学生一次考试中两门科目的成绩如表3-1所示,当成绩出来以后,一般要对成绩进行分析,了解该班学生在两门课程上的整体情况(见表3-2)。

表3-1　　　某初中二年级一班学生语文和数学考试成绩

学生编号	语文成绩	数学成绩	学生编号	语文成绩	数学成绩
1	89	90	21	92	100
2	75	84	22	89	98
3	67	79	23	74	87
4	87	84	24	75	89
5	82	87	25	81	89
6	72	89	26	82	92
7	63	85	27	89	95
8	93	85	28	61	81
9	76	92	29	69	84
10	78	83	30	95	100
11	67	83	31	67	81
12	89	85	32	96	98
13	84	89	33	90	95
14	85	79	34	80	89
15	83	78	35	82	86
16	74	76	36	77	85
17	65	79	37	78	83
18	84	93	38	85	89
19	86	92	39	89	82
20	91	93	40	93	95

表3-2 某初中二年级一班学生语文和数学考试成绩的统计学描述

科目	最高分	最低分	均值	方差	均方差	变异系数
语文	96	61	80.85	86.78	9.32	11.52%
数学	100	78	87.15	24.93	4.99	5.73%

通过表3-2可知,该班学生在该次考试中,语文科目的均值为80.85,均方差为9.32,变异系数为11.52%,数学科目的均值为87.15,均方差为4.99,变异系数为5.73%。数学科目的平均成绩高于语文科目,同时数学科目成绩的学生之间的差异小于语文科目,表示学生在数学科目上的得分情况整体好于语文科目。为了进一步比较分析,同时调出该初中二年级二班学生在该次考试中的成绩(见表3-3、表3-4)。

表3-3 某初中二年级二班学生语文和数学考试成绩

学生编号	语文成绩	数学成绩	学生编号	语文成绩	数学成绩
1	88	95	21	83	86
2	79	84	22	79	68
3	69	63	23	78	90
4	84	89	24	75	68
5	81	96	25	81	69
6	78	85	26	82	96
7	71	90	27	80	92
8	85	97	28	68	88
9	83	95	29	73	89
10	82	89	30	89	84
11	79	68	31	78	68
12	83	89	32	84	97
13	82	96	33	90	99
14	85	78	34	77	76
15	83	76	35	82	87
16	77	69	36	79	86
17	69	67	37	84	87
18	84	96	38	85	96
19	83	88	39	86	88
20	85	97	40	82	93

表 3 – 4　　某初中二年级二班学生语文和数学考试成绩的统计学描述

科目	最高分	最低分	均值	方差	均方差	变异系数
语文	90	68	80.63	26.84	5.81	6.43%
数学	99	63	85.35	112.77	10.62	12.44%

通过比较二班和一班学生成绩可知，二班语文科目的平均分与一班成绩接近略低一点（一班均值 80.85，二班均值 80.63），但是二班学生语文科目的整体表现较好，学生之间差异较小（一班均方差 9.32，变异系数为 11.52%；二班均方差 5.81，变异系数 6.43%），学生的水平相对接近。而数学科目上，二班的平均成绩低于一班（一班均值 87.15，二班均值 85.35），但是学生之间的差距大于一班（一班均方差 4.99，变异系数为 5.73%；二班均方差 10.62，变异系数 12.44%），说明二班学生数学科目成绩的均衡性不如一班。

然而，在平均成绩接近的情况下，学生成绩差距的不同到底是何原因造成的，这种整体水平接近到底是好还是不好，需要进一步加以分析。

第二节　基尼系数

一、基尼系数的概念和计算

基尼系数（Gini coefficient）是一个衡量差异程度的重要指标，最早出现于衡量收入分配差距的微观经济学领域，后被广泛地应用于差异测度的各个领域。关于基尼系数的起源有各种说法，有人认为它是由意大利经济学家基尼于 1922 年提出来的定量测定收入分配差异程度的指标[1]，因此以该经济学家的名字命名。也有一种说法是基尼系数是 1943 年由美国经济学家阿尔伯特·赫希曼根据洛伦茨曲线所定义的判断收入分配公平程度的指标。长久以来，人们把这个指标归到基尼名下，但 1964 年，赫希曼在《美国经济评论》发表了一篇题为《一项指标的父权认证》（*The Paternity of An Index*）的澄清

---

[1] MBZ 智库百科. 基尼系数 [EB/OL]. https：//wiki.mbalib.com/wiki/%E5%9F%BA%E5%B0%BC%E7%B3%BB%E6%95%B0, 2020 – 01 – 03.

文章,从中阐明基尼系数最早是由赫希曼所提出来的①。尽管关于基尼系数最初的提出者有一些争论,但学界对于基尼系数在衡量差距方面的重要性和权威性是充分肯定的。

1. 洛伦茨曲线

洛伦茨曲线(Lorenz curve)最早用以比较和分析一个国家在不同时代或者不同国家在同一时代的财富不平等,该曲线作为一个总结收入和财富分配信息的便利的图形方法得到广泛应用。通过洛伦茨曲线,可以直观地看到一个国家收入分配平等或不平等的状况。洛伦茨曲线是一个二维曲线,其横轴代表收入获得者在总人口中的百分比,纵轴表示各个百分比人口所获得的收入的百分比。从坐标原点到正方形相应另一个顶点的对角线为均等线,即绝对平均线,实际收入分配曲线即洛伦茨曲线都在绝对平均线的右下方(见图3-1)。

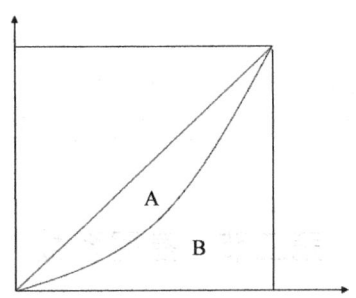

图 3-1 洛伦茨曲线与绝对平均线

洛伦茨曲线的弯曲程度表示样本间差距的大小。弯曲程度越大,表示其代表的样本间的不平等程度越大;弯曲程度越小,表示其代表的样本间的不平等程度越小;若洛伦茨曲线与绝对平均线重合,表示其代表的样本间是绝对平均的,即每个样本所拥有的指标量都是相同的;若洛伦茨曲线与坐标轴和 $x=1$ 曲线重合,表示其代表的样本间是绝对不平均的,即所有指标量全都集中在一个样本身上,而其余样本的指标量都为0。事实上,后两种情况是不存在的,只有理论意义而无实际意义。

2. 基尼系数

将洛伦茨曲线和绝对平均线围成的面积记为 A,将洛伦茨曲线和 x 坐标轴

---

① 360百科. 基尼系数 [EB/OL]. https://baike.so.com/doc/1428993-1510454.html, 2020-01-03.

及 $x=1$ 直线围成的面积记为 B，将基尼系数记为 G，则有 $G=A/(A+B)$。

基尼系数通常用来衡量某个指标在一定范围内的分布差距大小（或者说分配的公平性）。在通常情况下，我们需要处理的样本为离散数据，当知道样本容量为 n 的各样本值时，可根据洛伦茨曲线的构造和基尼系数的定义进行计算（见图 3-2）。

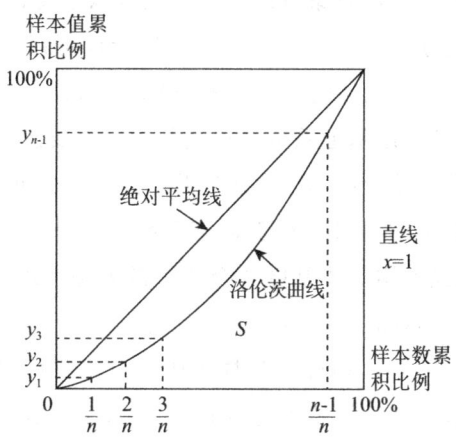

图 3-2 样本累积比例组成的洛伦茨曲线

设该指标样本值按从小到大排列为 $x_1, x_2, \cdots, x_n$，样本总和为 $X = \sum_{i=1}^{n} x_i$，各样本累积比例为 $y_i = \sum_{j=1}^{i} x_j / X, j = 1, \cdots, i$，且 $i = 1, 2, \cdots, n$。样本点按累积比例排列后组成的洛伦茨曲线与横坐标轴和直线 $x=1$ 围成的面积为 S，则离散样本的基尼系数为：

$G = (0.5 - S)/0.5 = 1 - 2S$

其中，$S = y_1/2n + (y_1 + y_2)/2n + \cdots + (y_{n-1} + 1)/2n = \left(2\sum_{i=1}^{n-1} y_i + 1\right)/2n$

于是，

$$G = 1 - 2\left(2\sum_{i=1}^{n-1} y_i + 1\right)/2n$$

$$= 1 - \left(2\sum_{i=1}^{n} y_i - 1\right)/n$$

$$= 1 - \left(2\sum_{i=1}^{n} \sum_{j=1}^{i} \frac{x_j}{\sum_{i=1}^{n} x_i} - 1\right)/n$$

其中，$j = 1,\cdots,i$，且 $i = 1,2,\cdots,n$。

因此，样本容量为 n 的某指标在一定范围的分布差距的基尼系数可用上式计算得到。以上计算方法可用 Excel 软件通过简单的编程实现。

3. 基尼系数衡量差距的适用情况

基尼系数是在承认差距存在的前提下，衡量差距的合理性（或称差距的公平性）的指标。它的衡量对象可以是人，也可以是物；可以是若干个个体，也可以是若干个相同分类标准下的群体；衡量指标可以是具体指标（如个人的收入、学校的班级数、地区的教育投入等），也可以是抽象指标（如幸福感指数、教育满意度等）。用基尼系数衡量差距时，需要注意以下几点[①]。

（1）基尼系数衡量的不是差距的有无，而是差距的大小，即差距"存在"于各方面，绝对平均的状态对于基尼系数而言是无意义的。相比于"零差距"，适度的差距或不均等才是更"合适"的差距。理解这一点，有助于理解基尼系数的数值大小对应的差距公平性程度。

（2）基尼系数衡量某一指标在各样本中的公平程度时，各样本须是相同的数量单位，即样本都是个体或都是相同分类标准的群体。当样本是以上两类的混合时，须进行适当的处理再针对同一类样本进行计算和比较。

（3）基尼系数可进行"分解"[②③]，整体的基尼系数可分解为部分（群组）的基尼系数，但分解不是简单的加减，整体基尼系数不等于各群组基尼系数的叠加，而要考虑各群组根据容量比例或样本比例的权重。同时，基尼系数通过分解后，除了群组内基尼系数（组内差距）外，还可以得到群组间基尼系数（组间差距）。

二、平均增长点

1. 平均增长点的提出

部分学者在利用基尼系数衡量收入分配差距的时候，发现了基尼系数由于其定义带来的局限性。由于基尼系数的大小是由其对应的洛伦兹曲线与坐

---

① 彭妮娅. 新世纪以来我国教育经费及收益率问题研究 [M]. 北京：中国财政经济出版社，2018.

② 洪兴建. 一个新的基尼系数子群分解公式——兼论中国总体基尼系数的城乡分解 [J]. 经济学（季刊），2008，8（1）：307-324.

③ Justin Doran, Declan Jordan. Decomposing European NUTS2 regional inequality from 1980 to 2009: National and European policy implications [J]. Journal of Economic Studies, 2013, 40 (1): 22-38.

标轴围成的面积大小来确定的，不同的洛伦茨曲线代表了不同的经费分配公平程度。但是存在一种情况：两条洛伦茨曲线的形状不同但与坐标轴围成的面积相同，进而基尼系数相同，这样基尼系数相同但是洛伦茨曲线的形状不同的两条曲线被称为等基尼系数线①。由于基尼系数存在这一构造上的局限，可能有基尼系数相同但是分配公平程度不同的情况出现。基于这一局限性，笔者提出了用平均增长点来衡量等基尼系数线的分配公平程度。

如图 3-3 所示，洛伦茨曲线 $L1$ 和 $L2$ 相交于点 R，两曲线与绝对平均线围成的面积相等，为等基尼系数线。切线的横坐标 x_{L1} 和 x_{L2} 分别为平均增长点。

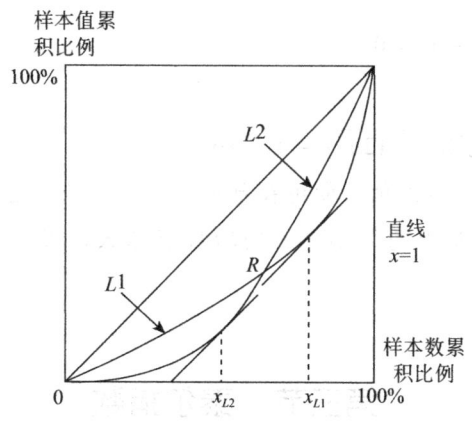

图 3-3 等基尼系数线和平均增长点

从图中曲线的弯曲程度可知，$L2$ 对应的样本在较低水平对应的样本值累积比例更低，在较高水平对应的样本累计比例更高，它代表的地区投入状况会使"低者更低，高者更高"，如此发展会加剧当前的差距。而 $L1$ 代表的分配情况则在低水平样本内部差距较小，在高水平样本内部差距较大，总体对于低水平样本是有利的，如此发展会缩小整体差距。因此对于等基尼系数线而言，较大的平均增长点 x_{L1} 代表了相对更公平的差距状况。

2. 用平均增长点衡量差距

在实际研究中，经常会出现多个研究年份中的样本数据基尼系数接近，洛伦茨曲线几乎重合的情况。例如各地每年的教育经费投入按照一定的速度

---

① 郭平，彭妮娅，侯盾. 收入分配公平的衡量——基于等基尼系数线的平均增长点方法研究[J]. 财经理论与实践，2009，30 (161)：81-85.

增长，增长趋势稳定，相对差距不会出现太大波动，各年的洛伦茨曲线几乎重合。这时仅依靠洛伦茨曲线和基尼系数难以衡量各地教育经费投入差距的变化情况，于是需要采用平均增长点进一步衡量其微观差距。由已知样本点拟合出洛伦茨曲线的函数，求导函数为1时的二次方程的正值解。曲线拟合中三次函数的拟合优度最高，接近1，于是可设洛伦茨曲线函数为：

$$f(x) = ax^3 + bx^2 + cx + d$$

令

$$f'(x) = 3ax^2 + 2bx + c = 1$$

则

$$3ax^2 + 2bx + c - 1 = 0$$

于是

$$x = [-2b \pm \sqrt{4b^2 - 12a(c-1)}]/6a$$

得出了平均增长点的值，便可在基尼系数相等或相近的情况下，用平均增长点进一步衡量差距的大小。平均增长点越大，表示差距越小，公平性越好。

第三节　泰尔指数

一、泰尔指数的概念及计算

1. 熵

熵（Entropy）[1]是由德国物理学家克劳修斯于1865年所提出来的。物理学上的熵指热能除以温度所得的商，标志热量转化为功的程度，是一种测量在动力学方面不能做功的能量总数。科学技术上用熵来描述、表征系统不确定的程度，而社会科学用以借喻人类社会某些状态的无序程度。熵也被用于计算一个系统中的失序现象，是一个描述系统状态的函数。[2] 通俗地说，熵表

---

[1] 熵的中文译名是意译而来的。1923年，德国物理学家普朗克来中国讲学，我国物理学家胡刚复做翻译，苦于无法将Entropy这一概念译成中文。胡刚复根据Entropy的含义为热量与温度之商，而且这个概念与火有关，就在"商"上另加火旁，构成一个新字"熵"。这是现在广泛接受的"熵"的词源。

[2] 360百科．熵［EB/OL］．https：//baike.so.com/doc/4922071-5141218.html，2020-01-08.

示的是不确定或不稳定的程度，熵值越大，其代表的系统稳定性越小；熵值越小，其代表的系统稳定性越大。

2. 泰尔指数

泰尔指数（Theil index）又叫泰尔熵标准（Theil's entropy measure），最初是作为衡量个人之间或地区之间收入差距的指标被提出来的，后来也用于其他方面的差距测度。泰尔指数衡量收入不平等利用的是熵的概念，泰尔指数是一种特殊形式的熵指数。

设某完备事件组由 n 个事件（$E_1, E_2, \cdots, E_n$）构成，其事件各自发生的概率依次为（$p_1, p_2, \cdots, p_n$），有 $\sum_{i=1}^{n} p_i = 1$，熵或者期望信息量为各事件信息量与其相应概率乘积的总和：$H(x) = \sum_{i=1}^{n} p_i h(p_i) = \sum_{i=1}^{n} p_i \log\left(\frac{1}{p_i}\right) = -\sum_{i=1}^{n} p_i \log(p_i)$。

设 n 个样本的指标值分别为 $y_1, y_2, \cdots, y_n$，它们的均值记为 $\bar{y}$，将该组样本在该项指标上的差距测度泰尔指数记为 T，则有：

$$T = \frac{1}{n} \sum_{i=1}^{n} \frac{y_i}{\bar{y}} \log\left(\frac{y_i}{\bar{y}}\right)$$

3. 泰尔指数的分解

将样本分为多个群组时，泰尔指数可以分别衡量组内差距与组间差距对总差距的贡献。设上述 n 个样本被分成 K 个群组，每个群组分别为 g_k（$k = 1, 2, \cdots, K$），群组 g_k 的样本数依次为 $n_1, n_2, \cdots, n_K$，$\sum_{k=1}^{K} n_k = n$，y_i 和 y_k 分别表示个体 i 和群组 k 的指标值与指标值总和相比所占的份额，记 T_b 和 T_w 分别为群组间差距和群组内差距，则泰尔指数可进行如下分解[①]：

$$T = T_b + T_w = \sum_{k=1}^{K} y_k \log\left(\frac{y_k}{n_k/n}\right) + \sum_{k=1}^{K} y_k \left(\sum_{i \in g_k} \frac{y_i}{y_k} \log \frac{y_i/y_k}{1/n_k}\right)$$

通过上式可得知组间差距和组内差距的表达式分别为：

$$T_b = \sum_{k=1}^{K} y_k \log\left(\frac{y_k}{n_k/n}\right)$$

$$T_w = \sum_{k=1}^{K} y_k \left(\sum_{i \in g_k} \frac{y_i}{y_k} \log \frac{y_i/y_k}{1/n_k}\right)$$

---

① 百度文库. 泰尔指数公式及计算方法 [EB/OL]. https://wenku.baidu.com/view/97545b1725c52cc58bd6bead.html, 2020-01-10.

其中，$T_k = \sum_{i \in g_k} \frac{y_i}{y_k} \log \frac{y_i/y_k}{1/n_k}(k=1,2,\cdots K)$ 为第 k 个群组的组内差距。

进而，可知组间差距的贡献率和第 k 个群组的组内差距贡献率：

$$D_b = \frac{T_b}{T}; D_k = y_k \frac{T_k}{T}, k = 1, 2, \cdots K$$

4. 泰尔指数的特点

泰尔指数衡量差距或不平等具有一个优点，即它可以衡量组内差距和组间差距对总差距的贡献。

泰尔指数和基尼系数之间具有一定的互补性。基尼系数对中等收入水平的变化特别敏感。泰尔 T 指数对上层收入水平的变化很明显，而泰尔 L 指数对底层收入水平的变化敏感。其中，泰尔 T 指数和 L 指数分别是泰尔指数的两种形式。

$$T_T = \sum_{i=1}^n y_i \log\left(\frac{y_i}{n_i/n}\right)$$

$$T_L = \sum_{i=1}^n \frac{n_i}{n} \log\left(\frac{n_i/n}{y_i}\right)$$

可知，泰尔 T 指数以指标值份额为权重，是传统意义上的泰尔指数；而泰尔 L 指数以样本数份额为权重，是广义熵指数的另一种形式。

二、泰尔指数与基尼系数的比较

继续以本章第一节表 3-1 和表 3-3 中两个班学生的语文和数学考试成绩为例，计算它们的基尼系数和泰尔指数，并进行比较。

由本章第二节可知，离散样本按从小到大排列为 $x_1, x_2, \cdots, x_n$，其基尼系数计算公式为 $G = 1 - \left(2\sum_{i=1}^n \sum_{j=1}^i \frac{x_j}{\sum_{i=1}^n x_i} - 1\right)/n$，其中，$j = 1, \cdots, i$，且 $i = 1, \cdots, n$。对表 3-1 中某初中二年级一班学生语文成绩各样本按升序排列后，可计算出各样本值占样本总和的比例，以及由低到高累计的样本值占比，然后根据基尼系数计算公式即可得到相关的基尼系数，该班学生数学成绩的基尼系数也同样计算（见表 3-5、表 3-6）。

表 3-5 表 3-1 中学生成绩基尼系数计算

语文成绩			数学成绩		
升序排列样本值	各样本值占比	样本累计占比	升序排列样本值	各样本值占比	样本累计占比
61	0.0189	0.0189	78	0.0224	0.0224
63	0.0195	0.0383	79	0.0227	0.0450
65	0.0201	0.0584	79	0.0227	0.0677
67	0.0207	0.0792	81	0.0232	0.0909
67	0.0207	0.0999	81	0.0232	0.1142
67	0.0207	0.1206	82	0.0235	0.1377
69	0.0213	0.1419	83	0.0238	0.1615
72	0.0223	0.1642	83	0.0238	0.1853
74	0.0229	0.1871	83	0.0238	0.2091
74	0.0229	0.2100	84	0.0241	0.2332
75	0.0232	0.2331	84	0.0241	0.2573
75	0.0232	0.2563	84	0.0241	0.2814
76	0.0235	0.2798	85	0.0244	0.3058
77	0.0238	0.3036	85	0.0244	0.3302
78	0.0241	0.3278	85	0.0244	0.3546
78	0.0241	0.3519	85	0.0244	0.3789
80	0.0247	0.3766	85	0.0244	0.4033
81	0.0250	0.4017	86	0.0247	0.4280
82	0.0254	0.4270	86	0.0247	0.4527
82	0.0254	0.4524	86	0.0247	0.4773
82	0.0254	0.4777	87	0.0250	0.5023
83	0.0257	0.5034	87	0.0250	0.5273
84	0.0260	0.5294	87	0.0250	0.5522
84	0.0260	0.5553	88	0.0252	0.5775
85	0.0263	0.5816	89	0.0255	0.6030
85	0.0263	0.6079	89	0.0255	0.6285
86	0.0266	0.6345	89	0.0255	0.6540
87	0.0269	0.6614	89	0.0255	0.6796
89	0.0275	0.6889	89	0.0255	0.7051
89	0.0275	0.7165	89	0.0255	0.7306

续表

语文成绩			数学成绩		
升序排列样本值	各样本值占比	样本累计占比	升序排列样本值	各样本值占比	样本累计占比
89	0.0275	0.7440	90	0.0258	0.7565
89	0.0275	0.7715	92	0.0264	0.7828
89	0.0275	0.7990	92	0.0264	0.8092
90	0.0278	0.8268	92	0.0264	0.8356
91	0.0281	0.8550	92	0.0264	0.8620
92	0.0284	0.8834	92	0.0264	0.8884
93	0.0288	0.9122	95	0.0273	0.9157
93	0.0288	0.9409	96	0.0275	0.9432
95	0.0294	0.9703	98	0.0281	0.9713
96	0.0297	1	100	0.0287	1
基尼系数	0.0656		基尼系数	0.0319	

表3-6　　　表3-1中学生成绩泰尔指数计算

语文成绩		数学成绩	
y_i	$(y_i/\bar{y})\log(y_i/\bar{y})$	y_i	$(y_i/\bar{y})\log(y_i/\bar{y})$
61	-0.0923	78	-0.0431
63	-0.0844	79	-0.0387
65	-0.0762	79	-0.0387
67	-0.0676	81	-0.0295
67	-0.0676	81	-0.0295
67	-0.0676	82	-0.0249
69	-0.0587	83	-0.0202
72	-0.0448	83	-0.0202
74	-0.0352	83	-0.0202
74	-0.0352	84	-0.0154
75	-0.0303	84	-0.0154
75	-0.0303	84	-0.0154
76	-0.0253	85	-0.0106
77	-0.0202	85	-0.0106
78	-0.0150	85	-0.0106

续表

语文成绩		数学成绩	
y_i	$(y_i/\bar{y})\log(y_i/\bar{y})$	y_i	$(y_i/\bar{y})\log(y_i/\bar{y})$
78	-0.0150	85	-0.0106
80	-0.0045	85	-0.0106
81	0.0008	86	-0.0057
82	0.0062	86	-0.0057
82	0.0062	86	-0.0057
82	0.0062	87	-0.0007
83	0.0117	87	-0.0007
84	0.0172	87	-0.0007
84	0.0172	88	0.0043
85	0.0229	89	0.0093
85	0.0229	89	0.0093
86	0.0285	89	0.0093
87	0.0343	89	0.0093
89	0.0459	89	0.0093
89	0.0459	89	0.0093
89	0.0459	90	0.0144
89	0.0459	92	0.0248
89	0.0459	92	0.0248
90	0.0518	92	0.0248
91	0.0578	92	0.0248
92	0.0638	92	0.0248
93	0.0699	95	0.0408
93	0.0699	96	0.0463
95	0.0823	98	0.0573
96	0.0886	100	0.0685
泰尔指数	0.0029	泰尔指数	0.0007

用同样的方法，计算表3-3中某初中二年级二班学生语文和数学成绩的基尼系数和泰尔指数，将相关结果同二年级一班的学生成绩差距测度一起，列入表3-7以便于比较。

表 3-7　表 3-1 和表 3-3 中两个班学生成绩的基尼系数和泰尔指数

二年级一班	语文成绩	基尼系数	0.0656	差距相对较大
		泰尔指数	0.0029	
	数学成绩	基尼系数	0.0319	差距相对较小
		泰尔指数	0.0007	
二年级二班	语文成绩	基尼系数	0.0349	差距相对较小
		泰尔指数	0.0009	
	数学成绩	基尼系数	0.0673	差距相对较大
		泰尔指数	0.0034	

从上表可知，两个班级的语文和数学成绩的差距都是非常合理的。具体来说，用基尼系数和泰尔指数两种指标表示的学生成绩的差距测度值有所不同，但是它们表示的差距的大小关系即学生成绩的差距程度是一致的。二年级一班的语文成绩和二年级二班的数学成绩的内部差距大小类似，基尼系数在 0.06 和 0.07 之间，泰尔指数为 0.003 左右；二年级一班的数学成绩和二年级二班的语文成绩的内部差距大小类似，基尼系数为略高于 0.03，泰尔指数分别为 0.0007 和 0.0009。可知，基尼系数较大的班级科目成绩，泰尔指数也较大，其代表的学生成绩的差距越大，整体均衡性越差；基尼系数较小的班级科目成绩，泰尔指数也较小，其代表的学生成绩的差距越小，整体均衡性越好。

若比较同一门科目在两个班之间的差距，语文成绩在二年级一班的差距大约是二班的 2 倍，数学成绩在二班的差距大约是一班的 2 倍。通过学生成绩的均值可知，语文成绩在两个班的均值分别是 80.85 分和 80.63 分，数学成绩在两个班的均值分别是 87.15 分和 85.35 分，两个科目在两个班的成绩均值相差不大，尤其是语文科目在两个班的均值非常接近。而差距的测度，则表明测量学生成绩时，除了要通过平均值表示整体的成绩水平以外，还应通过内部差距表示学生在某一门科目上掌握程度的差别。

若比较同一个班级的语文和数学成绩的差距，二年级一班的语文成绩的差距大于数学成绩，且差距程度约为 2 倍；二年级二班的数学成绩的差距大于语文成绩，差距也大概是 2 倍。说明二年级一班的数学水平较为均衡，而二班的语文水平较为均衡，且二者的均衡程度类似。

Tips

通常用基尼系数衡量收入差距时，基尼系数低于 0.2 表示收入平均，0.2—0.3 表示比较平均，0.3—0.4 表示相对合理，0.4—0.5 表示差距较大，0.5 以上表示差距很大。国际上通常把 0.4 作为衡量收入差距的警戒线。而此处学生考试成绩的基尼系数远低于 0.2，按照衡量收入差距的范围，学生的成绩是"平均"的，但事实上，不能说学生成绩之间没有差异，其结果的准确合理性何在？我们需要从两个方面来分析：

第一，衡量对象在差距的量级上存在差异，一个是居民收入，一个是学生成绩，前者本来就是一个差距很大的衡量对象，不同人的收入差距可能是上千倍甚至上万倍，在这种高量级的差距面前，几十倍的收入差距甚至可以被认为是较小的差距，而几倍的收入差距则可以被认为是相对"平均"了。相反地，学生考试成绩差距是一个量级很小的差距，由于考试成绩分数的设置，得分通常是在100分以内，若假设最低得分为1分，则二者相差接近100倍，此时对于考试成绩来说，算得上是非常大的差距了。在通常情况下，一个班的考试成绩得分的差距不会大于3倍，较多的是在1—2倍。可以说，样本值范围的巨大差异造成了二者在差距衡量上的值域差异。所以，在不同的差异量级面前，多大的基尼系数算是合理差异，应根据具体情况具体界定。

第二，二者的样本群体存在差异，这其实是对第一个方面即差异量级不同的原因进行解释。居民收入的衡量群体大，具有多样性，而学生成绩的衡量群体小，群体特征相对单一。当衡量学生考试成绩差异时，通常是比较同一门课程在同一所学校同一个年级的不同班之间的差距，这就好比衡量同一个公司同一个部门不同的工作组人员之间的收入差异，由于他们工作内容的相似，这个收入差异当然是不大的。而当衡量一个地区或国家的居民收入差距时，不同的学历背景、工作经验、工作性质、职位高低、工龄长短等多种因素都是造成收入差距的客观事实，如此具有多样性的群体，就好比随意拿一张试卷，让幼儿园、小学、中学和大学学生同时来作答，其中还包括各年级老师和各学科导师，这时得到的答案便会是五花八门的了。此时的得分差距也不再是 100 分以内可以囊括的，答案和评分标准的多样性使得分值范围迅速扩大，可能是 1000 分或是 10000 分。可以说，由于学科考试只有在同样的年级和学科之间进行比较才有意义,使得学生的考试成绩差异只是一个小群体的差距,而居民收入差距可以在不同的群体里进行比较(小到同一个单位里,大到一个地区或一个国家),使得居民收入差距是一个大群体、大影响因素的差距。理解了这些以后,我们便能理解基尼系数的值所代表的实际差异大小。

第四节　差异测度的应用:教育投入差异测度

据统计,2005 年全国教育经费为 8418.84 亿元,其中国家财政性教育经费为 5161.08 亿元。① 2018 年全国教育经费总投入为 46143.00 亿元,其中国家财政性教育经费为 36995.77 亿元。② 可知,从 2005 年到 2018 年的 13 年间,国家教育总经费增长了约 4.5 倍,年均增速约 14%;财政性教育经费增长了约 6.2 倍,年均增速约 16.4%。全国 31 个省(自治区、直辖市)③ 的各级教育经费投入均出现不同程度的增长,保证了各地教育事业的持续稳定发展。

由于各地教育事业基础和经济发展状况存在差异,各地的教育资源配置也存在地区差异,而各地各级教育经费投入差异,是大家一直关心的问题,各地教育经费投入和教育资源配置的差异研究,能便于大家更好地了解我国教育公平的现状和影响因素,更好地促进教育公平和教育质量的同步发展。

下面以我国 2005 年到 2018 年间,31 个地区各级教育的生均一般公共预算教育事业费和生均一般公共预算公用经费的数据为例,来了解各地教育投入的差异变化。数据来源于教育部网站—"文献"栏目—"教育经费执行公告"(网址为 http://www.moe.gov.cn/jyb_sjzl/sjzl_jfzxgg/)。

由于数据计算工作量大,下面仅列出根据网站附表中 2005 年和 2018 年

---

　① 中华人民共和国教育部. 教育部 国家统计局 财政部关于 2005 年全国教育经费执行情况统计公告 [EB/OL]. http://www.moe.gov.cn/srcsite/A05/s3040/200911/t20091130_78263.html, 2020 - 01 - 21.

　② 中华人民共和国教育部. 教育部　国家统计局　财政部关于 2018 年全国教育经费执行情况统计公告 [EB/OL]. http://www.moe.gov.cn/srcsite/A05/s3040/201910/t20191016_403859.html, 2020 - 01 - 21.

　③ 不含港、澳、台地区,下文统称为"31 个地区"。

的各地各级生均教育经费差异测度并进行比较（见表 3-8、表 3-9、图 3-4、图 3-5），对其他年份的差异测度感兴趣的人员可根据网站中的其他数据和上文介绍的方法自行计算。

表 3-8　　　2005 年 31 个地区各级生均教育经费投入差异测度

学段	教育投入指标	均值	标准差	变异系数（%）	基尼系数	泰尔指数
普通小学	生均一般公共预算教育事业费	1795.76	1382.82	77.00	0.3186	0.0879
	生均一般公共预算公用经费	280.33	357.05	127.37	0.4734	0.2021
普通初中	生均一般公共预算教育事业费	1962.22	1504.57	76.68	0.3167	0.0879
	生均一般公共预算公用经费	371.38	435.87	117.37	0.4481	0.1804
普通高中	生均一般公共预算教育事业费	2389.49	1618.22	67.72	0.3112	0.0766
	生均一般公共预算公用经费	498.45	543.50	109.04	0.4663	0.1762
中等职业学校[①]	生均一般公共预算教育事业费	2343.48	1224.37	52.25	0.2725	0.0442
	生均一般公共预算公用经费	437.51	388.08	88.70	0.4328	0.1255
普通高等学校	生均一般公共预算教育事业费	5001.88	3233.41	64.64	0.2938	0.0656
	生均一般公共预算公用经费	1995.10	2075.48	104.03	0.4332	0.1554

表 3-9　　　2018 年 31 个地区各级生均教育经费投入差异测度

学段	教育投入指标	均值	标准差	变异系数（%）	基尼系数	泰尔指数
普通小学	生均一般公共预算教育事业费	12673.14	5268.08	41.57	0.1925	0.0311
	生均一般公共预算公用经费	3421.56	1861.45	54.40	0.2266	0.0477
普通初中	生均一般公共预算教育事业费	18177.05	9370.56	51.55	0.2157	0.0429
	生均一般公共预算公用经费	4885.63	3477.93	71.19	0.2603	0.0704
普通高中	生均一般公共预算教育事业费	18258.22	11261.61	61.68	0.2608	0.0605
	生均一般公共预算公用经费	4767.39	3855.25	80.87	0.3199	0.0926
中等职业学校[②]	生均一般公共预算教育事业费	17197.56	9054.80	52.65	0.2391	0.0473
	生均一般公共预算公用经费	6570.13	3698.29	56.29	0.2492	0.0526
普通高等学校	生均一般公共预算教育事业费	20965.37	9260.59	44.17	0.1982	0.0337
	生均一般公共预算公用经费	9391.32	4937.11	52.57	0.2582	0.0501

① 由于 2005 年中等职业学校生均经费缺西藏地区数据，故用其普通高中生均经费代替。
② 由于 2005 年和 2006 年中等职业学校生均经费缺西藏地区数据，故用其普通高中生均经费代替。

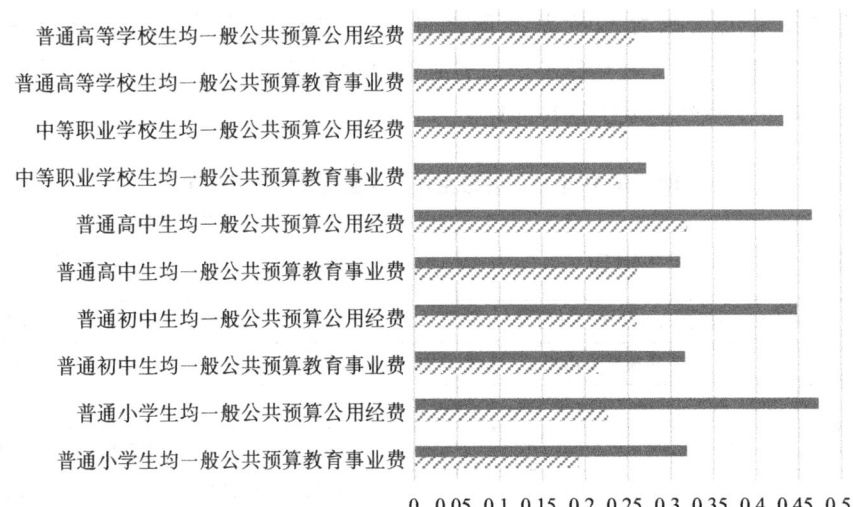

图 3-4　全国 31 地各级生均教育经费投入基尼系数变化

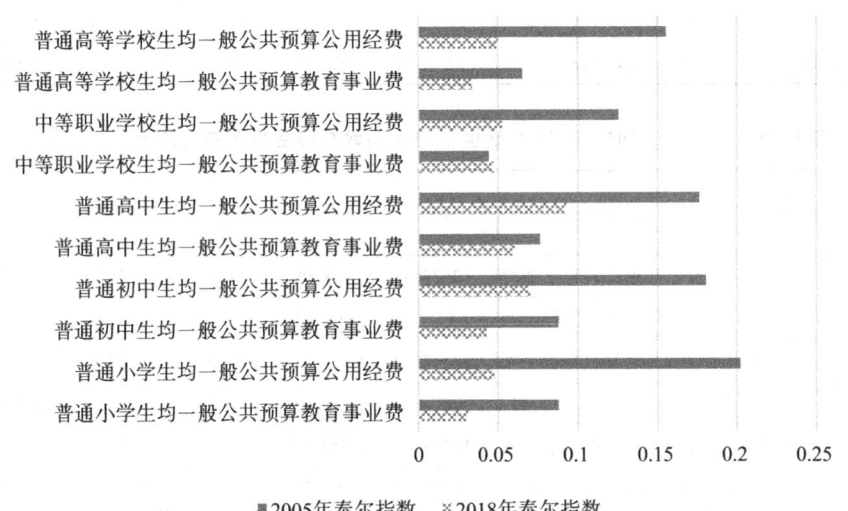

图 3-5　全国 31 地各级生均教育经费投入泰尔指数变化

从计算结果可知，2018 年和 2005 年相比，全国 31 个地区各学段生均教育经费投入数据，除中等职业学校生均一般公共预算教育事业费的泰尔指数外，其余指标的基尼系数和泰尔指数都明显变小了，说明各地教育经费投入的差距缩小了，各级教育经费投入的公平性显著增加了。

第四章　变化率的测度方法在教育研究中的运用

第一节　效率测度和线性模型

一、效率

效率（Efficiency），通常指单位时间完成的工作量。从管理学角度来看，效率是指投入与产出的比率；而在科技领域，效率衡量在给定投入和技术条件下，经济资源没有浪费，或对经济资源做了能带来最大可能性的满足程度的利用，也是配置效率（Allocative efficiency）的一个简化表达[①]。

本部分涉及的"效率"指教育研究领域，与教育经费投入、资源配置、师资培训、学生培养、校园建设等有关的各项教育投入的产出效率，通常用各项投入与产出的比率来表示相关效率。

在数学模型中，效率可用因变量与自变量的比来表示，即测量自变量每增加一个单位，由此带来的因变量可以增加几个单位，就说明该自变量对因变量的效率是多少。线性模型是测度效率的常用模型，下面介绍几种简单、常用的线性模型来说明效率的测度方法。

二、线性模型

1. 线性模型的图像

线性（Linear）模型是根据其图像形状来命名的，即其图像是一条线，既

---

① 360百科. 效率 [EB/OL]. https://baike.so.com/doc/5173394-5404182.html, 2020-02-17.

可以是直线也可以是曲线。以简单的一元线性模型为例，$y = ax + b$ 的图像有如下几种情况。

根据系数 a,b 的正负特征，一元线性模型可有如图 4-1 的几种形式。另外，当 $b = 0$ 时，其图像是一条过原点的直线。虽然图像所处的象限位置不同，但它们都是直线。这也是"线性"模型的最简单的图像呈现。

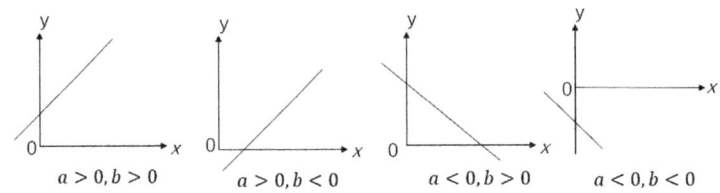

图 4-1　一元线性模型 $y = ax + b$ 的图像

除了直线以外，"U 形"和"倒 U 形"也是计量分析中较常出现的线性模型图像，可用二次函数来拟合。通常，一元二次函数 $y = ax^2 + bx + c$ 中，当二次变量系数分别为 $a > 0$ 和 $a < 0$ 时，图像分别为开口向上和开口向下，即常说的"U 形"和"倒 U 形"图像（见图 4-2）。在教育测量分析中，如果有因变量的变化趋势与自变量的变化呈现"U 形"或"倒 U 形"，则可以考虑用一元二次函数来拟合。

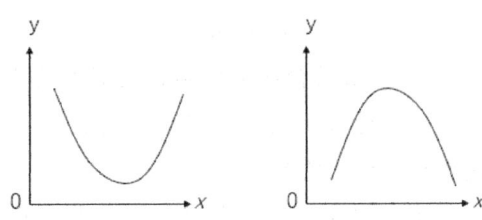

图 4-2　一元二次函数图像

2. 几种线性模型简介

（1）线性回归模型。

线性回归（Linear Regression）是利用数理统计中的回归分析，来确定两种或两种以上变量间相互依赖的定量关系的一种统计分析方法。在统计分析中，线性回归利用最小平方函数对一个或多个自变量和因变量之间的关系进行建模，这种函数是一个或多个称为回归系数的模型参数的线性组合[1]。

---

[1] 360 百科. 线性回归 [EB/OL]. https：//baike.so.com/doc/5415245-5653390.html, 2020-03-05.

在回归分析中,若只包括一个自变量和一个因变量,且二者的关系可用一条直线近似表示,这种回归分析称为一元线性回归分析。若回归分析中包括两个或两个以上的自变量,且因变量和自变量之间是线性关系,则称为多元线性回归分析。线性回归是回归分析中第一种经过严格研究并在实际应用中广泛使用的类型。

(2)方差分析模型。

方差分析(Variance Analysis)模型是一种特殊的线性模型,它是用于鉴别某些因素对结果有无显著影响,或者影响大小的方法。影响结果的因素大致可分为两类,一类是可以人为控制或测定的,叫作可控制因素;一类是无法定量控制或直接测定的,叫作随机因素。方差分析有固定模型和随机模型两种形式。

固定模型的目的是考察处理 $A_1, A_2, \cdots, A_a$ 效应的异同,即进行比较试验。在该假定下,视参试的 $A_1, A_2, \cdots, A_a$ 为一个总体,所以其理论指标值 $\mu_1, \mu_2, \cdots, \mu_a$ 也是一个总体,总体均值是一个常数 $\mu = \frac{1}{a}\sum_i \mu_i$。由其产生的各处理的主效应也形成一个总体:$\alpha_1, \alpha_2, \cdots, \alpha_a$,其均值为 0 或 $\sum_i \alpha_i = 0$,其方差为 $K_A^2 = \frac{1}{a-1}\sum_i \alpha_i^2$。这类仅考察参试处理均值差异或主效应差异的单因素重复试验的模型称为固定效应模型。在固定模型下,方差分析的无效假设为 $H_0: \mu_1 = \mu_2 = \cdots = \mu_a = \mu$,或者 $H_0: \alpha_1 = \alpha_2 = \cdots = \alpha_a = 0$ 或 $H_0: K_A^2 = 0$,当 H_0 被拒绝后,要进行多重比较。

随机模型的研究目的是估计因素 A 的总体参数,当把参试处理 $A_1, A_2, \cdots, A_a$ 看作是 A 的一个简单随机样本,$\mu_1, \mu_2, \cdots, \mu_a$ 或 $\alpha_1, \alpha_2, \cdots, \alpha_a$ 也是一个简单随机样本,因此 α_i 间相互独立且服从 $N(0, \sigma_A^2)$,而不是 $\sum_i \alpha_i = 0$。随机模型的方差分析统计模型如下:

$$\begin{cases} x_{ij} = \mu + \alpha_i + \varepsilon_{ij}(i = 1, 2, \cdots, a, j = 1, 2, \cdots, r) \\ \sum_i \alpha_i \text{ 相互独立且均服从 } N(0, \sigma_A^2) \\ \varepsilon_{ij} \text{ 相互独立且均服从 } N(0, \sigma^2) \end{cases}$$

在上述随机模型下,$E(MS_e) = \sigma^2, E(MS_A) = \sigma^2 + r\sigma_A^2$,检验的假设为 $H_0: \sigma_A^2 = 0, H_A: \sigma_A^2 \neq 0$。当 H_0 成立时,MS_e 和 MS_A 都是方差为 σ^2 的两个独立方

差，即 $F = \dfrac{MS_A}{MS_e} - F[a-1, a(r-1)]$。当 H_0 被拒绝后，不需要进行多重比较，而是要估计 $\mu, \sigma_A^2, \sigma^2$。

在方差分析模型的基础上，还可得到协方差分析（Covariance Analysis）模型，另一种特殊的线性模型。协方差分析模型中不是所有的自变量都为可控变量，而是分为可控变量与不可控的协变量两部分。相应地，模型分为方差分析部分与回归部分。

(3) 混合线性模型。

混合线性（Mixed Linear）模型，是方差分量模型中，既含有固定效应又含有随机效应的模型。和普通线性模型相比，混合线性模型主要是对原先的随机误差进行了更加精细的分解。应用混合线性模型通常有如下几个步骤。[①] 第一，确定固定效应和随机效应。第二，选择协方差结构[②]。第三，在上述不同的协方差矩阵中选出似然比统计量、AIC（Akaike's Information Criterion）及 BIC（Schwartz's Bayesian Criterion）较小的一个。如果这些统计量近似，则选含参数个数最少的一个，通常以 AIC 为主要判断指标。第四，选定协方差结构后，再筛选固定效应参数，剔除无统计学意义的高阶效应。

下面以一个简单的例子来说明混合线性模型的构成及含义。假设研究学生初中入学成绩与中考成绩的关系，现有来自 10 所学校的 1000 名学生的数据。如果只考虑学校因素（$school$）和入学成绩（$score$）对中考成绩的影响，则将学校看成固定因素时，可建立中考成绩的回归模型为：

$$y_{ij} = \alpha + \beta_1 score_{ij} + \sum \beta_j school_j + \varepsilon_{ij}$$

其中，y_{ij} 为学校 j 的学生 i 的中考成绩，α 表示中考成绩的平均数，$\beta_1 score_{ij}$ 表示学生的入学成绩（学习基础）对中考成绩的影响，β_1 为入学成绩影响的回归系数，$school_j$ 表示学生所在的学校 j 对中考成绩的影响，β_j 为学校对中考成绩的影响效应，ε_{ij} 表示不同学生之间的随机误差。

当只考虑一所学校内的学生中考成绩影响因素时，上述回归模型可表

[①] 360 百科．混合线性模型 [EB/OL]．https：//baike. so. com/doc/25662292 - 26733561. html，2020 - 03 - 19.

[②] 混合线性模型中常见的协方差结构有 7 种，在此不赘述，感兴趣的人员可以参见统计分析类书籍。

示为：

$$y_i = \alpha + \beta_1 score_i + \varepsilon_i$$

即此时没有考虑学校差异对学生中考成绩的影响，因为同一所学校内并无学校差异。而实际上，样本为来自 10 所学校的学生，存在学校差异，在不同学校内，拥有相同入学成绩的学生可能中考成绩不同。当考虑到学校之间的差异时，刚才的模型可变为：

$$y_{ij} = (\alpha_0 + u_{0j}) + (\beta_1 + u_{1j}) score_{ij} + \varepsilon_{ij}$$

其中，y_{ij} 为学校 j 的学生 i 的中考成绩，α_0 表示各学校总的平均水平，u_{0j} 表示不同学校引起的中考成绩变化，$score_{ij}$ 为入学成绩，β_1 为学生入学基础对中考的影响系数，u_{1j} 表示不同学校对中考成绩的影响系数，ε_{ij} 表示不同学生之间的随机误差。对上式进行整理，可得到由固定部分和随机部分组成的如下两部分：

$$y_{ij} = (\alpha_0 + \beta_1 score_{ij}) + (u_{0j} + u_{1j} score_{ij} + \varepsilon_{ij})$$

值得注意的是，统计学意义上的线性模型有着更多种形式，而本书的目的是介绍线性模型在教育研究中的效率测度和应用，想通过一些简单的模型和后文的具体案例来说明相关方法的适用情况及结果分析，而对于所有线性模型的系统深入的介绍，可参阅专门的统计学书籍，此处不做赘述。

第二节 效率测度的运用：教育投入经济效应

一、教育投入经济效应的测度

1. 教育投入经济效应

教育投入经济效应是教育资源配置领域常需关注的效率问题，也可称为教育投入的经济效果或经济收益。教育投入对于经济的影响主要通过两方面来作用：一是教育部门投资以及教育消费对于文化、教育等相关产业的促进，是消费性投资导致的经济整体产出增加；二是教育部门产出的人力资本对于经济发展的影响，体现在教育提升了劳动者的知识水平和素质能力，是对于人力资本的生产性投资推动的经济发展。本部分研究所指的教育投入主要是后者,即在教育领域投入的经费对于国家整体经济增长的影响①。

2. 教育投入经济效应的地区差异

关于教育投入经济效应的研究,已有的理论研究较充分,实证研究有不完善的地方,已有对教育投入经济效应的研究一方面缺乏时间上的动态比较;另一方面缺乏地域间的横向比较。而本研究旨在对我国各省(直辖市、自治区)的教育投入和经济产出在不同时期的变化进行比较分析,从横向(地域)和纵向(时间)两个维度进行交叉比较研究。本文提及的教育投入指国家统计数据中所列的全国和各地的某一年度教育经费投入总额,其经济效应则着眼于经济发展在地区生产总值上的表现,用国家统计数据中所列的 GDP 表示。

3. 教育投入经济效应研究的线性模型

教育投入的经济效应是投入效率的一种,可用线性模型来进行研究。例如,简单凯恩斯函数模型 $E = a + bI + \varepsilon_1$ 便能很好地表示教育投入和经济产出。其中,E 表示以 GDP 衡量的地区经济发展水平,I 表示教育经费投入,a 是常数项,b 是教育投入的经济效应系数,ε_1 是误差项,表示除解释变量 I 外,其他对被解释变量 E 存在影响的因素之和。

二、教育投入经济效应的时序差异研究实例

1. 数据来源

数据选取 2002 年至 2011 年的 10 年数据为样本。考虑到相邻年份的数据变化不大,为了突出阶段性的变化特征,对样本数据以均等间隔选取三年为研究对象,分别是 2002 年、2006 年和 2011 年。所有数据来源于各年《中国统计年鉴》。

2. 教育投入经济效应的时序差异的实证研究

采用线性模型 $E = a + bI + \varepsilon_1$ 对上述样本数据进行分析,以时间顺序分别列出三年中,随着教育投入的增加,地区生产总值的数量变化(见图 4-3)。

从三幅样本拟合图可知,所考察三年的地区教育经费投入和地区生产总值大体呈线性增加关系,其线性函数的系数可从模型估计结果中得知。三年的模型拟合及检验结果见表 4-1。

---

① 彭妮娅. 新世纪以来我国教育经费及收益率问题研究 [M]. 北京:中国财政经济出版社,2018.

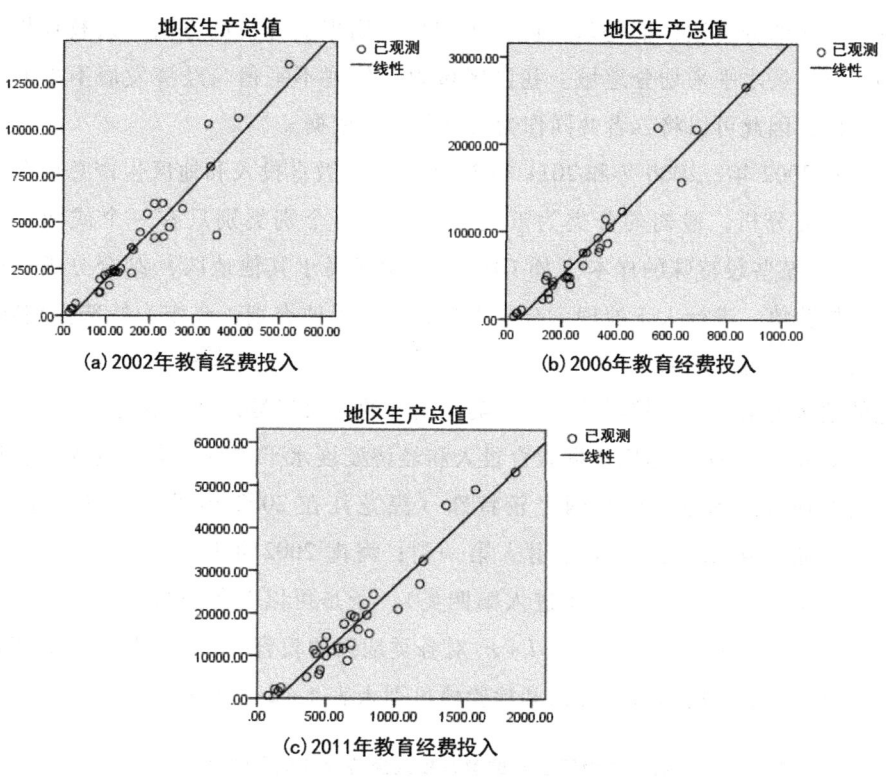

图4-3 教育经费投入与地区生产总值的线性拟合图

表4-1　　　　　　全国整体的教育投入经济效应拟合结果

年份	平均教育投入（亿元）	模型汇总					参数估计值	
		R^2	F	df1	df2	Sig.	常数	b
2002	176.78	0.889	232.973	1	29	0.000	-550.903	25.164
2006	279.14	0.942	470.833	1	29	0.000	-1527.926	32.381
2011	694.60	0.931	391.237	1	29	0.000	-4603.736	30.843

注：自变量为教育经费投入，因变量为地区生产总值。

三、教育投入经济效应的地域差异研究实例

我国教育投入及经济发展的地区差异较大，在整体研究教育投入的基础上，有必要考虑各地不同的发展水平，将水平相近的地区归为一类，呈现每类的相似点和各类之间的差异，进行分类研究。本文的分类不是单纯从地理区位的角度出发，分为东、中、西部，或是采用以往固有的较发达地区和欠

发达地区的分类法,而是从实际数据出发,用聚类分析的方法,以教育投入和经济发展水平来划分地域。我国区域教育发展不平衡与经济发展不平衡是一致的,因此可以将二者共同作为聚类分析的依据。

对 2002 年、2006 年和 2011 年 31 个地区的教育投入和地区生产总值分别进行聚类分析,最初的分类为五类或六类(有个别类别只有一个或两个样本),将某些较特殊的样本(如 GDP 水平明显高于其他地区)结合分类后的回归检验值,进行人工处理,合并入与其较接近的类别,或作为特殊值剔除。聚类结果经过处理后,三年分别得到四个类别。教育投入和经济发展水平最低的地区为第一类,较低的为第二类,次高的为第三类,最高的为第四类。

对我国的 31 个地区依据教育投入和经济发展水平进行分类时发现,各地所属类别基本固定,仅有两个较特殊(黑龙江在 2002 年属于第三类地区,2006 年退入第二类,2011 年退入第一类;河南 2002 年作为特殊值被剔除,2006 年属于第三类,2011 年进入第四类),于是可以对各类分别以时间顺序进行分析。采用模型 $E = a + bI + \varepsilon_1$ 对各类地区的教育投入和地区生产总值数据进行线性回归的参数估计值和检验值可列入表 4-2 至表 4-4 中。

表 4-2   第一类地区三年的教育投入经济效应拟合结果

年份	平均教育投入（亿元）	模型汇总					参数估计值	
		R^2	F	df1	df2	Sig.	常数	b
2002	21.26	0.970	63.704	1	2	0.015	-255.380	29.634
2006	34.99	0.999	1536.017	1	1	0.016	-705.914	36.041
2011	303.79	0.928	90.007	1	7	0.000	-2751.340	31.272

注：自变量为教育经费投入,因变量为地区生产总值。

表 4-3   第二类地区三年的教育投入经济效应拟合结果

年份	平均教育投入（亿元）	模型汇总					参数估计值	
		R^2	F	df1	df2	Sig.	常数	b
2002	112.46	0.475	9.060	1	10	0.013	514.647	13.672
2006	176.11	0.609	18.651	1	12	0.001	266.161	21.083
2011	566.48	0.563	7.720	1	6	0.032	-2208.646	21.196

注：自变量为教育经费投入,因变量为地区生产总值。

表4-4　　　　第三类地区三年的教育投入经济效应拟合结果

年份	平均教育投入（亿元）	模型汇总					参数估计值	
		R^2	F	df1	df2	Sig.	常数	b
2002	208.45	0.756	15.480	1	5	0.011	1244.317	14.902
2006	335.42	0.738	22.480	1	8	0.001	-3649.333	37.568
2011	741.63	0.512	5.239	1	5	0.071	-534.889	27.506

注：自变量为教育经费投入，因变量为地区生产总值。

表4-5　　　　第四类地区三年的教育投入经济效应拟合结果

年份	平均教育投入（亿元）	模型汇总					参数估计值	
		R^2	F	df1	df2	Sig.	常数	b
2002	399.56	0.809	8.489	1	2	0.100	1236.746	23.426
2006	727.18	0.871	6.729	1	1	0.234	-8775.862	41.428
2011	1446.94	0.821	13.798	1	3	0.034	-8874.438	34.736

注：自变量为教育经费投入，因变量为地区生产总值。

第二类地区和第三类地区2011年的拟合优度不高，第三类地区2011年和第四类地区2002年的结果在10%的置信水平下具有显著性，第四类地区2006年的结果显著性较低，其他地区各年份的结果拟合优度较高，且在5%（有几个是1%）的置信水平下通过显著性检验。通过表4-2至表4-5中三年的平均教育投入和经济效应系数估计值的大小可发现，四类地区的参数变化趋势几乎都与全国总体情况一致，即随着教育投入增加，其经济效应系数先增后减，呈现"倒U形"变化趋势。

第三节　变化率测度的运用：教育扶贫成效评估

一、教育扶贫的战略意义及成效评估

1. 教育扶贫的背景及政策发展

《中共中央关于制定国民经济和社会发展第十三个五年规划的建议》提出了到2020年我国要全面建成小康社会的设想，是十八大报告提出的"两个一百年"奋斗目标的第一个百年目标。所谓小康，即是广大群众的生活水平介

于温饱和富裕之间，是脱离了贫困的安稳殷实的生活状态。"百年大计，教育为本"，习近平总书记提出在社会主义建设的伟大进程中，要始终把教育摆在优先发展的战略位置，在消除贫困的攻坚战中，教育是创造美好生活的根本途径。2018年国务院政府工作报告将精准脱贫列入全面建成小康社会的三大攻坚战之一，而教育扶贫是拔除穷根的关键。

教育扶贫具有丰富的政策和实践经验。党和政府历来非常重视贫困人口的脱贫问题，从改革开放初期在连片贫困地区实施的救济式扶贫，到20世纪90年代开始的开发式扶贫，再到新时期"乡村振兴战略"将脱贫攻坚作为解决"三农"问题的首要任务，我们的扶贫工作已伴随着改革开放走过40余年，而教育在扶贫中的重要地位日益凸显。1992年，国家开始对143个少数民族贫困县实施教育扶贫。1994年，"国家八七扶贫攻坚计划"开始实施。1996年，国务院提出"把扶贫开发转移到依靠提高农民素质的轨道上来"。进入新世纪后，服务"三农"的工作要点催生了关于加强农村教育工作、扶持农村家庭经济困难学生、中职教育免除家庭经济困难学生学费、落实国家助学金政策等一系列教育扶贫的资助措施。2013年，多部门联合下发《关于实施教育扶贫工程的意见》，将教育扶贫提上国家战略的高度，教育扶贫工程全面展开。2014年，在国务院"精准扶贫"战略的指引下，"发展教育脱贫一批"被列入"五个一批"脱贫举措中。2016年，《教育脱贫攻坚"十三五"规划》发布。2018年，开始实施"三区三州"等深度贫困地区教育脱贫方案。2019年中央一号文件指出，要"决战决胜脱贫攻坚""不折不扣完成脱贫攻坚任务"。2020年中央一号文件指出"2020年是全面建成小康社会目标实现之年，是全面打赢脱贫攻坚战收官之年"。

教育扶贫具有坚实的财政和经济支持。在各项政策的鼓励和督促下，近年我国各级教育财政投入力度不断加强。2000年以来，我国教育总经费的年均增速超过了17%，财政性教育经费增速快于同时段GDP的增速。2017年，全国教育经费总投入为4.3万亿元，比上年增长9.45%，其中财政性教育经费3.4万亿元，比上年增长约9个百分点，教育财政投入占GDP的比值已经连续6年超4%。以财政性教育经费占总财政支出比例来看，我国该项指标仅次于美国，远高于其他发达国家。近年我国的国民经济稳中向好，供给侧结构性改革推动了产业结构优化、动能转换和质量提升，2017年全国GDP总量82.7万亿元，比上年增长6.9%。雄厚的经济实力为我们实施贫困地区教育扶贫战略提供了经济支撑。而我们过去的扶贫亦取得了很大成绩,"十二五"期间,农村贫困人口减少了53.3%。国家统计局数据表明,2018年农村贫困人口再减少1386万人,年末还有1660万人①,这部分人口是我们2020年前的脱贫目标。

2. 教育扶贫成效评估的意义

教育扶贫具有深厚的思想和理论基础。习近平总书记多次论述教育扶贫的机理和意义:教育通过培养和提高贫困人口的主动性、创造性和科学文化素养,提高贫困人口的整体生存生产生活能力,增强贫困地区发展的内生动力,从而消除贫困。② 习近平教育扶贫战略思想总结了"教育阻断贫困代际传递"认识论,"扶贫先扶智、扶贫防致贫、脱贫防返贫"实践论,"把教育摆在优先发展的战略地位"方法论,"深入实施精准扶贫、精准脱贫"模式论,及"人民对美好生活的向往"动力论,解释了教育为什么能扶贫以及如何通过教育脱贫。2017年10月18日党的十九大召开,习近平总书记强调精准扶贫要与"扶志、扶智"相结合,确立了在决胜全面建成小康社会的新时期,教育扶贫在脱贫攻坚中的先驱作用。习近平总书记指出:让贫困人口和贫困地区同全国一道进入全面小康社会是我们党的庄严承诺。

教育扶贫成效评估是决胜全面脱贫攻坚后承前启后的回顾总结。2020年中央一号文件指出:"2020年是全面建成小康社会目标实现之年,是全面打赢脱贫攻坚战收官之年。"尽管年初的新冠肺炎疫情加大了脱贫攻坚的难度,但全党全国仍坚信脱贫目标能如期完成,并强调要"扎实做好脱贫攻坚宣传工作""全面宣传扶贫事业历史性成就"。教育扶贫作为"五个一批"脱贫举措之一的重要手段,在全面脱贫攻坚战中发挥了多大的作用,值得我们关注。在决胜全面脱贫攻坚后,教育扶贫的成效评估具有承前启后的必然性意义。

教育扶贫的成效评估是对教育扶贫工作的全面回顾与经验总结,有利于了解教育投入对提升我国贫困人口收入的作用方式、路径和影响大小,及其空间和时间特征,有利于对以往的教育扶贫政策制定、过程实施进行问题发掘和经验总结,为未来教育投入策略提供借鉴和参考,有利于分析教育扶贫在脱贫攻坚中的重要作用,揭示我国制度优势,讲好中国减贫故事。

---

① 2017年中央将扶贫标准提高到人均纯收入3300元。
② 杜栋."紧紧扭住教育这个脱贫致富的根本之策"——学习习近平教育扶贫相关论述的体会[J]. 党的文献, 2018 (2): 30-37.

小康时期教育接续减贫研究有利于防止返贫和减少相对贫困。全面脱贫不能一劳永逸，一是对于脱贫验收要"严把贫困退出关"；二是对于已经脱贫摘帽的贫困地区和贫困户，要"摘帽不摘责任、摘帽不摘帮扶"；三是消除绝对贫困后，还有减少相对贫困的长期任务。因此，全面脱贫后，有必要对脱贫成果进行巩固，防止各种原因导致的返贫和新发生贫困，同时在总结经验、反思问题的基础上研究接续减贫政策，探索小康时期以建设教育现代化为目标的教育长效减贫机制。

积极吸取教育扶贫成效的经验，继续加大相对贫困地区教育投入，深化扶贫与扶志、扶智相结合，激发相对贫困人口内生动力，巩固脱贫成果，消除返贫和新发生贫困。同时以教育扶贫成效评估为基础，研究我国扶贫工作方式由集中作战转为常态推进、扶贫工作重心转向解决相对贫困后的教育投入策略，借鉴消除绝对贫困的经验，同时谨防农村贫困向城市转移，研究小康时期减少相对贫困，探索面向2035年教育现代化、公共服务均等化的教育投入长效机制。

二、我国教育扶贫成效评估的双对数线性模型

1. 模型选择的原因

使用柯布－道格拉斯生产函数模型，研究教育投入对贫困地区农民收入的影响大小。选择该模型的最主要原因是，原始模型取对数后得到的双对数线性模型，能较好地反映自变量（教育投入等因素）的变化百分比对因变量（农民收入）的变化百分比产生的影响，即能较好地反映教育投入和其他方面的投入对农民收入的弹性，与本研究的需求相符。再者，柯布－道格拉斯生产函数模型现已广泛地应用于研究弹性系数和变量的变化关系的多个领域，超出了该函数起始时的研究"投入"与"产出"的"生产"领域，对本研究有适用性。另外，柯布－道格拉斯生产函数在最初只采用了劳动力和资本两种生产要素作自变量，随着技术进步和相关研究的需要，自变量的数量可增加至三种或以上，这种自变量数量的灵活性正是本研究所需要的。因此，此处使用柯布－道格拉斯生产函数模型研究教育投入对农民收入的影响，并将"五个一批"脱贫举措共同作为自变量比较它们的作用差异。

2. 模型构建

（1）研究内容：教育扶贫成效，即教育投入对贫困人口收入增加的影响

大小。

（2）模型构建：对柯布－道格拉斯生产函数模型进行适当修改，因变量选为农村人均纯收入，自变量由生产函数基本模型中的两个增加至五个，将脱贫攻坚"五个一批"提到的脱贫措施——教育投入、发展生产、异地搬迁、生态补偿、社会保障，共同列入农民增加收入的影响因素，在研究教育投入对农民收入影响大小的同时，将其他因素共同作为参照比较因子。修改后的模型为

$$Inc = AEdu^{\alpha}Pro^{\beta}Ass^{\gamma}Eco^{\delta}Ins^{\varepsilon}e^{u}$$

上式中，Inc 代表农村人均纯收入，Edu 代表教育总经费，Pro 代表农业生产投入，Ass 代表农村农户固定资产投资，Eco 代表生态治理完成投资，Ins 代表社会养老保险支出[1]。另外，A 代表影响农民收入的其他因素，u 代表随机误差项。由于研究内容为教育投入变化对人均收入变化的影响大小，将模型两端取对数得到双对数模型：

$$LnInc = LnA + \alpha LnEdu + \beta LnPro + \gamma LnAss + \delta LnEco + \varepsilon LnIns + u$$

三、我国各地教育扶贫的成效及差异[2]

1. 研究样本：本研究中的贫困人口指贫困地区农村人口，贫困地区研究样本为 585 个国家级贫困县（包括县级行政单位区、旗、县级市，数据截至 2018 年 9 月）所在的 22 个省级行政区[3]，重度贫困地区为含国家级贫困县 35 个以上的 7 个省级行政区，深度贫困地区指"三区三州"所在地。同时将全国 31 个省（直辖市、自治区）[4] 和根据农民收入进行聚类分析分类后的三组都作为对照组。

2. 数据来源：数据采用国家统计局网站公布的 2002 年至 2016 年地区年度数据组成的省级混合面板数据。其中，农村人均纯收入数据来源于两处，即 2012 年及以前数据来源于独立开展的农村住户抽样调查的"农村居民家庭人均纯收入"项目，2013 年及以后的数据来源于城乡一体化住户收支与生活

---

[1] 自 2012 年 8 月起，新型农村社会养老保险和城镇居民社会养老保险制度全覆盖工作全面启动，合并为城乡居民社会养老保险。新型农村社会养老保险数据不再单独发布。

[2] 本部分内容已由笔者发表于《清华大学教育研究》2019 年第 4 期，有小幅删改。

[3] 360 百科. 国家级贫困县 [EB/OL]. https://baike.so.com/doc/6455590-6669276.html, 2019-4-30.

[4] 全国性的统计数据不包括台湾、香港特别行政区、澳门特别行政区。

状况调查的"农村居民人均可支配收入"项目。二者概念类似、口径有差异，可将后者作为前者的延续共同反映近年农村人均纯收入的变化情况。另外，教育经费缺 2012 年和 2016 年数据，生态治理完成投资额缺 2002 年和 2003 年数据，其他年份中西藏地区缺 2004 年、2005 年、2008—2010 年数据，社会养老保险支出仅有 2010—2015 年数据，农村农户固定资产投资缺西藏地区数据，所用数据的平稳性将在后文验证。

3. 实证研究过程

（1）聚类分析：采用 SPSS 软件根据农民纯收入数据对我国 31 个省（直辖市、自治区）进行分类，以便研究不同收入水平地区的教育投入对收入的影响系数差异。根据农民纯收入聚类的低、中、高收入三类地区，根据 2018 年国家级贫困县数据划分的贫困和重度贫困地区，及"三区三州"深度贫困地区所在地均列入表 4 - 6 中。

表 4 - 6　　　　　　　　贫困地区和不同收入地区分类

类别		所在地区
贫困地区		河北，山西，内蒙古，吉林，黑龙江，安徽，江西，河南，湖北，湖南，广西，海南，重庆，四川，贵州，云南，陕西，甘肃，青海，宁夏，西藏，新疆
重度贫困地区		云南，西藏，贵州，陕西，甘肃，河北，四川
"三区三州"深度贫困地区		西藏，新疆，青海，四川，云南，甘肃
据农民人均收入聚类	较低收入	山西，广西，贵州，云南，西藏，陕西，甘肃，青海，宁夏，新疆
	中等收入	河北，内蒙古，辽宁，吉林，黑龙江，安徽，江西，河南，湖北，湖南，海南，重庆，四川
	较高收入	北京，天津，上海，江苏，浙江，福建，山东，广东

（2）Eviews 面板数据检验。

平稳性检验：对各指标取对数后的面板数据分别进行单位根检验，结果表明部分水平序列面板数据存在单位根，而一阶差分序列面板数据均不存在单位根，序列平稳。协整检验结果表明，各变量之间存在协整关系，可有效避免伪回归，回归结果可信。

（3）豪斯曼检验：对随机效应回归模型进行豪斯曼检验，各模型的 p 值均小于 0.05，随机效应模型回归结果不能采用，选用无个体影响效应或固定影响效应模型再次回归。

（4）显著性检验：各类地区回归分析的 F 检验均通过，同时看各系数的 t 检验值，若显著性检验都通过，即每个系数都显著不为 0，则保留和采用该结果；若有部分系数显著性检验不通过，则在回归模型中去掉该自变量，重新做回归分析和显著性检验，直到回归结果的每个系数都显著不为 0。逐个剔除不显著变量的过程也可减少多重共线性。

消除截面异方差和序列自相关影响后，对面板数据进行农村人均纯收入影响因素的 LS 回归，弹性系数和检验值见表 4-7。

表 4-7　　　　农村人均纯收入影响因素的混合面板 LS 回归结果

	地区	LnEdu	LnPro	LnAss	LnEco	LnIns
实验组	贫困地区	0.9041***	0.1920**	0.0397	0.0287***	-0.0038
		(0.0000)	(0.0152)	(0.2293)	(0.0019)	(0.5848)
		$R^2 = 0.9873$　$Prob(F) = 0$　$DW = 2.4114$				
		1.0658***	-0.1261***	-0.1319***	-0.0958***	
		(0.0000)	(0.0063)	(0.0000)	(0.0000)	
		$R^2 = 0.8169$　$Prob(F) = 0$　$DW = 0.1324$				
	重度贫困地区	1.0713***	-0.3664*	-0.0262***	0.0609***	-0.0263
		(0.0000)	(0.0528)	(0.0001)	(0.0090)	(0.1581)
		$R^2 = 0.9999$　$Prob(F) = 0$　$DW = 3.4285$				
		0.9897***	0.4928***		0.0442***	
		(0.0000)	(0.0000)		(0.0000)	
		$R^2 = 0.9919$　$Prob(F) = 0$　$DW = 0.9446$				
	"三区三州"深度贫困地区	1.8321***	-0.3478***	-0.4933*	-0.1458**	-0.5021**
		(0.0005)	(0.0005)	(0.0838)	(0.0148)	(0.0344)
		$R^2 = 9151$　$Prob(F) = 0$　$DW = 2.4012$				
对照组	全国 31 地总体	0.5124***	0.5502**	0.0056	0.0203**	-0.0262
		(0.0000)	(0.0322)	(0.2347)	(0.0376)	(0.2558)
		$R^2 = 0.9976$　$Prob(F) = 0$　$DW = 3.8710$				
		0.5156***	0.5572***		0.0205*	0.0891**
		(0.0000)	(0.0000)		(0.0721)	(0.0327)
		$R^2 = 0.9976$　$Prob(F) = 0$　$DW = 3.9355$				

续表

地区			LnEdu	LnPro	LnAss	LnEco	LnIns
对照组	聚类分析分类	较低收入地区	0.8285***	0.2059	0.0798	0.0257	0.0035
			(0.0000)	(0.2159)	(0.3470)	(0.2927)	(0.7483)
			$R^2 = 0.9777$		$Prob(F) = 0$		$DW = 2.0115$
			0.9567***	-0.6120***			
			(0.0000)	(0.0000)			
			$R^2 = 0.8440$		$Prob(F) = 0$		$DW = 0.2269$
		中等收入地区	0.4409***	0.6464	0.0514	0.0181	0.1464***
			(0.0000)	(0.2153)	(0.436)	(0.1721)	(0.0042)
			$R^2 = 0.9989$		$Prob(F) = 0$		$DW = 3.7143$
			0.4491***	0.7104***		0.0228***	0.1450***
			(0.0000)	(0.0000)		(0.0055)	(0.0000)
			$R^2 = 0.9999$		$Prob(F) = 0$		$DW = 3.7143$
		较高收入地区	0.2543***	-0.3429***	0.0413	0.0423	0.0733*
			(0.0000)	(0.0000)	(0.3504)	(0.2453)	(0.0812)
			$R^2 = 0.9724$		$Prob(F) = 0$		$DW = 1.7279$
			0.2422***	-0.2663***			0.0754**
			(0.0000)	(0.0000)			(0.0236)
			$R^2 = 0.9576$		$Prob(F) = 0$		$DW = 1.3285$

注：括号内为 t 统计值的显著性检验 p 值，表示相关系数显著为 0 的概率，*、**、*** 分别表示系数在 10%、5%、1% 水平下显著。

对各类地区分别做回归分析，当出现系数不显著的情况时，剔除不显著的变量重新做回归，将结果列入下一行。从表 4-7 回归结果可知，除"三区三州"类别外，其他类别的初次回归均有系数不显著，剔除不显著变量后的所有结果的拟合优度 R^2 高，F 检验值显著，回归结果可信。

4. 研究结论

（1）教育投入对贫困地区的增加收入作用高于其他地区。

实证研究结果表明，教育扶贫成效显著。近年教育投入对增加农村人均纯收入的促进作用明显，高于其他收入水平地区。贫困地区（含重度贫困地区、"三区三州"深度贫困地区）的教育投入对农村人均纯收入的变化富有弹性，即教育投入每增加 1%，带动的农村人均纯收入增加大于 1%，亦即通过教育投入来使农民增收的做法是具有效率的。以"三区三州"所在地为例，2002—2016年间，其教育经费每增加1%，农村人均纯收入增加1.83%，而同期在较高收入地区，教育经费增加1%，农村人均纯收入仅增加0.24%，可见教育投入对增加"三区三州"地区的农村人均收入的作用，是较高收入地区的7.6倍。通过图4-4可知，教育投入对农村人均纯收入的影响大小与地区收入水平成反比，收入水平越低的地区，教育投入对其人均收入的影响越大。具体而言，深度贫困地区的教育投入对农村人均纯收入的弹性系数，分别是中等收入和较高收入地区的4.1倍和7.6倍。教育扶贫不仅从公平的角度能减少地区差距、促进贫困地区教育发展和经济增长，并且教育经费投入落后地区，对地区经济增长和居民收入增加的促进作用比发达地区更大，教育扶贫是极具效率性的举措。这一方面说明在低收入地区增加教育经费投入，比高收入地区更具有效率性，以实际数据验证了"教育扶贫"方略的正确性和智慧性；另一方面也说明了较低收入水平地区对教育投入有更大的依赖性，若教育投入增速有所放缓，其人均收入增速的放缓程度也是大于较高收入水平地区的。因此从正反两面来看，都应增加贫困地区的教育投入，以保证其农村人均收入持续稳定增长。

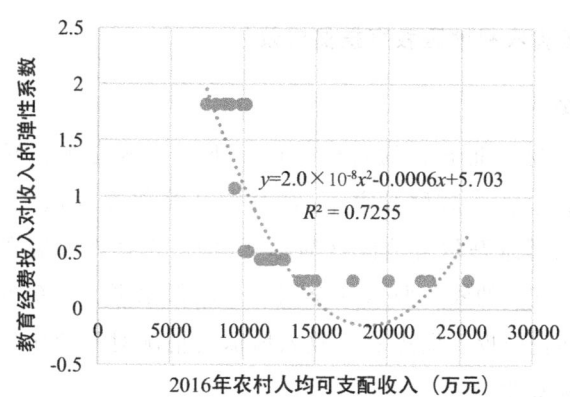

图4-4 收入水平与教育投入对农村人均纯收入的弹性系数关系图

（2）教育扶贫成效是多方合力的结果。

教育扶贫的成效取得有赖于各项教育政策的贯彻落实。我国针对不同地区、不同群体的教育需求，分类制定了教育脱贫举措：一是发展基础教育，夯实教育脱贫根基；二是发展职业教育，提升教育脱贫能力；三是发展高等教育，拓展脱贫人力储备。在各级各类教育分类施策下，教育扶贫对脱贫攻坚起到了基础性和决定性作用。

实证研究结果表明，教育确能起到扶贫脱贫的作用，但是不能脱离经济环境谈教育投入。教育扶贫的成效，不是教育的单一作用，也不是脱离地区的经济发展和财政收支水平而突击性地大手笔甚至超负荷投入教育能一蹴而就的，还要看地方的经济水平和文化环境。当地方的财政能负担得起一定数量的教育投入，且该教育投入与地方经济发展水平相匹配时，就会出现居民收入提升的情况，在收入整体提升的推动下，贫困人口也会收入增加直至脱贫。所谓地方财政"负担得起"，一指财政负担能力能够支撑使收入增加的教育发展策略，取决于地区经济水平和各种相关资源；二指财政分配意愿能够优先满足教育发展需求，取决于管理者的认识和主观决策；三指社会文化环境能够认同并支持这种倾斜措施，取决于地区间的协作支援。教育扶贫一方面是教育发展对地区经济增长和居民收入的刺激作用的结果；另一方面也依赖于地区经济和文化是否发展到重视教育的经济功能的程度，因此教育扶贫既要靠教育经费投入，也要靠管理者的决策方略，教育扶贫成效是系统综合作用的成效。

四、西北五省农村地区教育扶贫成效[①]

1. 研究对象

本研究对象为西北五省的农村居民，研究样本为西北五省，即陕西省（简称陕西）、甘肃省（简称甘肃）、青海省（简称青海）、宁夏回族自治区（简称宁夏）、新疆维吾尔自治区（简称新疆）。选择西北五省作为研究对象的原因是，西北五省的农民收入在全国属于较低水平，是精准扶贫战略的重点关注区域，其教育投入促进农民收入增加的情况对于说明教育扶贫的成效具有代表性和典型性。

2. 数据来源

数据采用国家统计局网站公布的 2002 年至 2017 年地区年度数据组成的省级混合面板数据。由于各指标数据可获得年份有差异，因此所用数据为非平衡面板数据。面板数据能有效避免时间序列数据常存在的残差序列自相关

---

① 本部分内容已由笔者发表于《兰州学刊》2020 年第 2 期，有小幅删改。

问题,产生伪回归的可能性小,在回归结果通过显著性检验的情况下,无须另做数据平稳性检验也能有较高的可信度。

具体而言,农民收入数据年份为 2002—2017 年,教育投入数据年份为 2002—2016 年,农业生产投入数据年份为 2009—2017 年,异地搬迁数据年份为 2002—2017 年,生态建设数据年份为 2004—2017 年,社会保障数据年份为 2010—2012 年。其中,农民人均纯收入数据来源于两处,即 2012 年及以前数据来源于独立开展的农村住户抽样调查的"农村居民家庭人均纯收入"项目,2013 年及以后的数据来源于城乡一体化住户收支与生活状况调查的"农村居民人均可支配收入"项目。另外,教育经费缺 2012 年各地数据。

3. 实证研究过程

西北五省近年教育经费投入与农民人均收入变化如图 4-5 所示。

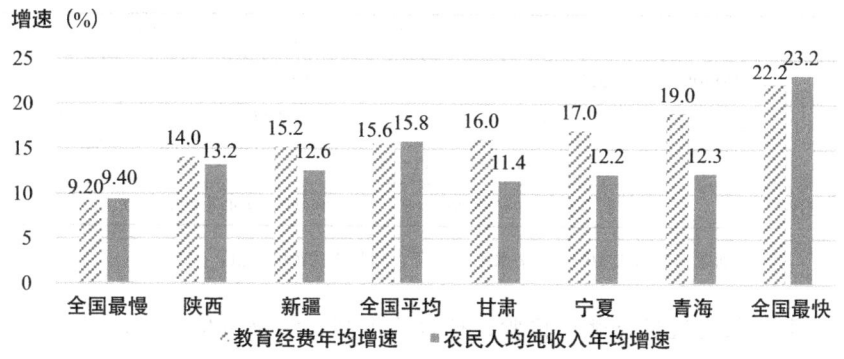

图 4-5 近年西北五省教育经费和农民收入年均增速

虽然西北五省的农民人均收入从聚类分析结果来看,在全国处于较低水平,但近年的教育经费投入和农民收入增速处于较高水平。具体而言,青海、宁夏、甘肃三地的教育经费年均增速高于全国平均增速,其中青海的增速比全国最快增速仅慢 3 个百分点,而低于全国平均增速的新疆和陕西两省与全国平均增速的差距很小,尤其是新疆教育经费增速与全国平均增速几乎持平,五省中增速最低的陕西比全国教育经费最慢增速高出约 5 个百分点。农民人均纯收入方面,西北五省的年均增速与全国平均增速相比略有差距,但比全国最低增速还是明显高出不少。

西北五省教育投入对农村居民收入存在影响,在农民收入和教育经费均呈快速增长的态势下,考察教育经费投入对农民收入增加的影响大小,同时加入其他四个投入因素,变量描述和基于 Eviews8.0 统计分析软件的省级非平衡面板数据回归结果如表 4-8、表 4-9 所示。

表 4-8　　　　　　　　　　　变量的描述性统计

变量	符号	样本量	均值	标准差	中位数	最小值	最大值
农民收入	Inc	80	4789.84	2781.34	3872.90	1590.30	11045.30
教育投入	Edu	70	2702435	2536128	1778688	190401	10049114
农业生产	Pro	45	114.05	88.99	92.13	7.96	250.74
异地搬迁	Ass	80	116.79	105.47	79.28	9.36	379.95
生态建设	Eco	70	113751.59	92135.12	89754.50	2612	417562
社会保障	Ins	15	32461.19	17931.91	30133.60	10165.20	63037.50

表 4-9　　　　　　影响农民人均可支配收入的 LS 回归结果

变量	教育投入	农业生产	异地搬迁	生态建设	社会保障	常数
弹性系数	0.561705*** (21.00400)	0.527904*** (25.50054)	-0.060826*** (-7.529822)	-0.010561* (-2.298772)	0.068551*** (7.274097)	-2.722361*** (-10.87360)
估计方法		Cross-section: fixed　Period: none　Cross-section weights				
检验统计		$R^2 = 0.998946$　$Prob(F) = 0.000000$　$DW = 3.600000$				

注:*、*** 分别表示系数在 10%、1% 水平下显著,括号内为 t 统计值。

回归系数均通过显著性检验,拟合优度高,结果可信。将回归弹性系数代入原模型,得到西北五省农民人均收入的影响因素模型:

$$Inc = Edu^{0.56} Pro^{0.52} Ass^{-0.06} Eco^{-0.01} Ins^{0.07} e^{-2.72}$$

从回归结果可知,五个变量的弹性系数之和为 1.08,略大于 1,表明用"五个一批"脱贫举措来促进西北五省的农民收入增加是有效的。而五个举措中,系数最大的为教育经费投入的 0.56,说明教育经费投入每增加 1%,农民人均纯收入增加 0.56%;然后是农业生产投入的 0.52,社会保障兜底也对农民收入有微小的促进作用,弹性系数为 0.07。另外,农户固定资产投资和生态建设两项的回归系数为负数,表明该两项投入目前对农民收入增加有微小的阻碍作用。

由近年教育经费投入对农民人均收入的弹性系数 0.56 与各地教育经费的增幅可以算出,各地近年由教育经费的增加带来的农民收入的增幅,其他投入带来的农民收入增幅也用同样的方法得出。表 4-10 中各列的具体含义如下：①为教育投入年均增幅；②为教育投入带来的农民收入增幅；③为农业投入年均增幅；④为农业投入带来的农民收入增幅；⑤为社会保障投入年均增幅；⑥为社会保障带来的农民收入增幅；⑦为教育对农民收入的贡献比重；⑧为农业对农民收入的贡献比重；⑨为社会保障对农民收入的贡献比重。

表4-10　　各因素对农民收入的影响幅度及贡献比重（%）

地区	①	②	③	④	⑤	⑥	⑦	⑧	⑨
陕西	14.04	7.86	3.14	1.66	21.01	1.43	71.77	15.18	13.04
甘肃	16.03	8.98	0.24	0.13	28.19	1.92	81.46	1.14	17.40
青海	18.96	10.62	1.07	0.57	22.19	1.51	83.63	4.48	11.89
宁夏	17.02	9.53	1.74	0.92	8.00	0.54	86.67	8.39	4.95
新疆	15.18	8.50	6.20	3.29	16.41	1.12	65.88	25.47	8.65

由促进西北五省农民收入增加的三个因素的年均投入增幅和各因素对收入的弹性系数，得出三个投入因素分别带来的收入增幅后，可进一步得出各因素对收入增加的贡献比重。可知教育经费投入对农民收入的贡献比重高达65%以上，最高可达87%（见图4-6）。

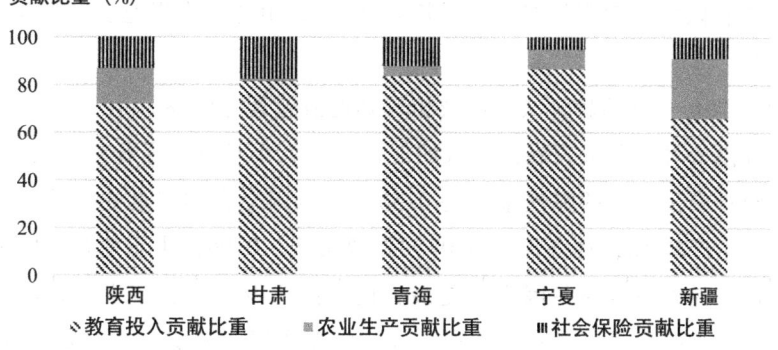

图4-6　西北五省近年农民收入增加各因素贡献比重

4. 研究结论

（1）西北五省的教育扶贫成效明显。

教育投入对农村居民收入具有稳定的正向影响，表现在回归结果的显著性和回归系数的正向性上。表4-9显示了西北五省各影响因素的回归结果，包括回归系数和下方括号中通过t检验值表示的显著性。一般来说，系数为0

的概率越小,其对应的系数越显著。当概率小于0.01时,我们认为其系数在1%的水平上是显著的;当概率大于0.01但是小于0.05时,我们认为其系数在5%的水平上是显著的;当概率大于0.05但是小于0.1时,我们认为其系数在10%的水平上是显著的。上述三类情况的显著性在逐渐降低,但是都在我们能接受的显著性范围内。而当系数为0的概率大于0.1时,则一般认为其不显著。通过表4-9可知,教育投入对农民收入的影响系数在1%的水平下显著,属于显著的最高水平,说明教育投入对农民收入的影响是显著稳定存在的。同时,该弹性系数为正数,说明教育投入对农民收入的影响总是正向的,即它的促进作用是确定的。

近年西北五省的教育经费投入在以14%-19%的年均增速快速增加,在如此大的教育经费投入的支持下,农民人均纯收入增长较快。通过对农民收入和"五个一批"举措的面板数据回归可知,教育经费投入对农民收入的弹性系数为0.56,即教育经费投入每增长1%,农民人均纯收入增长0.56%。其中,青海的教育经费年均增长18.96%,由此带来当地农民收入每年增长10.62%;宁夏的教育经费年均增长17.02%,由此带来当地农民收入每年增长9.53%;甘肃的教育经费年均增长16.03%,由此带来当地农民收入每年增长8.98%;新疆的教育经费年均增长15.18%,由此带来当地农民收入每年增长8.50%;陕西的教育经费年均增长14.04%,由此带来当地农民收入每年增长7.86%。

(2) 西北五省的教育扶贫成效相较其他措施具有优势。

教育投入对西北五省农民收入的促进作用大小具有明显优势。具体而言,教育经费对农民收入的弹性系数为0.56,其他四个影响因素的弹性系数分别为:农业生产0.53,社会保障0.07,异地搬迁-0.06,生态建设-0.01。教育经费投入弹性系数在各因素中是最大的。因为发展教育带来的是经济主体的能力和动力的提升,是对于增加收入的内在作用的夯实。从因果关系来看,增加教育投入、发展教育提升了人的内生动力,是增加居民收入的内因。从矛盾关系来看,发展教育可以端正思想态度,有效破除"等、靠、要"等思想顽疾,解决发展对象的根本性和主要矛盾。从受益群体来看,教育惠及的适龄人群是现在和未来社会发展的主力,涉及社会经济发展的各方各面,具有长远、普惠意义。因此,通过增加教育投入来发展贫困地区经济和增加居民收入是明智之举。

除了教育经费投入，还有两项因素的弹性系数也是正数，即农业生产投入和社会保障投入。但它们的效果不及教育投入。农业生产虽是农村地区生产生活的根本，是贫困地区农民无法脱离的收入来源，但是它受到自然资源环境的限制，例如，耕地面积、气候条件等，并且经过近年较充分的发展，农业投入回报已进入"缓滞期"，因此农业生产投入回报具有一定的风险性和不确定性，这是它不及教育经费投入的主要原因。而社会保障投入，针对的主要是农村地区"因病致贫"的群体，目的是兜底，在收益面和长效性方面有所限制。它虽然也能促进农民人均纯收入增加，但是增加幅度有限。另外两个弹性系数为负数的因素，说明目前它们对农民收入增加有微小的阻碍作用，因为它们还处在投入期，还需要经过一定时日才能看到"潜伏"的回报。综合来看，教育扶贫的成效优于其他脱贫举措。

（3）西北五省教育投入对农民收入有很高的贡献比重。

通过表 4-10 和图 4-6 中各因素对农民收入的贡献比重可知，教育投入对西北五省的农民收入贡献比重最大，且明显高于其他因素。从地区来看，宁夏的教育对收入贡献高达 86.67%，其次是青海的 83.63% 和甘肃的 81.46%。上述三省的教育投入对农民收入贡献均超过八成。另外，陕西和新疆的教育投入贡献率分别为 71.77% 和 65.88%，可知，教育投入对西北五省农民收入的贡献为 65% 以上，可谓贡献比重非常大。从促进农民收入的三个因素来看，教育投入在五省间的贡献率差异比较稳定，最高比重比最低比重约高出三分之一。而农业生产投入对农民收入的贡献率，新疆为 25.47%，甘肃仅 1.14%，最高值是最低值的 22 倍。社会保障对农民收入的贡献率，甘肃为 17.4%，宁夏为 4.95%，前者是后者的 3.5 倍。可知，西北五省的教育投入对农民收入增加都有明显作用，另外，新疆和陕西还应重视农业生产投入的作用，甘肃还应重视社会保障兜底的作用。

教育经费投入之所以对农民收入有高贡献率，主要是两方面的原因：一是教育经费的弹性系数大，二是近年教育经费的投入增长快。通过教育和农业投入的对比可知，教育投入和农业生产对农民收入的弹性系数分别为 0.56 和 0.53，差别并不大，但是近年教育经费的年均增速为 15%-19%，而农业生产投入的年均增速甘肃仅 0.24%，最高的新疆也只有 6.2%，远低于教育投入的增速。因为农业投入还受到当地农业资源环境的限制，不能超出农业生产承载力，已趋于饱和状态，而教育投入多作用于软资源，不受硬件条件的限制，且目前的投入空间还较大。

综上所述，从影响大小、作用空间、可行性等角度来看，我们都应继续加大西北五省的教育经费投入，在新时期脱贫攻坚战略中继续保障教育经费优先投入，以巩固全面建成的小康社会，并发挥民族地区教育扶贫脱贫作用的长效作用。

第五章　降维的方法在教育研究中的运用

第一节　主成分分析

一、主成分分析的概念

主成分分析（Principal Components Analysis，简称 PCA）是一种重要的降维方法，它通过线性变换，将数量较多的指标转化为数量较少的几个综合指标。所谓"降维"，便是"减少指标维度"，也就是"减少指标的个数"。在综合评价中，每个变量都不同程度反映了研究对象的某些信息，但很多指标之间有一定的相关性，即统计数据反映的内容有交叉重叠。在研究多变量问题时，变量数过多会增加计算问题的复杂性，而将具有相关性的几个指标通过线性变换表示为一个新的指标，能减少重复，而且变换后的新变量两两不相关，又尽可能多地保持了原有信息。

主成分分析是一种简化数据集的技术，它通过线性变换改变原数据的坐标系统，将数据映射到一个新的坐标系统中。在新坐标系中，数据投影方差最大的为第一坐标，对应的主成分为第一主成分，投影方差第二大的为第二坐标，对应的主成分为第二主成分，依次类推。最终如何确定选用主成分的个数，在实践中有一系列的方法和准则。主成分分析减少数据集的维数后，还能保持数据集对方差贡献最大的特征。如图 5-1 所示，坐标系（1）经过旋转后变成（2），原始变量落在横坐标轴上的构成第一主成分，落在纵坐标轴上的构成第二主成分。将坐标系（2）摆正后即得到坐标系（3），于是原始指标空间（1）经过主成分分析后变成了新的坐标系（3）。

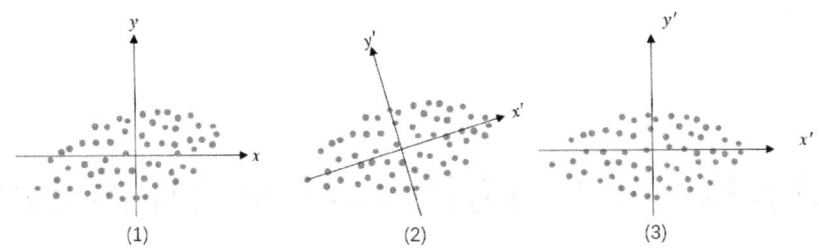

图 5-1 主成分分析和坐标旋转

二、主成分分析的基本原理

主成分分析是一种降维的统计方法,通过正交变换,将原始分量相关的各随机向量转化为新的分量不相关的随机向量,其代数表现为将原随机向量的协方差矩阵变换为对角矩阵,几何表现为对原坐标系进行坐标旋转使之成为正交坐标系。

主成分分析的基本思想是:将原来众多具有一定相关性的多个指标,通过线性变换重新组合成一组新的不无关的综合指标。主成分分析是考察多个变量间相关性的一种多元统计方法,研究如何通过少数几个主成分来揭示多个变量间的内部结构,即从原始变量中导出少数几个主成分,使它们尽可能多地保留原始变量的信息,且彼此间互不相关。最经典的做法就是用 $Fac1$(选取的第一个线性组合,即第一个综合指标)的方差来表达,即 $Var(Fac1)$ 越大,表示 $Fac1$ 包含的信息越多。因此,在所有的线性组合中选取的 $Fac1$ 应该是方差最大的,故称 $Fac1$ 为第一主成分。如果第一主成分不足以代表原来多个指标的信息,再考虑选取 $Fac2$ 即选第二个线性组合,为了有效地反映原来信息,$Fac1$ 已有的信息不需要出现在 $Fac2$ 中,于是要求 $Fac2$ 和 $Fac1$ 不相关,即要求 $Cov(Fac1, Fac2)=0$,称 $Fac2$ 为第二主成分,依此类推可以构造出后面的多个主成分。通常,主成分的个数由方差累计贡献率确定,当主成分的方差累计贡献率达到 85%,认为主成分对原数据的信息解释达到 85%,是一个较为满意的程度,可以不再需要引入新的主成分。[①]

---

① 360 百科. 主成分分析 [EB/OL]. https://baike.so.com/doc/5016401-5241875.html, 2020-05-07.

三、主成分分析的主要作用

1. 降低数据维度，分析变量关系

降低研究数据的空间维度是主成分分析的主要作用，其通过线性变换，将"海量"的原始数据表示为几个互不相关的新的数据组合，一方面减少了原始数据的复杂性，另一方面又最大程度地保留了数据信息。

将原始的高维空间转换为新的低维空间后，可通过因子负荷等统计量，分析原高维空间中变量间的某些关系。

2. 表示多维数据的图形

主成分分析方法是多维数据的一种图形表示方法。通常在平面上能画出的空间的最高维度是三维，当维数大于3时，便不能用图形表示。而在多元统计分析中，统计变量的个数通常都大于3，这时便不能用图形表示出各变量间的数量关系。经过主成分分析对原始数据降维后，可以选取贡献率最大的前两个主成分，或者依据其他标准，选取代表特定类别指标集合的某两个主成分，根据其得分，画出在二维平面上的分布状况。这样便将多维数据经过降维处理后用图形表示出来，还可直观地看出各样本在主分量中的地位，以及发现远离多数样本的离群点。

3. 构造回归模型

用主成分分析法构造回归模型，是将各主成分作为新的自变量，代替原来的自变量做回归分析。这样构造的回归模型，自变量个数明显变少，且变量之间互不相关，便于模型拟合和结果分析。构造回归模型时，筛选回归变量是非常重要的环节，需要考虑模型分析的难易程度、原始变量集合组成的新变量集的方式、自变量的个数等因素，一般是从原始变量构成的子集合中选择最佳变量，构成最佳变量集合。

四、主成分分析的步骤

1. 指标数据标准化

设原始数据空间为 p 维随机向量空间，原始数据样本为其中的 n 个随机向量 $X_i = (x_{i1}, x_{i2}, \cdots, x_{ip})^T, i = 1, 2, \cdots, n, n > p$。

对样本进行标准化变换，令 $z_{ij} = \dfrac{x_{ij} - \bar{x}_j}{s_j}, i = 1, 2, \cdots, n, j = 1, 2, \cdots, p$。其

中，$\bar{x}_j = \dfrac{\sum_{i=1}^{n} x_{ij}}{n}, s_j^2 = \dfrac{\sum_{i=1}^{n}(x_{ij} - \bar{x}_j)^2}{n-1}$，得到标准化后的数据矩阵 Z。这一步骤在 SPSS 软件的主成分分析实际操作中通常自动执行，不需要另外单独处理。

2. 求标准化矩阵的相关系数

指标数据标准化后，求标准化矩阵 Z 的相关系数矩阵 R，并进行相关性判定。相关系数可以判定指标之间的相关关系密切程度，通常相关系数越大，表示指标间的相关性越大。当相关系数为 0 时，表示指标间不相关；当相关系数为 1 时，表示指标间完全相关。

3. 确定主成分个数

对相关矩阵 R 的特征方程 $|R - \lambda I_p| = 0$ 求解得到 p 个特征根，根据特征根的方差累计贡献率大于 85% 来确定特征根数量，即满足 $\dfrac{\sum_{j=1}^{m} \lambda_j}{\sum_{j=1}^{p} \lambda_j} \geq 0.85$ 的最小的 m，即为主成分的个数 m。

4. 确定主成分表达式

将标准化后的指标变量转化为主成分 $U_{ij} = z_i^T b_j^o, j = 1, 2, \cdots, m$，$U_1$ 称为第一主成分，U_2 称为第二主成分……U_m 称为第 m 主成分。对 m 个主成分进行加权求和，权数为每个主成分的方差贡献率与 m 个主成分的累计方差贡献率之和的比，得到最终评价值。

五、主成分分析的特点

主成分分析具有明显的优点，首先，能降低指标维度，减少指标的复杂性。通过将原有的具有一定相关性的大量指标转化为互不相关的几个少量指标，简化数据空间，消除相关性，便于研究指标的选取和研究结果的分析。其次，消除指标之间的相关性，主成分分析对原有数据的坐标轴进行旋转后，形成了新的坐标轴和彼此相互独立的主成分。再次，在简化指标的同时最大程度地保留了原始信息，主成分的排列是按照方差大小依次排列的，越靠前的主成分，其携带的原始数据信息量越大，因此在选择主成分做综合评价时，只需按照从前到后的顺序选择则可，这样能保证较少的信息损失。

虽然主成分分析具有上述优点，但其缺点也不容忽视。最主要的问题是对主成分的意义难以解释清楚，虽然主成分是相关性较强的几个原始指标的线性组合，但在实际操作中，往往不能对所有指标进行严格的分类，然后组合成彼此独立的不同类别的主成分，因此对主成分所表示的意义难以简单地准确说明，不像原始变量那么清晰确切。这也是降维处理所需要承担的"代价"。同时也有一些学者认为主成分仅能选取第一主成分，第二主成分和以后的主成分都没有意义。统计学专家苏为华在其博士学位论文中，详细论述了只能选取第一主成分的统计学原因和推理过程。

第二节 因子分析

一、因子分析的概念

因子分析（Factor Analysis，简称 FA）也是一种降维技术，指从研究指标相关矩阵内部的依赖关系出发，把一些信息重叠、具有错综复杂关系的变量归结为少数几个不相关的综合因子的一种多元统计分析方法。[①] 因子分析是一种从变量群中提取共性因子的统计技术，它根据相关性大小对指标变量进行分组，相关性大的指标分在同一组，相关性小的指标分在不同的组，每一组变量代表一个公共因子。原始变量是可观测的显在变量，因子一般是不可观测的潜在变量。因子分析是一种通过显在变量测评潜在变量，通过具体指标测评抽象因子的统计方法。

因子分析的方法有很多种，如重心法、最大似然法、最小平方法等，这些方法的本质都是近似方法，以相关系数矩阵为基础。在实际研究中，因子分析多采用以主成分分析为基础的反覆法。主成分分析的主要目的不同于因子分析，它不是提取变量群中的共性因子，而是对众多原始变量进行线性变换，以组合成两两互不相关（正交）的具有最大方差的新变量。但是因子分析以主成分分析为基础，保留主成分后，通过求特征值和特征向量确定因子系数，进而经过因子旋转后求得因子得分。

[①] MBA 智库百科. 因子分析法 [EB/OL]. https：//wiki.mbalib.com/wiki/%E5%9B%A0%E5%AD%90%E5%88%86%E6%9E%90%E6%B3%95，2020-05-09.

二、因子分析的步骤

因子分析类型分为 R 型因子分析和 Q 型因子分析。R 型因子分析是对指标或变量做因子分析，Q 型因子分析是对样本或研究对象做因子分析。常见的因子分析都是针对指标或变量进行，即 R 型因子分析，其主要步骤如下。

首先，对数据样本进行标准化处理。标准化处理的作用是消除不同量纲对数据的影响，使不同单位和衡量标准的各指标数据变成同一单位。在因子分析的实际统计软件操作中，会自行对数据进行标准化处理而不需手动进行相应的操作，但往往在输入数据进行标准化处理前，需要对数据进行一些处理，这是需要手动操作的，最常见的是负向指标正向化。所谓负向指标，是指数据大小和其优劣性成反比的指标，例如班级学生规模，一个班的学生越多，老师能平均分配到每个学生身上的精力和关注越少，相应地，学生的学习效果越弱，这也是提倡小班化的原因之一。因此在用因子分析计算因子得分和进行综合评价时，首先要将该指标进行正向化处理，以使得分和其所代表的意义一致。常用的正向化方法有两种：减法或除法，可根据数据情况选择。

其次，选择分析变量。用定性分析（经验积累、文献研究、专家意见等）和定量分析相结合的方法，选择相关性较强的原始变量，否则因变量间没有共享因子而无法进行因子分析。计算所选原始变量的相关系数矩阵，判断原始变量之间是否存在相关关系。

再次，提取公共因子。求样本的相关系数矩阵的特征根和特征向量，将特征根按从大到小的顺序排列，依照特征值大于 1 或累计贡献率要求（一般是大于 85%）确定主因子个数，并给出各特征值对应的特征向量。

最后，计算因子得分，求出各样本的因子得分后继续后续分析。例如，可以根据各样本的因子得分进行综合评价；可以以因子得分作为新变量，做回归分析中的回归因子；还可以将因子得分作为聚类分析中的变量。在统计分析软件中，有计算因子得分的公式。

三、因子分析与主成分分析的异同

因子分析和主成分分析联系较紧密，因子分析以主成分分析为基础，二者之间具有如下异同。

1. 相同点

因子分析和主成分分析的相同点有四个方面：一是分析之前要对指标进行标准化；二是要计算相关系数矩阵和对应的特征值、特征向量；三是用方差累计贡献率大于85%确定主成分/主因子的个数；四是单个主成分与综合主成分的分析评价，单因子与综合因子的分析评价步骤相同。

2. 不同点

因子分析和主成分分析的不同之处见表5-1。①

表 5-1　　　　　　　　因子分析和主成分分析对比

因子分析	主成分分析
$x_j = b_{j1}F_1 + b_{j2}F_2 + \cdots + b_{jm}F_m + \varepsilon_j, j = 1, 2, \cdots, p$	$F_i = a_{1i}x_1 + a_{2i}x_2 + \cdots + a_{pi}x_p = a_i^T x, i = 1, 2, \cdots, m$
因子载荷矩阵 $B = (b_{ij})_{p \times m} = \hat{B}C, \hat{B} = (\sqrt{\lambda_1}a_1, \sqrt{\lambda_2}a_2, \cdots, \sqrt{\lambda_m}a_m)$ 为初等因子载荷矩阵，λ_i, a_i 是相应的特征值和特征向量，C 为正交旋转矩阵	$A = (a_{ij})_{p \times m} = (a_1, a_2, \cdots, a_m), Ra_i = \lambda_i a_i, R$ 为相关系数矩阵，λ_i, a_i 是相应的特征值和特征向量，$\lambda_1 \geq \lambda_2 \geq \cdots \geq \lambda_p \geq 0$
$B^T B \neq I(B$ 为非正交阵)	$A^T A = I(A$ 为正交矩阵)
将 B 的第 j 列绝对值大的对应变量归为 F_j 一类，并由此对 z_j 命名	用 A 的第 i 列绝对值大的对应变量对 F_i 命名
相关系数 $r_{X_i F_j} = b_{ij}$ 不唯一	$\lambda_1, \lambda_2, \cdots, \lambda_m$ 互不相同时，a_{ij} 唯一
协方差 $cov(F_i, F_j) = \delta_{ij}, \delta_{ij} = \begin{cases} 0, i \neq j \\ 1, i = j \end{cases}$	协方差 $cov(F_i, F_j) = \lambda_i \delta_{ij}, \delta_{ij} = \begin{cases} 0, i \neq j \\ 1, i = j \end{cases}$
$v_i = \sum_{k=1}^{p} b_{ki}^2 (\neq \lambda_i)$ 为因子 F_i 对 x 的贡献	特征值 λ_i 是主成分 F_i 的方差
因子 F_i 是不可观测的	主成分 F_i 是由 x 确定的
因子得分函数 $(F_1, F_2, \cdots, F_m)^T = R^{-1}Bx$	主成分函数 $(F_1, F_2, \cdots, F_m)^T = A^T x$
综合因子得分函数 $F = \sum_{i=1}^{m} \left(\frac{v_i}{p}\right) F_i$，其中 $p = \sum_{i=1}^{m} v_i$	综合主成分函数 $F = \sum_{i=1}^{m} \left(\frac{\lambda_i}{p}\right) F_i$，其中 $p = \sum_{i=1}^{m} \lambda_i$

---

① wamg 潇潇. 因子分析 factor analysis（七）：因子分析法与主成分分析的异同［EB/OL］. https://blog.csdn.net/qq_29831163/article/details/88919131，2019-03-20.

四、因子分析简单实例：学校综合评价

假设某县要对当地的 5 所小学进行一次办学水平综合评价，有数据的指标超过 30 项，如果直接将所有指标数据简单加总来进行评价，则会忽略掉指标间的权重差异，而有些交叉信息会重复计算。这样计算出来的评价结果与实际情况存在差距，如果人为去掉部分指标和数据，又怕造成重要信息遗漏，因此可以采取因子分析的方法，通过从变量群中提取共性因子，描述隐藏在一组表征变量中的隐性变量，消减指标之间的相关性，减少指标间的重合因素，使简化后的指标数据更具有代表性，使评价结果更接近真实状况。表 5-2 列出 5 所小学的指标数据。

表 5-2　　某县 5 所小学的评价指标和数据

	指标	小学 1	小学 2	小学 3	小学 4	小学 5
1	班级数	58	48	36	40	30
2	学生数	2388	2002	1740	1850	1206
3	教师数	143	122	96	103	85
4	中学高级教师数	5	3	3	4	2
5	特级教师数	1	2	1	1	1
6	学科带头人数	1	1	2	1	1
7	骨干教师数	6	5	4	5	5
8	本科学历教师比	75%	58%	62%	71%	85%
9	研究生以上学历教师比	9%	2%	5%	4%	6%
10	近三年发表论文数	120	98	76	103	69
11	近三年获得奖励数	14	12	10	5	9
12	近三年教师出国研修人次	30	10	20	5	3
13	每年举办教师培训次数	4	2	4	3	1
14	学校办学年份	95	88	35	65	40
15	学校占地面积	19000	18500	16000	15800	12500
16	学校建筑面积	16000	15000	12000	12800	11800
17	运动场馆面积	2800	2700	2600	2800	2500
18	多媒体教室数	40	38	35	40	30
19	校园信息化率	100%	98%	95%	96%	98%
20	学校社团数	7	6	8	9	6

续表

	指标	小学1	小学2	小学3	小学4	小学5
21	社团获县级奖励数	11	8	9	7	5
22	兴趣小组数	48	36	28	38	30
23	校本课程数	8	6	5	4	5
24	特色课程数	5	2	4	1	3
25	学校获县级以上荣誉	8	4	6	7	2
26	获县级以上荣誉学生	37	35	28	34	18
27	学生近视比例	43%	36%	57%	48%	39%
28	学生肥胖比例	12%	8%	18%	9%	7%
29	留守儿童比例	11%	22%	24%	5%	6%
30	随迁子女比例	8%	6%	11%	3%	12%
31	本校职工子女比例	0.8%	0.6%	1.1%	0.3%	0.5%

针对上述5所小学的相关指标数据，利用因子分析进行综合评价，主要步骤如下：

（1）负向指标正向化。上述指标中，负向指标有"学生近视比例""学生肥胖比例""留守儿童比例"等指标，"随迁子女比例"能体现出学校对流动人口的接纳情况，不属于负向指标，因此仅对上述三项负向指标做正向化处理。用100%减去原有数据，得到新指标后输入Excel表格中，命名"小学统计数据"。

（2）打开SPSS Statistics 22.0软件，打开名称为"小学统计数据"的Excel表格，选择"从第一列读取变量名"数据录入，将所有数据类型都选为"度量"，选择"分析"-"降维"-"因子分析"，对"描述""抽取""旋转""得分"依次进行选择，并将因子得分存为新变量，点击"确定"。

（3）原有的31个指标经过因子分析后能表示为4个主成分（见表5-3），4个特征值都大于1且特征值方差贡献率达到100%，说明原有指标的所有信息都被主成分包括在内，原有信息无损失。

表5-3　　　　　　因子分析的特征值和方差贡献率

序号	特征值	贡献率（%）	累计贡献率（%）
1	15.074	48.626	48.626
2	6.654	21.464	70.090

续表

序号	特征值	贡献率（%）	累计贡献率（%）
3	5.278	17.027	87.118
4	3.994	12.882	100

（4）输入公式计算综合得分，将各主成分的方差贡献率占比作为权重（各自的贡献率除以总贡献率，此处总贡献率为100%），4个因子得分加权相加得到总分，计算公式为：

$score = 48.626 \times FAC1 + 21.464 \times FAC2 + 17.027 \times FAC3 + 12.882 \times FAC4$

因子得分和根据贡献率占比计算后的综合得分如表5-4所示。

表5-4　　　　　　　　5所小学的因子得分和综合得分

学校	FAC1	FAC2	FAC3	FAC4	score
小学1	1.47381	0.08748	0.77910	0.64284	95.09
小学2	0.27062	0.66974	-0.28417	-1.61166	1.93
小学3	-0.42346	-1.69341	0.22714	-0.31849	-57.17
小学4	-0.06767	0.12320	-1.58578	0.81582	-17.14
小学5	-1.25330	0.81300	0.86370	0.47150	-22.71

（5）将综合得分进行标准化处理，如表5-5所示，综合得分有正有负，此处的负数仅表示差距，于是用 $\overline{score} = \dfrac{10 \times [score - min(score)]}{max(score) - min(score)}$ 将所有得分都化成0—10的数，进而确定最终排名。值得注意的是，此处10分并不意味着该校得分是满分，0分也不意味着该校一无是处，而只是这5所学校中的最高分和最低分，是一个相对得分而非绝对得分。当参与综合评价的学校增加时，这个相对得分也会发生变化，但相对排序是不变的。

表5-5　　　　　　　　因子评价综合得分标准化及排名

学校	综合得分	标准化得分	排名
小学1	95.09	10	1
小学2	1.93	3.88	2
小学3	-57.17	0	5
小学4	-17.14	2.63	3
小学5	-22.71	2.26	4

可见，排名第1的小学遥遥领先于其他小学，排名第3和第4的两所小学得分相近。经过因子分析后，给5所小学进行了基于数据的综合排名。

第三节　降维方法的综合运用：高等教育综合承载力及匹配度[①]

一、研究原因：综合承载力亟待纳入高等教育评价体系

提高质量、优化结构是当前高等教育发展中的关键任务，优化区域布局结构与地区高等教育承载力紧密相关。高等教育承载力是高等教育资源分布合理性的现实参考和评价依据，研究高等教育综合承载力的意义在两方面：一是考察区域内高等教育的接纳能力，制定与之匹配的招生政策；二是结合区域内高等教育的需求与社会经济环境，合理均衡地配置高等教育资源，加强外部保障，使高等教育承载力不断提升并与需求相适应。

高等教育综合承载力，是指一个国家或地区的高等教育，在现有的资源配置和供给规模下，受特定的经济、社会、环境容纳能力的影响，以无闲置和不过度使用现有教学资源为标准，接纳普通高等教育就学人口的支撑能力。

高等教育实际承载量，是指一个国家或地区的普通高等教育实际接纳的就学人数，即现有在校生规模。

高等教育承载量与承载力的匹配度，是指一个国家或地区某时段内实际接纳的高等教育就学规模与可接纳的承载规模之间的匹配程度，即承载量与承载力是否适应，二者是否有错位现象。

高等教育承载力的基础条件是高等教育资源承载力，包括经费投入、设施资料、师资配备等，而约束条件是环境承载力，包括政治、经济、文化三方面。[②] 教育生态系统的关键指标除了学校资产、校舍面积、办学经费、师生人数等外，还有教育生态弹性度和环境承载力。[③] 一般而言，分析高等教育承

---

① 本部分内容原载于《教育发展研究》2017年第9期，有删改。
② 贺祖斌. 高等教育系统的生态承载力研究[J]. 高等教育研究，2005（2）：14-17.
③ 张兰芳，林盟初，贺祖斌. 广西高等教育系统生态承载力调控模型及其应用[J]. 广西师范学院学报（哲学社会科学版），2010，31（4）：71-77.

载力的理论构成时，会考虑社会承载力、经济承载力和规模承载力三个方面。① 常用的影响高等教育承载力的主要因子有资源、环境、结构、人口，简称为 RESP 因素。② 定量分析时，衡量高等教育资源的主要指标有经费投入、设施设备、师资力量等。③ 另外，基于粗糙集理论构建的高等教育资源承载力评价指标也在一些研究中出现过。④

高等教育承载力还与教育生态系统和资源配置的核心内容有关。运用生态系统和生态平衡的概念和研究方法表明，我国高等教育生态系统存在四大失衡问题，⑤ 而基于高等教育承载力限制的规模扩张和教育质量的失衡最为明显。用教育生态学视角研究地区高等教育可持续发展问题时发现，我国中部地区的高等教育承载力负荷过重。⑥ 高等教育资源配置存在主体、客体和配置方式的失衡，其原因之一就是高等教育发展规模超出了其生态承载力。⑦

另外，经济发展、城市生态和人口承载力问题中隐含的教育承载力因素也不容忽视。在研究经济社会人口承载力时，须将教育作为影响因子，并将居民收入、住房面积、医疗保障等社会发展环境纳入指标体系中。⑧ 同时考虑区域生态城镇化背景下，生态环境与经济、文化的发展规模和承载力的关系。⑨ 虽然以往研究中并未明确指出人口、资源、城市问题与教育承载力的相关性，而是将二者剥离开来，但笔者认为教育置身于社会经济的大环境中，教育承载力与城市规模、经济状况、人口结构、环境资源等因素密不可分，应将这些因素纳入教育承载力综合评价的范围。

---

① 陈洺. 和谐社会的高等教育承载力分析 [J]. 广西教育学院学报，2008（3）：19 - 23.
② 杨春宝. 高等教育演替过程中的生态承载力分析 [D]. 武汉：中南民族大学，2009.
③ 马鹏媛，米红. 区域高等教育资源承载力定量分析 [J]. 中国高教研究，2015（9）：48 - 52.
④ 胡春蕾，黄文龙. 基于粗糙集理论的高等教育资源承载力评价研究 [J]. 齐齐哈尔大学学报（哲学社会科学版），2014（11），148 - 151.
⑤ 何绍福，李晓霞. 论生态学视角下我国高等教育系统的生态平衡 [J]. 教育科学，2007，23（5）：69 - 74.
⑥ 高山，石建伟. 教育生态学视角下江苏高等教育可持续发展与公共政策选择 [J]. 经济研究导刊，2010（36）：296 - 297.
⑦ 赵书山. 高等教育资源配置生态失衡分析 [J]. 黑龙江高教研究，2012（9）：33 - 36.
⑧ 李新运，任栋，苟延农等. 山东省经济社会发展人口承载力预测 [J]. 山东财政学院学报，2013（3）：70 - 77.
⑨ 崔照忠. 区域生态城镇化发展研究——以山东省青州市为例 [D]. 武汉：华中师范大学，2014.

通过对已有文献的研读和梳理发现，关于高等教育承载力研究关注点大多集中在高等教育的资源承载力上，从几个主要指标，如经费投入、仪器设备、师资水平等方面进行衡量和评价。对于教育领域外的社会和经济指标，只有少量研究者提到了社会承载力和经济承载力，以及资源、环境、人口等因素，但仅停留在认识层面，尚未给出具体的衡量指标和方法，也未在定量分析中涉及。

研究高等教育综合承载力时，不仅要关注高等教育的资源水平，还应将教育所处的经济环境及与其相关的城市规模、就业潜力、人口容量等因素作为评价指标。因此，笔者尝试建立一种包含教育、经济、社会指标的综合评价体系。

二、高等教育综合承载力评价体系初步构想

本部分采用综合评价模型 $C = \sum_{i=1}^{n} \omega_i(c_i) c_i$。其中，$C$ 表示某地高等教育综合承载力，c_i 表示各评价指标，$\omega_i(c_i)$ 为各指标对应的权重，n 为指标个数。指标选取和权重确定为最重要的两部分，可根据实际需要动态选择。由于本文涉及的指标数较多、范围较广、权重设定较复杂，为了剔除人为因素的主观影响，采用 SPSS 统计软件的因子分析法来确定主成分和权重。评价指标分为三类。

1. 高等教育资源指标

高等教育资源指标包括财力、人力、物力等与高等教育承载力直接相关的指标。

普通高校数：衡量教育资源的基础性数量指标。

211 高校数：度量高等教育办学质量和优质高等教育的供给能力。

高等教育经费投入：反映财政支持高等教育和社会资金参与高等教育办学的力度，用于高校日常运转、人员开支、资料购置和教学条件改善等方面。

高校占地面积：反映学生的学习和活动范围。

普通高校教职工总数：包括任课教师和行政管理人员，与学生规模直接对应，反映在一定的生师比水平下，能够教学和管理的学生数量。

教学科研仪器设备资产：高校开展教学和科研的重要依托，反映高校的硬件水平。

信息化设备资产：虚拟校园逐渐兴起和网络授课日渐发达的前教育现代化时期，反映高校数字教学的运行能力。

图书：反映高校知识储备和供给量，是重要的软性资源指标。

2. 就业吸纳能力指标

一个地区吸纳高校毕业生就业的空间，反映了高等教育完成后地区对毕业生的继续容纳能力。高等教育"出口"的渠道多寡和通畅与否，是设计"入口"规模时应考量的重要依据。

人均地区生产总值：衡量地区经济发展总体状况，与地区提供就业的能力相关。

地区生产总值指数：反映地区经济的活力和增速，即未来发展潜力。

城镇单位就业人员平均工资：体现地区薪酬的平均水平和为毕业生提供高薪就业的平均能力，反映地区对高校毕业生的吸引力。

3. 文科和环境保障指标

某地的文化和科技水平反映当地高等教育供给质量和为行业培养的人力资源水平，同时其发展又为高等教育的信息获取和资源拓展做出一定的贡献。高等教育承载力依赖于地区的人口承载力，与城市的发展规模、环境压力相关。

人均拥有公共图书馆藏量：反映公共文化建设水平和民众日常进行文化生活的便利程度。公共图书馆是高校学生除学校教育外重要的社会学习场所。

艺术表演团体演出场次：反映地区的艺术文化普及程度和人们接触、参与艺术生活的频次，社会文化是校园文化的社会环境和对学术文化的补充。

规模以上工业企业专利申请数：反映企业的研发效率和自主研发能力，是地区产业层级和科技发展水平的体现。

单位GDP能耗：反映地区的科技和工业发展水平，以及单位产值能源消耗情况，其数值与工业水平成反比。

城市人口密度：反映城市总的人口压力和人口容量。

人均水资源量：与日常生活生产密切相关，作为自然资源的代表来衡量其充裕程度。

有了以上三方面指标的综合衡量，我们能对高等教育综合承载力做出一个全面客观的评价（见图5-2）。以上指标的准确性和合理性将在下文实证过程得到筛选和验证。

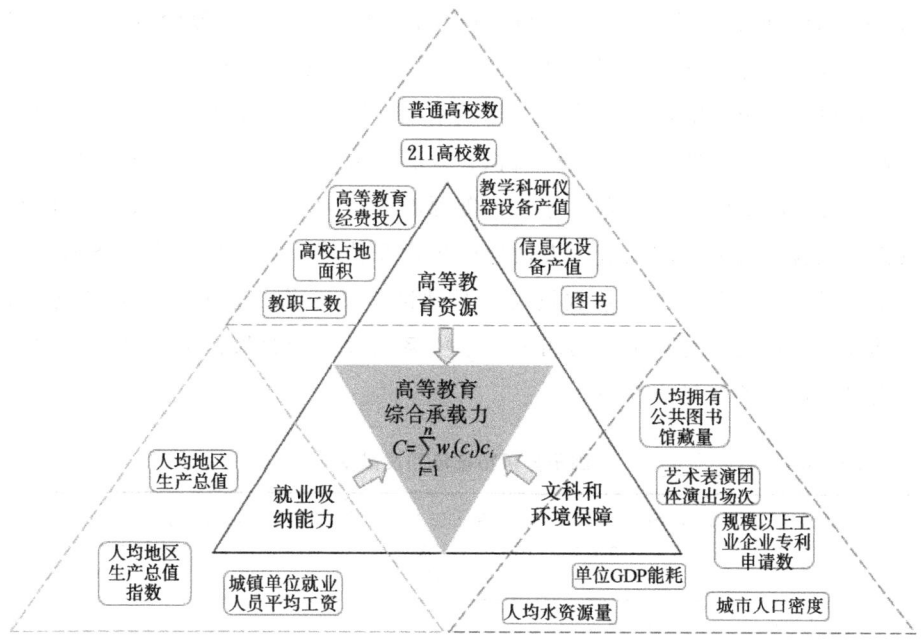

图 5-2 高等教育综合承载力指标体系模型图

三、高等教育综合承载力和匹配度的实证研究

1. 各地高等教育综合承载力现状因子分析

（1）数据来源和方法说明。

所用数据来自教育部和统计局网站 2014 年相关栏目，研究样本为全国 31 个省（直辖市、自治区）[①]。分析数据前先对评价体系中的 2 个负向指标（单位 GDP 能耗、城市人口密度）取倒数，再对所有数据进行正态标准化处理，消除不同量纲的影响。当 SPSS 软件的因子分析中选用相关性矩阵分析时，会自动对输入数据进行标准化处理。

因子分析适用于指标数量较多时的样本评价，一方面在众多指标中筛选相关性和解释程度高的指标组成主成分来降低维数；另一方面通过各因子得分和对应权重算出总得分，并对样本进行排序。

（2）因子分析过程和结果。

KMO 检验值为 0.723，Bartlett 球形度检验近似卡方 738.152，显著性为

---

① 不包括我国香港、澳门、台湾地区，下同。

0，说明数据适合做因子分析。根据特征值大于1确定主成分个数为4，且4个主成分的累计贡献率达81.236%，满足累积贡献率超过80%的要求。

观察成分矩阵中各成分的指标构成系数，第一个因子中系数较大的指标是普通高校数、经费投入、占地面积、教职工数、设备资产、图书等高等教育资源类别的指标，称其为高等教育资源因子；第二个因子中系数较大的是城镇单位就业人员平均工资、人均地区生产总值等指标，称其为经济和工资水平因子；第三个因子中系数较大的是地区生产总值指数和人均水资源量，称其为城市发展潜力因子；第四个因子中系数较大的是城市人口密度，称其为人口容量因子（见表5-6）。

表5-6　　　　　　　　因子分析特征值和贡献率

因子	高等教育资源因子	经济和工资水平因子	城市发展潜力因子	人口容量因子
特征值	8.152	3.318	1.322	1.017
方差贡献率（%）	47.955	19.517	7.779	5.985
因子解释比例（%）	59	24	9.6	7.4

将上述主成分另存为变量，得到各因子对应的得分 FAC，将各因子贡献率除以总的累积贡献率作为因子得分权重，再用因子得分与对应的权重相乘相加，便得到综合得分。将各主成分的贡献率记为 $\varphi_i, i=1,2,3,4$，各样本的综合得分记为 F，则 $F = \sum_{i=1}^{4} \omega_i FAC_i$，其中，$\omega_i = \varphi_i / \sum_{i=1}^{4} \varphi_i, i=1,2,3,4$。

各地2014年高等教育综合承载力得分介于1.899和-0.742之间。为了直观地比较，用极差标准化 $F'_i = 100 \times \dfrac{F_i - \min F_i}{\max F_i - \min F_i}$，$i=1,2,\cdots,31$，将综合得分换算为0—100之间的数，100表示承载力最大，0表示承载力最小[①]（见图5-3）。

2. 各地高等教育承载力匹配度分析

对各地的高等教育综合承载力做出评价后，需要进一步分析承载力与实

---

① 用极差标准化换算后的得分是相对得分，100表示在各样本中其承载力最大，而非表示其承载力为"满分"，0表示在各样本中其承载力最小，并非说明其实际承载力为0。

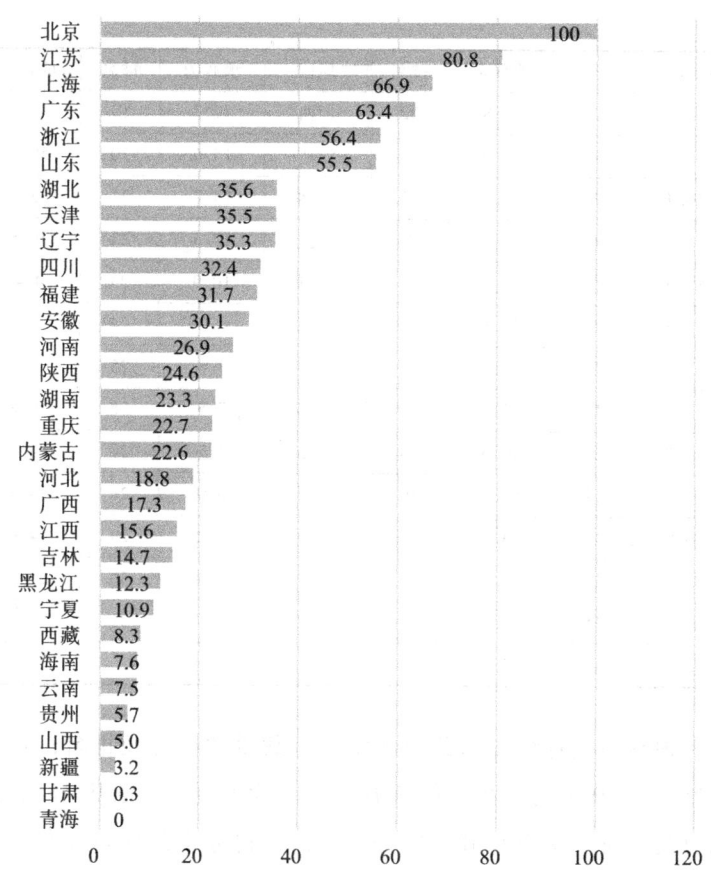

图 5-3 各地 2014 年高等教育综合承载力标准化大小图

际承载量的匹配度。我们以 2014 年各地高校的在校生数作为承载量基数,用极差标准化换算为 0—100 之间的数,表示实际承载量的相对大小。100 表示承载量最高,0 表示承载量最低①(见表 5-7)。

表 5-7　　各地 2014 年高等教育综合承载力与实际承载量得分和排名

地区	承载力	排名	承载量	排名	地区	承载力	排名	承载量	排名
北京	100	1	32.4	20	内蒙古	22.6	17	21.2	26
江苏	80.8	2	94.4	3	河北	18.8	18	64.1	7

---

① 根据极差标准化的数据表示相对大小的意义,0 表示承载量为各样本中最小,并非实际在校生数为 0。

续表

地区	承载力	排名	承载量	排名	地区	承载力	排名	承载量	排名
上海	66.9	3	26.8	22	广西	17.3	19	37.9	17
广东	63.4	4	99.9	2	江西	15.6	20	50.1	13
浙江	56.4	5	53.6	12	吉林	14.7	21	33.2	19
山东	55.5	6	100	1	黑龙江	12.3	22	39.5	15
湖北	35.6	7	78.6	5	宁夏	10.9	23	4.4	29
天津	35.5	8	26.8	23	西藏	8.3	24	0	31
辽宁	35.3	9	54.7	11	海南	7.6	25	8.3	28
四川	32.4	10	73.4	6	云南	7.5	26	30.8	21
福建	31.7	11	40.6	14	贵州	5.7	27	24.2	24
安徽	30.1	12	59.4	10	山西	5.0	28	38.6	16
河南	26.9	13	93.4	4	新疆	3.2	29	14.6	27
陕西	24.6	14	60.5	9	甘肃	0.3	30	23.8	25
湖南	23.3	15	62.5	8	青海	0	31	1.1	30
重庆	22.7	16	37.3	18					

根据各地高等教育综合承载力和实际承载量的得分及排名，对它们进行分类。原则上以 20 分为一档，将所有地区分为五类，见表 5－8 中右列实际承载量的分类。对于综合承载力的分类，由于得分不是均匀分布，为了保证同一类的地区得分接近，而两类之间具有差异性，于是在以分划档的基础上稍做调整：无地区得分位于 67－80 分以及 36－55 分，而 55.5－66.9 分的差未超过一档的分值 20 分，于是将位于该得分段的上海等四地划分为一类。另外，40 分以下地区数较多，且得分差距较小，为了体现不同类别之间的差异，将 20－40 分划为一类，将 20 分以下地区以 10 分为一档划为两类，总共五类。

表 5－8　各地 2014 年高等教育综合承载力与实际承载量分类结果

类别	综合承载力	类别	实际承载量
最强	北京，江苏	最高	山东，广东，江苏，河南
较强	上海，广东，浙江，山东	较高	湖北，四川，河北，湖南，陕西
中等	湖北，天津，辽宁，四川，福建，安徽，河南，陕西，湖南，重庆，内蒙古	中等	安徽，辽宁，浙江，江西，福建

续表

类别	综合承载力	类别	实际承载量
较弱	河北，广西，江西，吉林，黑龙江，宁夏	较低	黑龙江，山西，广西，重庆，吉林，北京，云南，上海，天津，贵州，甘肃，内蒙古
最弱	西藏，海南，云南，贵州，山西，新疆，甘肃，青海	最低	新疆，海南，宁夏，青海，西藏

对各地高等教育综合承载力匹配度的分析可从三方面进行。

一是对各地承载力和承载量所属类别进行比较。得出如表5-8的分类结果后，由最高到最低赋值5到1，比较承载力和承载量类别赋值的差异，若差值为0，说明该地区的高等教育综合承载力与实际承载量属于相同水平，二者基本匹配；若差值大于0，说明承载力所属类别高于承载量类别，即对于现有招生规模而言，承载力尚有盈余，可接纳更多的大学就学人口；若差值小于0，则说明承载力所属类别低于承载量，即现有招生规模超过了承载力负荷。

二是由得分差值进行精确比较。各地高等教育综合承载力得分和实际承载量得分相减的差值，可衡量其绝对匹配度。此"绝对"的含义是各得分是依据各类资源和学生规模的实际数量计算而得，数值是客观的，区别于"相对"的概念。若差值为零，则完全匹配，此为理想状况；若差值大于（小于）零，则说明其承载力高于（低于）实际的承载量，处于承载力盈余（承载量超负荷）状态。

三是比较排名，即衡量相对匹配度（见表5-9）。因为得分值是依据客观数据计算所得，在得分均匀分布的理想状态下能较好地进行比较，而实际得分常常不是均匀分布。排名是各地间的承载力和承载量的相对大小排序，排名数之差能说明各地承载力的位次，若某地承载量和承载力的排名之差大于（小于）零，说明承载量排名较后（较前），实际承载量低于（高于）承载力，处于承载力盈余（承载量超负荷）状态。

表5-9　　各地2014年高等教育综合承载力与实际承载量匹配度

地区	类别匹配度	绝对匹配度	相对匹配度	地区	类别匹配度	绝对匹配度	相对匹配度
北京	3	67.6	19	内蒙古	1	1.4	9
江苏	0	-13.6	1	河北	-2	-45.3	-11

续表

地区	类别匹配度	绝对匹配度	相对匹配度	地区	类别匹配度	绝对匹配度	相对匹配度
上海	2	40.1	19	广西	0	-20.6	-2
广东	-1	-36.5	-2	江西	-1	-34.5	-7
浙江	1	2.8	7	吉林	0	-18.5	-2
山东	-1	-44.5	-5	黑龙江	0	-27.2	-7
湖北	-1	-43.0	-2	宁夏	1	6.5	6
天津	1	8.7	15	西藏	0	8.3	7
辽宁	0	-19.4	2	海南	0	-0.7	3
四川	-1	-41.0	-4	云南	-1	-23.3	-5
福建	0	-8.9	3	贵州	-1	-18.5	-3
安徽	0	-29.3	-2	山西	-1	-33.6	-12
河南	-2	-66.5	-9	新疆	0	-11.4	-2
陕西	-1	-35.9	-5	甘肃	-1	-23.5	-5
湖南	-1	-39.2	-7	青海	0	-1.1	-1
重庆	1	-14.6	2				

四、结论和建议

1. 研究结论

（1）外部环境因素对我国高等教育综合承载力的影响占四成。

在高等教育综合承载力的评价中，高等教育资源所占比重六成，是最重要的因子，也是教育的内部因素。经济和工资水平、城市发展潜力，以及城市的人口容量等因素共占四成，公同构成教育的外部因素，同样影响到高等教育综合承载力的大小。

（2）三分之一地区高等教育承载力与承载量基本匹配，超负荷地区数量是盈余地区的两倍。

我国目前的高等教育承载力与承载量基本匹配的地区有11个，而不匹配的地区中，承载力有盈余的只有7个，超过负荷的有13个。

盈余地区根据其承载力大小又可分为两类：承载力强的盈余和承载力弱的盈余。盈余空间最大的是北京，承载力和承载量相差了3个类别；上海的盈余空间也较大，承载力和承载量相差2个类别。宁夏是后者，承载力属较弱类，承载量属最低类。该两类有本质的差别：前者是由于高等教育资源丰富而造成的承载力盈余；而后者是由于学校或地区吸引力不够而导致的部分教育资源闲置。

（3）东中部地区高等教育承载力较高，东部沿海地区教育承载力匹配度较好。

高等教育承载力匹配情况最好的地区是江苏，承载力和承载量均最高，说明其高等教育资源丰富，同时利用充分，不存在资源闲置或浪费现象；其次，辽宁、福建和安徽三地的匹配度也较好，承载力处于中等水平，实际承载量也与之相当；最后，西藏、海南、新疆、青海四地的高等教育资源非常少，是承载力和承载量双低，这种基于劣势的匹配度不是我们所追求的。

（4）高等教育承载力超负荷的地区中部最多，西部次之。

高等教育综合承载力超负荷的地区中，最严重的是河南，其承载力在全国位于中等，而实际承载量则是最高，根据承载量和其反映出来的需求相比，河南的高等教育资源分布严重缺乏。其次，河北的高等教育超负荷也很严重，承载力属于较弱类，而承载量处于较高。再次，山东和广东承载力虽较强，但承载量为最高类，也处于超负荷状态。最后，湖北、四川、陕西、湖南等地的高等教育承载力中等，而承载量为较高。可以发现，高等教育承载量超负荷的地区大多位于我国中部。另外，西部的云南、贵州、山西、甘肃等地是承载力弱的超负荷。

以承载力为横坐标，以承载量为纵坐标的象限图如图 5-4 所示。两条虚线之中的区块 A 是基本匹配的地区，越靠近左上方超负荷越严重，越靠近右下方越有盈余。

2. 结论的合理性讨论

高等教育综合承载力排名（见图 5-3）有些结果似与以往认识不同，均可解释。广东省在各地高等教育综合承载力中排名第四，打破了以前广东高等教育水平和其经济大省地位不相符的惯常印象，因其近年投入了大量的专项资金建设高水平大学和高水平学科。政策强推、经济保障及就业吸引力，使广东高等教育综合承载力跻身全国前列。陕西省是教育大省，其拥有的 211 高校数在全国排名第四，但综合承载力仅位于中游，主要原因是在经济和工资水平、城市发展潜力方面的欠缺。较弱的工业和科技水平也使得就业吸纳能力不够。经济水平与高等教育水平脱钩影响了陕西的高等教育综合承载力。西藏的普通高校数和高等教育资源量最少，但综合承载力却超过七个地区。

主要是因为各种援藏政策使其经济增速较快，发展潜力较高。众多教育、经济方面的援藏政策支持和保障，使得西藏在高等教育综合承载力上有后起直追之势。

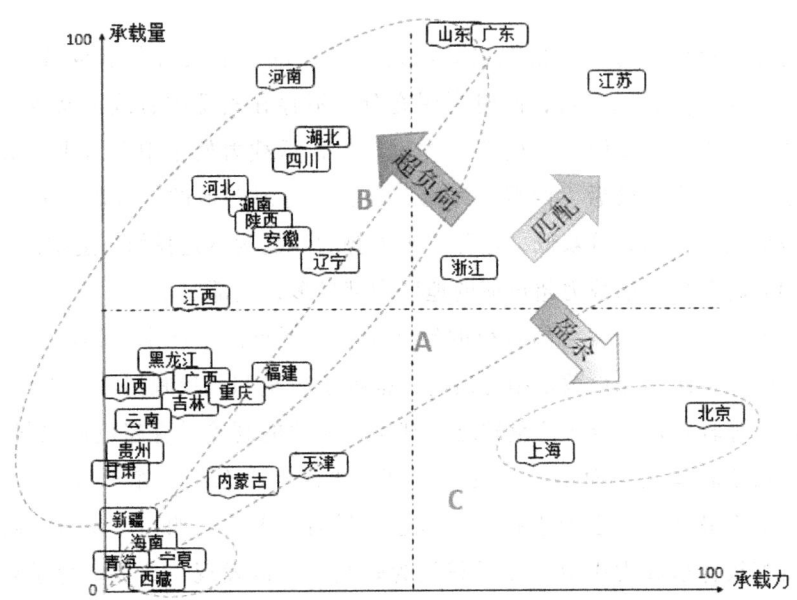

图 5-4　各地高等教育实际承载量与承载力得分绝对匹配度分布图

前文高等教育综合承载力指标体系包含了教育内部资源和外部环境指标，因子分析筛选的四个因子分别与三类指标对应，验证了综合评价模型和指标体系的合理性，保证了研究结果的可信性。同时，由于篇幅所限，数据仅采用了可获得的最近一年的截面数据说明现状，未体现历史和变化；匹配度衡量给出的三种方法和对应的结果有不同的适用性。

3. 政策建议

第一，疏解承载力"盈余"地区的高等教育资源。

目前高等教育承载力盈余的地区中，只有北京和上海是高承载力的盈余且盈余程度很大，为了充分利用资源，减少闲置浪费，应增加两地高校在其他地区，尤其是承载力超负荷严重地区（河南、河北）的招生计划，为其居高不下的承载量"分流"。未来暂停北京、上海地区内的高等教育资源扩张，高校增扩建向周边地区转移，以京津冀和长三角地区的教育协同发展促进高等教育区域优化布局。

第二，增加承载力"超负荷"地区的高等教育资源投入。

中央增加对超负荷地区的高等教育财政转移支付，拨付专项建设资金，夯实教育基础设施建设水平。同时，地方政府制定配套优惠政策吸引人才来高校任教，扩充优质教师资源，提升软实力，逐步提高高等教育供给能力。在供给量满足的前提下，提升实际承载中的质量和效率，促进质的飞跃。

第三，保障和提升现有"匹配"地区的承载力水平。

对于东部沿海的"双高"（高承载力、高承载量）地区，继续保持其承载力水平，使高等教育供给在满足现有需求的前提下，保留适当盈余，以支援超负荷地区、平衡地区间差异。承载力和匹配度均较好的地区，应在维持综合承载力的基础上稳步提升，逐渐进入"双高"行列。

对于匹配度较好但是承载力低的西部地区，一方面应加强高等教育投入和配套设施建设，以提升综合承载力作为首要任务。另一方面，强化地区经济建设，关注城市发展，增加就业吸引力，改善外部环境，使由于地区发展水平欠缺、吸引力低下导致的高等教育承载力"虚假"盈余，变成由于教育资源丰富、城市发展充足、利用程度合理的真正匹配。

第六章 协同发展的测度方法在教育研究中的运用

第一节 协同发展的概念

一、协同发展

协同发展包含"协同"和"发展"两重概念,首先它是一种发展状态,其次它是指各发展要素之间是互相促进、协调均衡的一种良性作用模式。协同发展指协调多个要素或个体,为了达到共同的目标,互相配合协作、取长补短,进而达到多方共赢的一种发展模式。

协同发展既可指要素的协同,也可指空间的协同,还可将要素和空间结合起来,研究区域和要素的共同协同。例如师生协同发展,是指教师的教学水平和学生的学习水平协同发展,即教师的教学能力促进学生学业提升,反过来学生的学业反馈能改善教师的教学效果。这种是学生和教师两个群体或要素间的协同。国家区域发展战略中常说的"京津冀协同"便是空间的协同发展,指中心地区发展的扩散效应带动周边地区的发展,随着中心地区的发展,周边地区获得一定的资本、人才等资源,并被刺激促进发展,逐渐赶上中心地区,同时周边地区的各项资源可供中心地区优化使用,也对中心地区造成极化效应,促进中心地区进一步发展。协同发展是一种高效的发展模式,是经济社会实现可持续发展的基础和途径。

二、产城教协同发展

1. 产城教协同发展的内涵

探索构建产学研用深度融合的区域协同创新联盟,推动不同地区教育协同发展，建立教育与经济社会协同规划的机制，是推进教育现代化建设的要求。有学者表示，教育现代化的推进要处理好教育与社会、经济的关系，教育要对社会各领域的改革和发展构成全面支撑，要与经济发展互相促进，形成教育与社会良性互动、教育引领和促进经济转型升级的共荣局面。① 教育与经济社会协同发展要通过产城教深度融合实现，产城教融合是指某地的产业发展、城市规划、教育和创新人才培养、科技成果产出等在政策上互相融合、数量上互相匹配、结构上互相支撑、效果上互相促进，是经济驱动、城市发展和人才培养共同发展的良好局面，是技术支持产业、教育促进科研的高效发展阶段，也是在培植科技创新土壤、优化人力资本结构、提升产业创新效率时应追求的目标。在区域协调发展战略统筹下，我国形成了京津冀协同发展、长江经济带、粤港澳大湾区等新时代重大区域发展战略，相关战略的实施现状如何，区域教育与经济社会协同发展取得了哪些成效，是各界关心的问题。

产城教协同发展，是以城市发展为基础，以经济和产业布局为引领，以教育为支撑，全方位完善城市功能，实现社会、经济和教育互动互促、持续发展的一种协同发展路径。② 城市是产业与教育发展的载体和依托，产业结构转型升级支撑城市规划和教育改革，教育发展促进新型城镇化和产业结构调整。③ 产城教协同发展，能促进教育和经济资源高效配置，实现教育和社会经济的耦合发展。

产城教协同发展，可以分几个角度来看。首先，产城协同，根据城市规划理论，产业聚集形成城市，城市发展带动产业升级，产城两者协同前进。其次，产教协同，产业发展、升级所需人才需要通过教育来培养，不仅要通过职业教育培养服务产业发展的专业技能人才，还应通过高精尖科技人才培养和教育科研创新加速产业升级，同时优化基础教育结构，夯实人才成长后劲，提升人力资本储备的可持续性。最后，城教协同，城市与教育之间是互动共荣的关系。城市是经济和精神生活的中心，其各方面发展需要的人才要靠教育来供给，而教育的发展必须依托于城市的交通、资源、产业、生态等

---

① 薛二勇. 新时代推进教育现代化的新征程开启 [N]. 人民政协报，2019 - 02 - 27 (010).
② 段小平. 推进产城教融合发展 [N]. 河北日报，2017 - 02 - 10 (007).
③ 侯建国，彭青. 加快推动产城教融合发展 [EB/OL]. 河北新闻网，http：//hebei. hebnews. cn/2015 - 12/11/content_5217959. htm，2015 - 12 - 11.

各因素的支撑（见图6-1）。以上"三螺旋"关系正是我们研究区域经济发展战略布局、提升城市的经济发展空间和教育承载力，促进经济和教育互荣互促的内涵基础。①

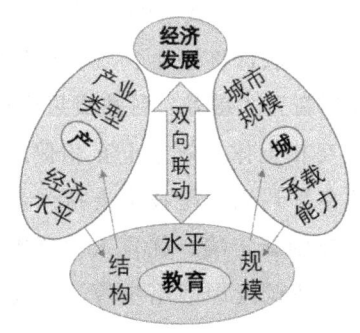

图6-1 产城教协同发展的三螺旋关系

2. 产城教协同发展的研究意义

（1）明确经济发展战略与教育发展之间的关系，强化双向联动。

通过分析明确重大经济发展战略布局与教育发展之间的关系，推动形成优势互补的高质量区域经济发展布局，加强经济和教育发展之间的双向联动作用。

一方面，设计整体和区域经济发展战略时，要考虑教育发展的需求和实际水平，将"教育发展"作为战略目标之一，与当地经济、社会、文化、生态等因素共同作为衡量区域发展的指标，以经济发展的辐射效应带动教育水平提升。

另一方面，让教育发展服务社会经济发展，通过制定与区域经济发展战略相匹配的教育发展路径，提升教育发展水平，增加人力资本储备，强化区域经济发展软实力，通过教育发展来促进地区经济发展。

（2）促进区域经济、社会和教育协同发展，提升产城教融合发展实效。

在上述比较研究的基础上，进一步探索促进区域经济、社会发展战略与教育融合发展的策略，以区域产城教融合提升经济和教育发展的耦合联动效应。

---

① 杨如安，张诗亚. 少数民族地区高职院校产城教融合的理论基础与实践探索 [J]. 民族教育研究，2016，27（3）：77-82.

首先，提升教育服务经济社会发展的能力，以人力资本理论、劳动力市场划分理论、教育投入产出回报理论等经典理论为依据，结合我国现实，探索提升教育服务社会经济发展的路径，调整教育投入结构，优化教育资源空间配置效率，寻求区域教育综合承载力与实际承载量的契合。

其次，以高效的经济发展夯实教育投入保障，继续以"教育优先发展"为指导，明确教育投入经济效应的滞后性和长效性，打破投入"短平快"经济项目，追求短期经济效益的桎梏，建立教育投入长效机制，提升教育和经济协同发展的可持续性。

最后，本研究以我国典型城市群的教育和经济融合发展现状为基础，以优化教育资源配置和经济发展战略布局为目标，用科学指导实践，以研究服务决策。

三、产城教协同发展的研究现状

已有关于区域产城教协同发展的研究主要包括产城教协同发展的内涵、机制，区域教育和科技创新对社会经济发展的效果评价，区域和城市群协同发展实例研究等类别。

第一类，区域产城教协同的内涵和机制研究，源于美国学者亨利·埃茨科维兹（Henry Etzkowitz）和荷兰学者劳埃德·雷德斯多夫（Loet Leydesdorff）在20世纪90年代以三螺旋概念为基础提出的区域产业、大学和政府之间的相互作用理论。[①] 产城教三者都具有保持独立特性的内核区和与其他机构相互作用的外场域，要素在三者间的流动促进其纵向进化和横向循环，并以整体螺旋上升作为发展结果。[②] 区域三螺旋相互作用和创新行为发生在由知识空间、趋同空间和创新空间构成的三螺旋空间中，三个空间彼此重叠、相互交叉，共同促进区域战略发展。[③] 国内学者周春彦和亨利·埃茨科维兹的合作研究使三螺旋理论在国内得到推广。在创新三螺旋模式研究中，周春彦等借鉴我国传统的阴阳双鱼图提出三螺旋模式可分为"大学－产业－政府"阳三螺

---

① Henry Etzkowitz, Loet Leydesdorff. The triple helix of university – industry – government relations: a laboratory for knowledge based economic development [J]. EASST Review, 1995, (24): 14 – 19.

② [美] 亨利·埃茨科维兹. 三螺旋创新模式 亨利·埃茨科维兹文选 [M]. 陈劲, 译. 北京: 清华大学出版社, 2016.

③ 周春彦. 大学－产业－政府三螺旋创新模式——亨利·埃茨科维兹《三螺旋》评介 [J]. 自然辩证法研究, 2006, (22) 4: 74 – 77, 82.

旋和"大学－公众－政府"阴三螺旋。前者旨在促进人力创新和经济增长，后者关注人们生产、生活的社会环境，二者间的张力和冲突共同影响着教育和经济社会的协调、可持续发展，而知识的多价性本质决定了教育在知识经济时代的主导作用。① "双三螺旋"结构模式将原有的三螺旋因素进行扩展，"政府"和"公众"因素的叠加是本研究中"城市"因素的雏形。另外，阴阳协调的模式暗示了"发展"和"协同"之间的对立共生关系，使人们在关注发展速度的同时，更注重发展质量和多方协同。随着三螺旋理论的发展和应用，"产城教一体化"成为我国区域经济发展战略的目标。在建设京津冀世界级城市群和新型城镇化与城乡统筹示范的战略中，产城教融合发展成为关键技术。② 推进产城教融合发展，有利于加快产业向城市集中布局，提升城市对产业以及资金、人口等生产要素承载和聚集，对于加快产业升级转型和新型城镇化进程具有重要意义。③ 教育优化经济发展战略布局的产城教协同发展的机制从四个方面作用：一是教育通过提高人力资本质量推动全要素生产率的提升，促进经济增长；二是教育通过提高人的知识技能，造就相应产业所需的劳动者，推动产业结构升级，促进经济增长；三是教育提高农民的科学文化水平和生产操作能力，提高农业劳动生产率，使农民从土地上转移到城镇的第二产业、第三产业，加速城镇化进程，促进经济增长；四是教育调节收入分配结构，扩大中等收入群体，促进居民消费，拉动经济增长。④ 以上关于产城教协同的内涵和机制研究是相关研究的理论和实践基础。

第二类，区域教育和科技创新影响社会经济的效果研究，可以分为三个方面。一是教育发展促进区域科技人才的评价研究，即研究"教"的人才培养对"产"的技术贡献。对区域科技人才竞争力的现状研究表明，我国已形成东、中、西三大梯度的科技人才聚集中心、且与各省区经济发展状况紧密相关的结论。⑤ 我国区域科技人才分布呈现"东高西低"的现象，主要原因

---

① [美] 亨利·埃茨科维兹. 三螺旋 [M]. 周春彦，译. 北京：东方出版社，2005.
② 侯建国，彭青. 加快推动产城教融合发展 [EB/OL]. 河北新闻网，http://hebei.hebnews.cn/2015-12/11/content_5217959.htm，2015-12-11.
③ 段小平. 推进产城教融合发展 [N]. 河北日报，2017-02-10 (007).
④ 闵维方. 教育促进经济增长的作用机制研究 [J]. 北京大学教育评论，2017, 15 (3): 123-136.
⑤ 李良成，杨国栋. 我国区域科技人才竞争力评价与分析 [J]. 技术经济与管理研究，2013, (1): 24-27.

有经济发展水平差异、科技投入规模悬殊、基础设施和科技人文环境差别等因素引起的科技人才吸引力不同。[1] 二是区域教育和科技创新资源配置效果研究。以几个大中型城市为代表的相关分析得出政府科技投入对科技创新产出的影响存在显著的正相关影响。[2] 区域科技创新资源配置效果的分析评价,可以用效果和潜力两个维度反映。[3] 通过企业专利数和企业新产品价值与其他变量的关系,研究产学研结合科技创新资源配置效果,得出在产学研结合模式下,由企业配置科技创新资源优于政府直接配置科技资源,企业向大学配置资源总体上弱于政府向企业配置资源。[4] 还有一方面是从政策和管理评价的角度,综合研究科技创新实施的效果,以促进"产""城""教"之间的深度融合和协同发展。运用模糊综合评价法以河北省为例的科技创新政策实施效果评价表明,其高技术产业相关科技创新政策实施效果显著。[5] 地方政府的科技管理职能绩效评价,能促进地方科技创新体系的建设和科技创新能力的提升。[6] 以上研究多从评价科技创新效果的角度入手,是对产城教融合发展的产物——科技水平提升的现状评价,而非对"产城教"因素的直接评价研究。但上述研究分析了重大经济发展战略布局与教育发展之间的关系,阐明了推动形成优势互补的高质量区域经济发展布局,加强经济和教育发展之间的双向联动作用的重要性。一方面,设计整体和区域经济发展战略时,要考虑教育发展的需求和实际水平,将"教育发展"作为战略目标之一,与当地经济、社会、文化、生态等因素共同作为衡量区域发展的指标,以经济发展的辐射效应带动教育水平提升;另一方面,让教育发展服务社会经济发展,通过制定与区域经济发展战略相匹配的教育发展路径,提升教育发展水平,增加人力资本储备,强化区域经济发展软实力,通过教育发展促进地区经济发展。

第三类,区域教育和经济社会协同发展的实例研究。对京津冀教育协同

---

[1] 丁超勋. 基于因子分析的我国科技人才区域竞争力评价 [J]. 创新科技, 2018, (2): 40-43.
[2] 王瑞瑶, 武倩, 王思昊. 科技创新投入效果评价 [J]. 产业创新研究, 2019, (1): 14-15.
[3] 王宏起, 王雪原. 区域科技创新资源配置效果的分形评价 [J]. 技术经济, 2008, (1): 1-5.
[4] 姚王信, 孙婷婷, 叶慧芬. 面向"十三五"的产学研结合科技创新资源配置效果评价 [J]. 科技进步与对策, 2015, (1): 123-127.
[5] 佟林杰. 河北省科技创新政策实施效果模糊综合评价研究 [J]. 中国集体经济, 2018, (31): 100-101.
[6] 张旭, 田旭. 基于模糊综合评价法的地方政府科技管理职能绩效评价 [J]. 科技与管理, 2008, (6): 73-75.

发展的研究表明其协同性有待系统加强。京津冀的教育资源总量在全国占比较高，教育协同发展能缓解北京的"大城市"病，促进京津冀更加平衡发展，有后发优势。但现状是经济发展水平差异明显，教育协同发展遭遇瓶颈，缺乏系统性协同机制，行政壁垒阻碍教育协同发展，区域高等教育布局和质量不均衡，区域高校和经济发展契合度不够，教育和经济发展的扩散效应不够。[1] 对长三角人力资本的经济效应的研究表明，长三角四省一市的人力资本系数显著为正，人力资本对经济产出水平的促进作用存在较大差异。上海市的人力资本的作用是江西省的近两倍，长三角地区经济增长与全国相比，作用最明显的因素是人力资本。[2] 粤港澳大湾区教育协同发展前景可观。粤港澳大湾区有教育经济协同发展的圈层结构模型基本形成，从内到外有三个圈层，内核层要素协同，中间层条件协同，外围层环境协同。[3] 粤港澳有较完整的高等教育结构体系，高等教育体制各具特色，由于地缘相近、文化相似、经济相融，使得交流便利，另外由于粤港澳三地人口众多、市场规模大，对优质教育的需求旺盛。但粤港澳的教育协同发展存在一定的困难，地区教育发展不平衡、差距显著，人才培养与经济社会发展的适应性仍需提高，高等教育协同创新发展的长效机制尚未建立，未来要加强体制机制建设，建立协同创新的长效机制。[4] 另外，通过分析"一带一路"区域内各国教育对经济增长的贡献可知，沿线国家不同层次受教育水平劳动力对各国经济增长具有明显的促进作用，并且受到国内制造业结构的显著影响。这种影响效应对于不同地区和收入水平的国家而言，差异非常明显，相关结论对于制定我国教育改革、人才培养尤其是与沿线国家的教育合作政策具有重要的现实意义。[5]

在上述三大类研究中，第一类介绍和推广了三螺旋理论，为区域教育、科技创新和产业优化发展提供了理论依据，并衍生出了对三螺旋主体重新定

---

[1] 曹瑞等. 以跨区域质量监测推进京津冀基础教育协同发展 [J]. 教育科学研究，2018 (1)：43-46.

[2] 毛雅萍. 长三角地区人力资本与经济增长关系实证分析 [D]. 长春：吉林大学，2015.

[3] 周仲高，游霭琼，徐渊. 粤港澳大湾区人才协同发展的理论构建与推进策略 [J]. 广东社会科学，2019 (6)：91-101.

[4] 曾一帆. 粤港澳大湾区高等教育协同发展态势研究 [J]. 现代教育科学，2019 (3)：48-51，73.

[5] 苏丽凤，李俊杰. "一带一路"沿线国家教育对经济增长影响效应分析——基于地域和收入水平的分类比较 [J]. 教育与经济，2017，33 (2)：33-41.

义的科技创新机制研究，基于三螺旋创新模式的人力资本研究等方向[1]，但相关研究多从科技创新管理的角度进行，未能对产业、大学和政府三者的关系进行深入和拓展，未能使三螺旋理论在产城教融合发展的评价应用上得到深化。另外，国内关于产城教融合的研究多为职业教育和高等教育与区域产业布局的关系，缺少对全学段的教育结构研究，对三螺旋主体的关系研究多从其中二者间的关系出发，如产城融合或城教融合，缺乏三者间的协同研究。第二类研究了产业创新发展与人才培养和科研投入的关系，但以往研究大多是对"教"的投入和资源配置对"产"的效果和影响的研究，未考虑城市发展规划和其对教育、经济的承载能力，缺乏对产城教三者之间的协同发展状况的评价，同时在量化研究方法上，缺乏对产城教协同发展的二维度量指标的科学构建。第三类研究对重大区域战略的协同发展现状分别进行了研究，但是缺少同一标准和维度下的各区域间的比较研究，难以对各区域的协同发展现状进行评价。本研究将弥补上述不足，以区域重大经济发展战略布局与教育发展的"产城教三位一体"耦合关系为基础，构建产城教协同发展综合评价指标体系，设计区域产城教协同发展指数，通过因子分析研究我国重大战略典型城市群的教育和经济社会协同发展现状。

第二节　协同发展的测度

一、产城教协同发展综合评价指标

根据产城教协同发展所包含的经济（产业）、社会（城市）和教育三方面内涵，分维度选取指标进行综合评价。各维度分别包含的具体指标通过文献研究和数据可获得性两方面共同确定，并通过后文的实证分析验证其合理性。

评价区域经济发展水平，需要包含经济产出水平、财政收支状况、就业情况和贸易开放程度等维度，分别衡量区域的各产业生产活动的增加值、政

---

[1]　王浩，贺颖. 近年三重螺旋创新模式国内外相关研究新动态［J］. 科技管理研究，2016（4）：26—30.

府通过集中和分配财政资金实现其职能的财力保障水平、劳动力的就业和回报情况、向国外出口商品的能力和区域开放程度等方面。

评价区域的社会（城市）概况，需要包含城市规模、人口数量和结构、生活环境、医疗水平、社会保障等维度，分别衡量城市基建发展水平和规模、服务于区域发展的人力资本和需要承担的养老负担、人们对生活环境造成的影响、以医护人员数量表示的医疗服务承载能力、为老年人口提供养老保障的广度和深度等方面。

评价区域的教育发展概况，需要包含教育投入、教育容量、教育水平、文化资源、科技发展等维度，分别衡量政府支持教育发展的力度和经费保障能力、现有各级教育结构和容量、高等教育发展及为社会提供人力资本的潜力、支持教育发展的社会文化环境、促使教育成果转换为经济效益的科技投入和产出等。

以上维度能基本涵盖衡量区域产城教发展水平的各大重要方面，各维度下包含的具体指标名称、单位和性质详见表6-1。

表6-1　　　　区域产城教协同发展综合评价指标

评价对象	维度	指标	单位	性质
产	经济发展和政府支持、保障水平	地区生产总值	亿元	+
	经济产出	人均地区生产总值	元/人	+
	财政收支	地方财政一般预算收入	亿元	+
		地方财政一般预算支出	亿元	+
	就业情况	就业人员平均工资	元	+
		失业率	%	-
	对外贸易/开放	经营单位所在地出口额	亿美元	+
城	城市发展概况和人口、经济、教育承载力	建成区面积	平方千米	+
	城市规模	城市道路长度	万千米	+
	人口数量和结构	年末常住人口	万人	+
		65岁及以上人口占比	%	-
	生活环境	生活垃圾清运量	万吨	+
	医疗水平	每万人中医护人员数	人	+
	社会保障	社会养老保险领取人数	万人	+
		社会养老保险支出	亿元	+

续表

评价对象	维度	指标	单位	性质
教育水平、文化环境和科技转化能力	教育投入	教育财政投入	亿元	+
	教育容量	高等教育在校生数	万人	+
		基础教育在校生数	万人	+
		特殊教育在校生数	万人	+
	教育水平	211/高水平大学数	所	+
		高等教育教师数	万人	+
	文化资源	公共图书馆藏量	万册	+
	科技发展	科技研发经费	亿元	+
		专利申请授权量	项	+

二、区域产城教协同发展指数构建

区域产城教协同发展指数可由发展指数和协同指数两部分构成，发展指数衡量其产城教发展水平，协同指数衡量其地区间和地区内的产城教协调程度，由发展指数和协同指数共同确定的产城教协同发展二维指数可用于评价区域教育与经济社会协同发展的现状。指数基本形式为：

区域产城教协同发展指数 = 权重 × 区域发展指数 + 权重 × 区域协同指数

上述指数可用于评价任意层级区域的产城教协同发展水平，假设某区域编号为 i，包含的下一层级地区数可测，区域 i 的协同发展指数记为 $CooDev_i$，区域发展指数记为 Dev_i，区域协同指数记为 Coo_i，可得区域产城教协同发展指数的初始表达形式如下：

$$CooDev_i = \alpha_i Dev_i + \beta_i Coo_i$$

上式中，α_i、β_i 分别为区域 i 的发展和协同权重。

将区域 i 包含的下一层级地区数记为 n_i，各地区的编号依次为 $i_1, i_2, \cdots, i_{n_i}$，发展指数依次记为 $Dev_{i1}, Dev_{i2}, \cdots, Dev_{in_i}$，则：

$$Dev_i = \frac{1}{n_i} \sum_{j=1}^{n_i} Dev_{ij}$$

另外，区域 i 的协同指数：

$$Coo_i = \beta_{ib} betCoo_i + \beta_{ii} inCoo_i$$

上式中，$betCoo_i$ 和 $inCoo_i$ 分别为区域 i 的下一层级地区间协同指数和地区内协同指数，β_{ib} 和 β_{ii} 分别为区域 i 的下一层级地区间和地区内协同权重。

由于协同指数衡量的是区域的产、城、教三方面的协同发展情况，即三方面发展的协调和同步程度，亦即三方面发展的差距（不协同、不稳定）程度。当三者间的差距越大，表示其协同程度越低；差距越小，表示其协同程度越高，故可采用标准差（Standard Deviation）来构造协同指数，记为 STDE。由于由标准差构造的协同指数为负向指标，而协同发展指数为正向指标，故在计算由发展指数和协同指数加总得到的协同发展指数时，将协同权重 β_{ib} 和 β_{ii} 定为负向权重，这样得到的协同发展指数大小与区域的协同发展优劣情况一致。

区域 i 的下一层级地区间协同可从地区间经济协同、地区间城市协同、地区间教育协同三方面共同衡量，表达式分别如下（下标 Ec、Ur、Ed 分别表示经济、城市和教育）：

$$betCoo_{i,Ec} = \omega_{Ec} \text{STDE}(Dev_{j,Ec}), j \text{ 取遍} [1, n_i] \text{ 的整数}$$

$$betCoo_{i,Ur} = \omega_{Ur} \text{STDE}(Dev_{j,Ur}), j \text{ 取遍} [1, n_i] \text{ 的整数}$$

$$betCoo_{i,Ed} = \omega_{Ed} \text{STDE}(Dev_{j,Ed}), j \text{ 取遍} [1, n_i] \text{ 的整数}$$

上述 $Dev_{j,Ec}$、$Dev_{j,Ur}$、$Dev_{j,Ed}$（j 取遍 $[1, n_i]$ 的整数）分别表示区域 i 的下一层级各地区的经济发展指数，城市发展指数和教育发展指数的集合，ω_{Ec}、ω_{Ur}、ω_{Ed} 分别为区域 i 的下一层级各地区间的经济协同权重、城市协同权重、教育协同权重。

于是：

$$\begin{aligned} betCoo_i &= betCoo_{i,Ec} + betCoo_{i,Ur} + betCoo_{i,Ed} \\ &= \omega_{Ec} \text{STDE}(Dev_{j,Ec}) + \omega_{Ur} \text{STDE}(Dev_{j,Ur}) + \omega_{Ed} \text{STDE}(Dev_{j,Ed}), \end{aligned}$$

j 取遍 $[1, n_i]$ 的整数

而区域 i 的下一层级各地区内的协同指数可用各地区的产城教协同指数的加权平均值表示。每个下一层级地区的产城教协同指数为：

$$Coo_{ij} = \text{STED}(Dev_{ij,Ec}, Dev_{ij,Ur}, Dev_{ij,Ed}), j = 1, 2, \cdots, n_i$$

于是：

$$inCoo_i = \omega_{in} \frac{1}{n_i} \sum_{j=1}^{n_i} Coo_{ij}$$

$$= \omega_{in} \frac{1}{n_i} \sum_{j=1}^{n_i} \text{STED}(Dev_{ij,\text{Ec}}, Dev_{ij,\text{Ur}}, Dev_{ij,\text{Ed}}), j = 1, 2, \cdots, n_i$$

综上有：

$$CooDev_i = \alpha_i Dev_i + \beta_i Coo_i$$

$$= \alpha_i \frac{1}{n_i} \sum_{j=1}^{n_i} Dev_{ij} + \beta_i (\beta_{ib} betCoo_i + \beta_{ii} inCoo_i)$$

$$= \alpha_i \frac{1}{n_i} \sum_{j=1}^{n_i} Dev_{ij} + \beta_i [\beta_{ib} (\omega_{\text{Ec}} \text{STDE}(Dev_{j,\text{Ec}}) + \omega_{\text{Ur}} \text{STDE}(Dev_{j,\text{Ur}})$$

$$+ \omega_{\text{Ed}} STDE(Dev_{j,\text{Ed}})]$$

$$+ \beta_{ii} \left[\omega_{in} \frac{1}{n_i} \sum_{j=1}^{n_i} \text{STED}(Dev_{ij,\text{Ec}}, Dev_{ij,\text{Ur}}, Dev_{ij,\text{Ed}}) \right]$$

对权重表达式进行简化，令 $\beta_i \beta_{ib} \omega_{\text{Ec}} = \beta_{i1}, \beta_i \beta_{ib} \omega_{\text{Ur}} = \beta_{i2}, \beta_i \beta_{ib} \omega_{\text{Ed}} = \beta_{i3}$，$\beta_i \beta_{ii} \omega_{in} = \beta_{i4}$，上式可化为：

$$CooDev_i = \alpha_i \frac{1}{n_i} \sum_{j=1}^{n_i} \widehat{Dev}_{ij} + \beta_{i1} \text{STDE}(Dev_{j,\text{Ec}}) + \beta_{i2} \text{STDE}(Dev_{j,\text{Ur}})$$

$$+ \beta_{i3} \text{STDE}(Dev_{j,\text{Ed}}) + \beta_{i4} \frac{1}{n_i} \sum_{j=1}^{n_i} \text{STED}(Dev_{ij,\text{Ec}}, Dev_{ij,\text{Ur}}, Dev_{ij,\text{Ed}})$$

对协同指数表达式进行简化，令：

$$\text{STDE}(Dev_{j,\text{Ec}}) = Coo_{i,\text{Ec}}, \text{STDE}(Dev_{j,\text{Ur}})$$

$$= Coo_{i,\text{Ur}},$$

$$\text{STDE}(Dev_{j,\text{Ed}}) = Coo_{i,\text{Ed}}, \frac{1}{n_i} \sum_{j=1}^{n_i} \text{STED}(Dev_{ij,\text{Ec}}, Dev_{ij,\text{Ur}}, Dev_{ij,\text{Ed}})$$

$$= \overline{Coo_i}$$

上式可进一步简化为：

$$CooDev_i = \alpha_i Dev_i + \beta_{i1} Coo_{i,\text{Ec}} + \beta_{i2} Coo_{i,\text{Ur}} + \beta_{i3} Coo_{i,\text{Ed}} + \beta_{i4} \overline{Coo_i}$$

经过上述指数构建分析过程可知，区域产城教协同发展指数可由区域整体发展指数、区域所含的地区间产业协同指数、地区间城市协同指数、地区间教育协同指数，和各地区内产城教协同指数共同衡量。指数分解详见图6-2。而各协同指数又可由对应的发展指数计算标准差而得出，最终可转化为计算若干个发展指数的问题。本文的发展指数得分由因子分析综合得分表示，故相关问题转化为若干个因子分析综合评价的问题。

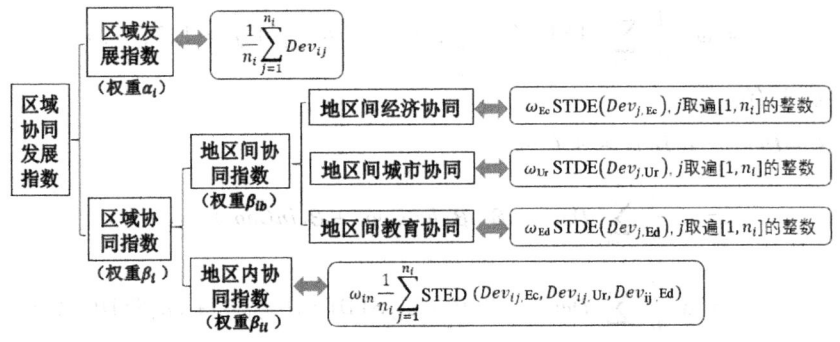

图 6-2 区域产城教协同发展指数构成

三、协同发展指数的二维特征

协同发展指数是为了衡量区域教育与社会经济协同发展，即产城教协同发展水平而构建的一个二维评价指数，其利用统计学中"标准差"表示离散程度的思想，以区域产城教协同的内涵分析为基础（见图6-3），由区域整体发展指数、区域所含的地区间产业协同指数、地区间城市协同指数、地区间教育协同指数，和各地区内产城教协同指数共同组成。与以往的单维度评价指数相比，协同发展指数有如下特点。

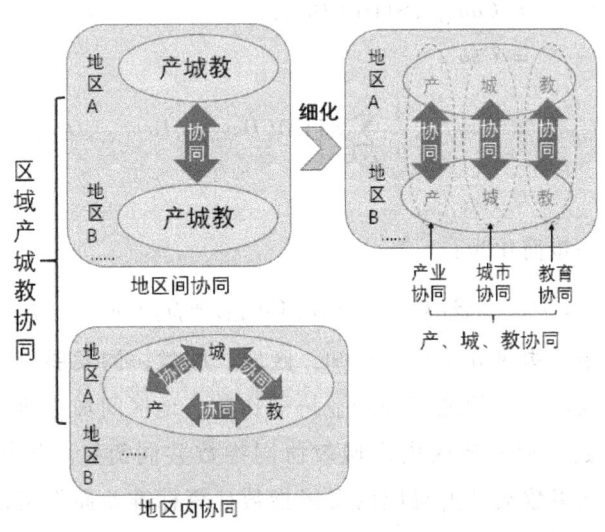

图 6-3 区域产城教协同的评价内涵

第一，它是一个二维指标，包含发展指数和协同指数两部分，协同指数又分为地区间协同和地区内协同，其中发展指数为正向指标，协同指数为负向指标，通过对各组成部分选用合适的权重来对指标性质（方向）进行控制和调和。

第二，它包含三层含义：区域发展程度、协同程度，和综合二者的协同发展程度。我们应对以上三个概念的重叠和边界加以区分，后者综合包含前二者，但衡量的侧重点有所不同。它既有对发展、协同单个维度的独立评价反映，也有对发展和协同水平的综合评价反映即协同发展指数。

第三，综合评价指数内涵丰富、清晰，涵盖了区域产城教协同发展评价的多个方面，可用于评价协同发展综合水平，也可根据需要对区域的产城教发展或协同水平的某一方面进行评价，发展指数仅衡量发展程度，协同指数仅衡量协同程度，而协同发展指数则衡量包含了发展和协同两个维度的综合水平，可用于不同的评价场合。

第四，它对评价区域和所包含的地区层级进行了区分，可用于评价"嵌套"类型的多层级区域协同发展程度。本文中的"区域"为包含3—4个省级行政区的城市群，所含"地区"为各省级行政区，若细化区域层级，则可将某省级行政区作为研究"区域"，下辖的市、县级行政区作为"地区"，进而研究该省内各县市的协同发展情况。同样地，该方法可用于研究更细化的镇、乡一级的区域协同情况，研究内容也可从"产、城、教"换成其他任何内容，只需更换成对应的评价指标即可。

第三节 区域产学研协同发展的测度应用

一、我国三大战略区域产城教协同发展现状评价

1. 研究对象和数据来源

（1）研究对象。

本部分研究对象为我国典型的三个重大经济发展战略布局城市群——京津冀、长三角、粤港澳，比较三个战略区域的教育发展与其经济社会协同发展的现状。国家战略布局的区域多以地级市为单位，为了便于研究，选择城

市群所在的省级行政区为研究对象，比较分析以上战略区域的产城教协同发展现状。具体来说，研究对象为由北京、天津、河北共同组成的京津冀区域；上海、江苏、浙江、安徽共同组成的长三角区域；广东、香港、澳门共同组成的粤港澳区域。同时，将我国大陆31个省级行政区中除上述研究对象外的其他地区共同作为参照对象（见表6-2）。

表6-2　　　　　　　　　三大战略区域的协同发展比较

	京津冀	长三角	粤港澳
背景	北京作为首都，城市人口经济密集，城市功能结构日渐臃肿庞大，而北京、天津、河北三地地缘相接，文化、历史渊源深厚，拥有互相融合、协同发展的基础	长三角是我国经济最活跃、开放程度最高的区域之一，总面积占全国的2.3%，GDP约占25%，进出口总额、外商投资约占四成，"双一流"高校、国家重点实验室约占1/4，研发经费和专利数约占1/3。一体化发展将提高经济集聚度、区域连接性和政策协同效率，打造更具国际市场影响力的特殊经济功能区	20世纪末，香港学者提出对标旧金山建设深港湾区；21世纪初，广州提出依托南沙港对标东京湾区；2009年，粤港澳三地政府联合提出共建珠江口湾区；"十三五"规划提出深化泛珠三角区域合作
发布时间	2015年6月，中共中央、国务院印发实施《京津冀协同发展规划纲要》	2019年12月，中共中央、国务院印发《长江三角洲区域一体化发展规划纲要》	2019年2月，中共中央、国务院印发《粤港澳大湾区发展规划纲要》
战略目标	以解决北京"大城市病"为核心，京津冀三地作为整体协同发展	推动长三角一体化发展，增强长三角地区创新能力和竞争能力，引领全国高质量发展、建设现代化经济体系	建设粤港澳大湾区，使其成为世界级城市群，与美国纽约湾区、旧金山湾区和日本东京湾区比肩
战略定位	1. 以首都为核心的世界级城市群 2. 调整优化城市布局和空间结构 3. 全国创新驱动经济增长引擎 4. 生态修复环境改善示范区	1. 全国发展强劲活跃增长极 2. 全国高质量发展样板区 3. 率先基本实现现代化引领区 4. 区域一体化发展示范区 5. 新时代改革开放新高地	1. 充满活力的世界级城市群 2. 具有全球影响力的国际科技创新中心 3. "一带一路"建设的重要支撑 4. 内地与港澳深度合作示范区 5. 宜居宜业宜游的优质生活圈

续表

	京津冀	长三角	粤港澳
规划区域	北京、天津、河北	上海、江苏、浙江、安徽	中心：香港、澳门、广州、深圳 节点：珠海、佛山、惠州、东莞、中山、江门、肇庆
教育发展目标	1. 区域教育协同发展，推动教育一体化和与之匹配的公共服务一体化建设 2. 建立产城教协同发展机制，探索与城市经济发展相融合的教育发展策略 3. 探索调整城市布局、优化空间结构的区域教育资源配置策略	1. 协同扩大优质教育供给，建立基本公共服务标准体系，促进教育均衡发展，实现区域教育现代化 2. 实现都市圈内教育资源一卡通共享，搭建职业教育一体化协同发展平台 3. 推动大学大院大所全面协同创新，联手打造具有国际影响的一流大学和学科，打造国际合作教育样板区	1. 建设国际教育、科技创新中心，构建开放型区域协同创新教育共同体，优化区域教育科研环境 2. 共建粤港澳教育合作发展平台，加快教育资源互联互通，建设人才高地 3. 发展服务现代产业体系的职业教育战略，加快培养先进制造业、新兴产业的职业人才，优化人才结构

（2）数据来源。

本部分分析使用的数据来源于三部分：

①我国大陆 31 个省级行政区的数据来源于"国家统计局"官网的"统计数据""地区数据""分省年度数据"所列的各项目 2018 年数据，网址为 http://data.stats.gov.cn/easyquery.htm?cn=E0103。

②香港地区的数据来源于"香港特别行政区政府统计处"网站的"香港统计资料"栏目及由该统计处公布的《香港统计年刊 2019》（其数据为 2018 年），网址为 https://www.censtatd.gov.hk/hkstat/index_tc.jsp。

③澳门地区的数据来源于"澳门特别行政区政府统计暨普查局"网站的"统计数据"及由该统计暨普查局公布的《澳门统计年鉴 2018》（其数据为 2018 年），网址为 https://www.dsec.gov.mo/zh-MO。

2. 发展指数构建及计算

（1）因子分析的特点和适用性。

综合评价指标要求具有全面性和独立性，全面性即要求全方位地反映研究对象的综合特征，通过增加指标维度可满足；而独立性则要求各指标之间相关性小，重合交叉因素少，通过反复比较、删减重复指标可达到。因此，综合评价指标的合理选择要以大量的文献研究为基础，通过借鉴专家经验来提升指标的充分性、可靠性。另外可借助定量研究方法，从数据本身出发，利用统计学技术，对指标进行基于数据的筛选整合。

因子分析便是可以对指标进行"降维"处理的一种方法。因子分析通过从变量群中提取共性因子，描述隐藏在一组表征变量中的隐性变量，消减指标之间的相关性，减少指标间的重合因素，使简化后的指标数据更具有代表性，能弥补研究者对指标认识的疏漏或定性研究的经验不足，提升指标的科学性和研究结果的可信度。分析使用的统计软件为SPSS Statistics 22.0。

（2）因子分析的过程和结果。

第一，处理数据。将我国大陆31个省级行政区和香港、澳门共计33个地区的各指标原始数据依次输入到同一个Excel表格中，进行三种处理。

一是指标口径统一化。原始数据指标与表6-1指标体系中的指标表述有差异时，转化为指标体系中的指标。①由原始数据"抽样65岁以上人口数"和"抽样人口数"相比得出"65岁及以上人口占比"；②由原始数据"每万人中医生数"和"每万人中护士数"相加得出"每万人中医护人员数"；③由原始数据"每十万人中幼儿园生数"和"年末常住人口"相比得出"幼儿园生数"，并由"幼儿园生数"和"小学在校生数""初中在校生数""高中在校生数"等相加得出"基础教育在校生数"。

二是负向指标正向化。表6-1指标体系中的负向指标有2个："失业率"和"65岁及以上人口占比"，所谓负向指标是指该指标的数据大小与其代表的优劣性成反比，即负向指标数值越大表示其代表的情况越差。因此在采用因子分析进行综合评价时，为了保证评价结果数值大小和其代表情况的一致性，要先将负向指标进行正向化处理。一般正向化处理有取差值和取倒数两种方法，本文采用前者。①"失业率"越高，表示地区的就业越不充分，用100%减去失业率数值，用"未失业率"代表地区的就业情况；②"65岁及以上人口占比"代表地区的人口老年化程度及人口抚养负担，用100%减去老年人口比例，得到现在享有和隐藏人口红利的比例。

三是增补部分数据缺失值。在指标选取过程中，已经尽量考虑了数据的可获得性，对于部分数据获得性差的指标不予选用。但是一些重要指标即便数据不全也不能舍弃，因为舍弃重要指标会造成评价体系的不完备，这时就需要对少量的缺失数据进行增补处理。香港地区"高等教育教师数"缺失，澳门地区的"科技研发经费""专利申请授权量"数据缺失，对以上有缺失值的三个指标进行缺失值分析后，选用"序列平均值"进行"替换缺失值"处理，然后用补充了缺失值的新变量代替原变量进行后续分析。

第二，进行因子分析。将33个地区的数据按照不同的指标选择进行4轮因子分析，按照特征值大于1确定主成分个数，当特征值大于1的主成分累计贡献率不足85%时，根据累计贡献率大于85%增加主成分个数。将主成分FAC通过回归保存为变量。第一轮是对产城教三类共24个指标同时进行分析，即研究各地区的产城教整体发展综合得分；后三轮分别对产、城、教的指标进行因子分析，研究各类发展得分。先观察因子分析检验值，说明相关数据是否适合做因子分析。通过表6-3检验值可知，KMO检验值均大于0.5，最高的接近0.8，显著性为0，说明适合做因子分析。

表6-3　　因子分析的KMO与Bartlett的球形度检验值

检测值	总体	产	城	教
KMO	0.673	0.638	0.591	0.788
Bartlett	1608.509	225.540	320.960	442.890
df	276	21	28	36
Sig.	0	0	0	0

将经过"特征值大于1"和"累计贡献率超过85%"两个标准共同确定的主成分个数、特征值及贡献率列入表6-4中。

表6-4　　　　　　　　主成分的特征值和贡献率

主成分个数	总体			产			城			教		
	特征值	贡献率		特征值	贡献率		特征值	贡献率		特征值	贡献率	
		单独	累计		单独	累计		单独	累计		单独	累计
1	13.326	55.525	55.525	3.571	51.010	51.010	4.317	53.963	53.963	6.183	68.700	68.700
2	4.574	19.058	74.583	2.089	29.845	80.855	1.958	24.469	78.432	1.508	16.757	85.457
3	1.953	8.137	82.720	0.787	11.238	92.093	0.843	10.540	88.972			
4	1.263	5.263	87.984									
5	1.097	4.571	92.554									

总体指标的因子分析中，大于 1 的特征值有 5 个，累计贡献率高达 92.554%，满足因子分析主成分累计贡献率要达到 85% 的要求。选用前 5 个主成分的因子得分计算综合得分，每个主成分的贡献率与前 5 个主成分的累计贡献率占比作为各因子得分的权重。根据主成分 FAC 因子得分和贡献率计算的综合得分为：

$$score_{All} = (55.525*FAC1\_1 + 19.058*FAC2\_1 + 8.137*FAC3\_1 + 5.263*FAC4\_1 + 4.571FAC5\_1)/92.554$$

产业指标的因子分析中，大于 1 的特征值有 2 个，累计贡献率 80.855% 小于 85%，前 3 个主成分的累计贡献率为 92.093%，故重新设置将主成分个数固定为 3，选用前 3 个主成分的因子得分计算综合得分：

$$score_{Ec} = (51.01*FAC1\_2 + 29.845*FAC2\_2 + 11.238*FAC3\_2)/92.093$$

城市指标的因子分析中，大于 1 的特征值有 2 个，累计贡献率 78.432% 小于 85%，前 3 个主成分的累计贡献率为 88.972%，故重新设置将主成分个数固定为 3，选用前 3 个主成分的因子得分计算综合得分：

$$score_{Ur} = (53.963*FAC1\_3 + 24.469*FAC2\_3 + 10.54*FAC3\_3)/88.972$$

教育指标的因子分析中，大于 1 的特征值有 2 个，累计贡献率为 85.457%，故选用前 2 个主成分的因子得分计算综合得分：

$$score_{Ed} = (68.7*FAC1\_4 + 16.757*FAC2\_4)/85.457$$

经过上述主成分因子得分和贡献率占比计算，得到各地的产城教发展总体综合得分，和产业、城市、教育发展的各类综合得分。由于统计软件因子分析对原始数据进行标准化处理时通常化为以 0 为平均值的数列，低于平均值的数值则显示为负数。为了便于理解和阅读，在不改变数量关系的前提下将所有得分都化成正数，用 $\overline{score} = \dfrac{10*[score - \min(score)]}{\max(score) - \min(score)}$ 进行标准化处理，化为 0—10 之间的数。10 表示在该类评价中得分最高，0 表示在该类评价中得分最低。根据标准化后的得分对 33 个地区进行排名，4 轮因子分析综合得分和标准化后的得分排名见表 6-5。

表 6-5　　因子分析原始综合得分和标准化后得分及排名

地区	总体/$score_{All}$			产/$score_{Ec}$			城/$score_{Ur}$			教/$score_{Ed}$		
	得分	标准化	排名	得分	标准化	排名	得分	标准化	排名	得分	标准化	排名
北京	0.48	4.22	5	1.04	7.14	4	0.59	6.81	7	0.52	4.41	7
天津	-0.43	1.20	25	-0.33	2.04	21	-0.53	2.80	27	-0.48	1.62	24
河北	0.06	2.82	11	-0.16	2.68	15	0.23	5.52	11	0.17	3.44	11
山西	-0.38	1.36	24	-0.43	1.67	27	-0.32	3.55	21	-0.47	1.65	23
内蒙古	-0.47	1.06	26	-0.52	1.34	28	-0.36	3.41	22	-0.62	1.23	28
辽宁	-0.23	1.86	19	-0.54	1.26	30	0.28	5.70	10	-0.07	2.77	15
吉林	-0.50	0.96	27	-0.58	1.12	31	-0.24	3.84	17	-0.53	1.48	26
黑龙江	-0.51	0.93	29	-0.78	0.37	32	-0.31	3.58	20	-0.41	1.82	21
上海	0.21	3.32	9	0.40	4.76	7	0.15	5.23	13	0.35	3.94	9
江苏	1.46	7.48	2	1.06	7.21	3	1.28	9.28	2	2.08	8.77	2
浙江	0.87	5.51	4	0.78	6.17	6	0.79	7.53	5	1.02	5.81	4
安徽	0.04	2.76	12	-0.02	3.20	12	0.01	4.73	14	0.16	3.41	12
福建	-0.05	2.46	14	-0.28	2.23	18	-0.24	3.84	17	0.03	3.04	13
江西	-0.21	1.93	18	-0.38	1.86	22	-0.52	2.83	26	-0.08	2.74	16
山东	0.93	5.71	3	0.37	4.65	8	1.48	10.00	1	1.29	6.56	3
河南	0.46	4.15	6	0.08	3.57	10	0.49	6.45	8	0.77	5.11	5
湖北	0.20	3.29	10	0.15	3.83	9	0.33	5.88	9	0.37	3.99	8
湖南	0.03	2.72	13	-0.31	2.12	20	0.19	5.38	12	0.27	3.72	10
广东	2.22	10.00	1	1.81	10.00	1	1.27	9.25	3	2.52	10.00	1
广西	-0.13	2.19	16	0.01	3.31	11	-0.29	3.66	19	-0.22	2.35	17
海南	-0.58	0.70	30	-0.21	2.49	17	-0.76	1.97	31	-0.96	0.28	30
重庆	-0.27	1.73	20	-0.20	2.53	16	-0.07	4.44	16	-0.32	2.07	19
四川	0.30	3.62	8	-0.10	2.90	14	0.71	7.24	6	0.58	4.58	6
贵州	-0.36	1.43	23	-0.39	1.82	25	-0.37	3.37	23	-0.40	1.84	20
云南	-0.28	1.69	21	-0.42	1.71	26	-0.42	3.19	24	-0.28	2.18	18
西藏	-0.71	0.27	31	-0.38	1.86	22	-1.31	0.00	33	-1.06	0.00	33
陕西	-0.17	2.06	17	-0.28	2.23	18	-0.02	4.62	15	-0.05	2.82	14
甘肃	-0.50	0.96	27	-0.38	1.86	22	-0.59	2.58	28	-0.62	1.23	28

续表

地区	总体/$score_{All}$			产/$score_{Ec}$			城/$score_{Ur}$			教/$score_{Ed}$		
	得分	标准化	排名	得分	标准化	排名	得分	标准化	排名	得分	标准化	排名
青海	-0.71	0.27	31	-0.52	1.34	28	-0.86	1.61	32	-1.02	0.11	32
宁夏	-0.79	0.00	33	-0.88	0.00	33	-0.64	2.40	29	-0.97	0.25	31
新疆	-0.32	1.56	22	-0.08	2.97	13	-0.65	2.37	30	-0.61	1.26	27
香港	0.46	4.15	6	1.54	9.00	2	1.16	8.85	4	-0.44	1.73	22
澳门	-0.10	2.29	15	0.95	6.80	5	-0.45	3.08	25	-0.51	1.54	25

3. 协同发展指数计算

表6-5中综合得分经标准化处理后，能较直观地反映各地的产城教发展得分和排名情况，而区域产城教发展之间的协同程度则继续用上文构建的区域协同指数来测度。区域发展指数和协同指数的分解列入表6-6。

表6-6　　　　　区域产城教发展指数和协同指数分解

区域	地区	发展指数分解					协同指数分解			
							inCoo	betCoo		
		Dev	Dev_{Ec}	Dev_{Ur}	Dev_{Ed}	$\frac{1}{n}\sum Dev$	$STED(Dev_{Ec}, Dev_{Ur}, Dev_{Ed})$	$STDE(Dev_{Ec})$	$STDE(Dev_{Ur})$	$STDE(Dev_{Ed})$
京津冀	北京	4.22	7.14	6.81	4.41	2.75	1.22	2.27	1.67	1.16
	天津	1.20	2.04	2.80	1.62		0.49			
	河北	2.82	2.68	5.52	3.44		1.20			
长三角	上海	3.32	4.76	5.23	3.94	4.77	0.53	1.51	1.83	2.10
	江苏	7.48	7.21	9.28	8.77		0.88			
	浙江	5.51	6.17	7.53	5.81		0.74			
	安徽	2.76	3.2	4.73	3.41		0.68			
粤港澳	广东	10.00	10.00	9.25	10.00	5.48	0.35	1.34	2.82	3.94
	香港	4.15	9.00	8.85	1.73		3.39			
	澳门	2.29	6.8	3.08	1.54		2.21			

根据上文构建的产城教协同发展指数公式：

$$CooDev_i = \alpha_i Dev_i + \beta_{i1} Coo_{i,Ec} + \beta_{i2} Coo_{i,Ur} + \beta_{i3} Coo_{i,Ed} + \beta_{i4} \overline{Coo_i}$$

选择合适的权重，对所有的 i，取 $\alpha_i = 1$，$\beta_{i1} = \beta_{i2} = \beta_{i3} = \beta_{i4} = -0.25$，得到区域的协同发展指数（见表6-7）。

表6-7　　　　　　　　　三大区域的产城教协同发展指数

区域	发展指数		协同指数		协同发展指数	
	指数	排名	指数	排名	指数	排名
京津冀	2.75	3	1.52	1	1.23	3
长三角	4.77	2	1.54	2	3.23	1
粤港澳	5.48	1	2.52	3	2.96	2

从发展指数来看，三大区域中粤港澳的产城教整体发展情况最好，长三角次之；从协同指数来看，三大区域中京津冀的产城教协同程度最高，长三角次之。而综合二者的产城教协同发展指数则表明，三大区域中，长三角的产城教协同发展情况最好，粤港澳次之。为了直观地比较三个区域的产城教协同发展情况，将相关指数用雷达图表示，由于协同指数是负向指标，故在画雷达图表示优劣顺序的时候，先将协同指数取相反数然后再作图，得出如下图形。图6-4左是仅列出产城教发展指数、协同指数和协同发展指数的雷达图，图6-4右在前者基础上增加了教育协同、城市协同和产业协同指数，用以表明其协同程度差异的原因。

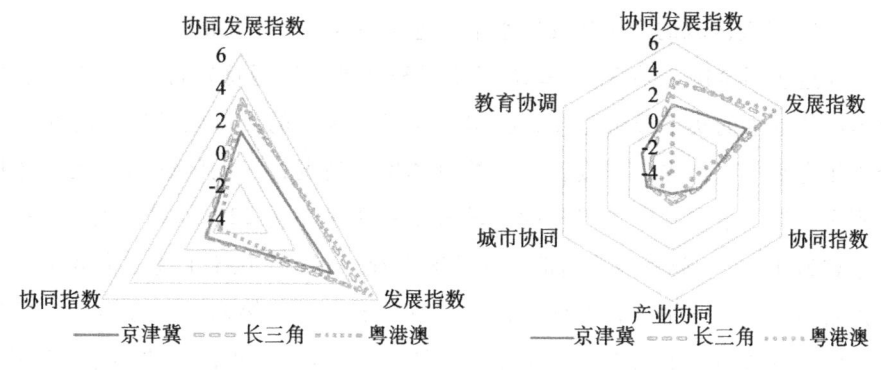

图6-4　三大区域的产城教协同发展指数雷达图

为了更进一步直观地表示三大区域的产城教协同发展情况，将协同发展指数以散点图的形式表示，横轴向右表示发展程度递增，纵轴向下表示协同程度递增，右下角的箭头方向表示协同发展程度递增，若区域散点沿着该箭头方向分布，则说明协同发展情况较好。事实上，三大区域的产城教协同发展指数散点图分布呈三角形，长三角区域的散点分布在协同发展的箭头沿线，说明其协同发展程度较高；粤港澳区域的散点分布在箭头的右上方，说明其发展程度优于协同程度；京津冀区域的散点分布在箭头的左下侧，说明其协同程度优于发展程度（见图6-5）。

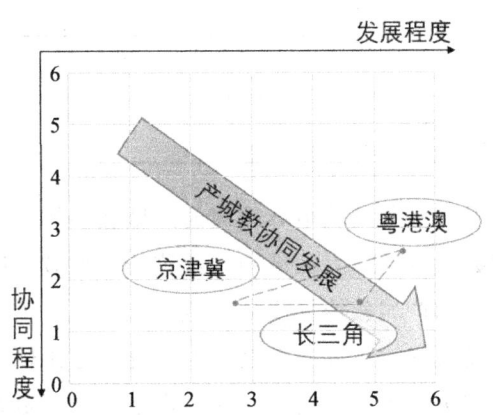

图6-5 三大区域的产城教协同发展指数散点图

二、我国三大战略区域产城教协同发展现状的研究结果

1. 研究结果

（1）三大区域的产城教发展水平粤港澳最优，长三角次之。

经过包括全国大陆31个省级行政区和香港、澳门特别行政区在内的33个地区的数据的实证分析可知，我国三大战略区域的产城教发展情况在全国处于领先水平。首先，产城教三者的总体发展情况，三大区域的贡献率之和达到全国的一半，其中长三角的产城教发展贡献率为22%，粤港澳为19%，京津冀为9.5%。就发展排名前十的地区来看，有六个位于上述三大区域：广东排名第一，江苏第二，浙江第四，北京第五，香港第六，上海第九。其余四个前十的地区为山东第三，河南并列第六，四川第八，湖北第十。其次，分别从产、城、教三方面看三大区域的发展情况来看，产业发展贡献率达到全国的54.6%，教育发展和城市发展贡献率分别为45.7%和40.7%。最后，三大区域所包含的地区，在产城教发展总体和分类排名中，均具有一定优势。粤港澳区域中的广东，其产业和教育发展均排名全国第一，城市发展排名第三，香港地区的产业发展排名全国第二，城市发展排名第四，澳门地区的产业发展排名全国第五；长三角区域中的江苏，城市和教育发展均排名全国第二，产业发展排名第三，浙江的产业、城市、教育发展排名分别为第六、五、四名,上海的产业发展排名第七,教育发展排名第九,安徽的产业和教育发展排名均第十二;京津冀区域中的北京,产业发展排名第四,城市和教育发展均排名第七,河北的城市和教育发展均排名第十一。从以上区域产城教发展总体和分类排名的情况可知,本文所研究的三大战略区域的产城教发展情况较好,区域教育与经济社会协同发展战略具有较好的基础。

(2) 三大区域的产城教协同京津冀最优,协同发展综合水平长三角最高。

三大区域的产城教协同发展各有特点,粤港澳的发展水平在三大区域中最高而协同程度最低,京津冀的协同水平在三大区域中最高而发展水平最低。而综合二者衡量,则是发展和协同水平分别位居中等的长三角的协同发展水平最高,其次是粤港澳,京津冀的产城教协同发展水平在三大区域中最低。

协同指数的分解可以说明协同差异的来源。三大区域的地区内产城教协同程度最高的是长三角区域,其中又以上海地区为最高;地区内协同最低的是粤港澳区域,其中又以香港地区为最低。粤港澳的地区内协同程度约为京津冀的二分之一、长三角的三分之一,但是属于粤港澳区域的广东地区,其地区内产城教协同程度为三大区域中最高,大约为香港的地区内协同程度的10倍,这种巨大的地区内协同水平的差异,也是造成粤港澳区域整体协同水平低的原因之一。另外,位于京津冀区域的天津地区,其地区内产城教协同水平也很高,仅次于广东地区。位于长三角区域的上海的地区内产城教协同水平在三大区域中排名第三。

地区间产城教协同程度是区域产城教协同的重要部分,由地区间产业协同、地区间城市协同、地区间教育协同共同衡量。在三大区域中,地区间产业协同程度最高的是粤港澳,约为京津冀地区间产业协同程度的1.7倍,长三角的地区间产业协同程度略低于粤港澳,约为京津冀地区间产业协同程度的1.5倍。地区间城市发展协同程度最高的是京津冀,约为长三角的1.1倍,为粤港澳的1.7倍。地区间教育发展协同程度最高的是京津冀,约为长三角的1.8倍,为粤港澳的3.4倍。从地区间三类协同的横向比较来看,地区间产业协同水平较高,教育协同水平较低。

(3) 长三角的教育与产业、城市协同发展状况可作为区域协同发展的范本。

长三角的教育发展和产业、城市协同发展的情况在三大区域中最好,其具有几个特点:一是区域的产城教发展水平都较高,二是区域的产城教融合协同较好,三是区域教育和经济互相促进的作用发挥较充分。长三角区域的教育发展既得到了当地产业规模和城市发展的支持,又促进了地区经济的进一步提升。首先,长三角区域的城市发展是引领和促进地区产业和教育发展的状态,城市规划充分考虑了地区产业类型、结构和发展特征,考虑了地区的人力资本容量和潜力,也考虑了城市发展需要承载的人口和环境负担,从而为地区教育发展提供了充足的人文、生态空间和丰富的人力、物质资源。其次,长三角区域的教育和产业发展较好地发挥了互荣互促的联动模式。其中江苏、安徽两地的教育发展促进科技创新和产业转型升级的作用更明显,浙江、上海两地的产业升级和经济发展促进教育结构优化的作用更突出。最后,长三角区域不仅产、城、教三者的协同发展水平高,而且区域内的地区间协同水平较高,虽然各地区的协同发展水平存在梯度差异,但其差异程度远小于京津冀和粤港澳区域的地区间差异。综合地区间和地区内协同的情况,长三角的产城教协同程度较高。虽然单就发展水平来看,长三角比不上粤港澳,但是长三角的产城教协同和发展兼顾,并且地区间差异合适,是一种优良的协同发展路径。长三角区域中,产城教协同发展最好的是江苏,其各类发展几乎同步,属于高发展水平的协同。

(4) 京津冀的地区间发展不平衡仍是影响区域协同发展的突出问题。

京津冀区域的产城教协同发展具有几个特点:一是区域的城市和教育协同水平较高;二是地区间产业发展的不平衡使得区域产业协同水平较低;三是地区间发展差异较大,尤其是天津地区相对较低的发展水平拉低了区域的整体协同程度;四是区域产城教发展的较高协同程度不足以弥补津、冀的发展差距,属于低发展水平的协同。

京津冀区域中,北京地区的产城教协同发展仍独占鳌头,一是北京的产城教发展水平较高,不仅在区域中领先,在全国来看也是处于排名第五的较高水平。二是北京的地区内产城教协同水平高,产业发展带动城市和教育发展的作用较明显。虽然北京的地区内产城教协同发展情况较好,但是京津冀区域内的协同发展程度还有待优化,尤其是地区间的产业协同发展有待加强。目前,北京的产业发展水平大大领先于天津和河北,尤其是天津地区,其产业发展水平不及北京地区的三成,京津冀一体化战略带动区域产业和经济协同发展的作用有待加强。

另外,京津冀区域内城市和教育协同发展水平较高,尤其是北京和河北地区教育协同发展较好，河北地区教育发展带动和提升产业水平的趋势较明显。天津地区相较北京的发展水平来说有一定差距，但是其地区内产城教协同水平较高，在三大区域中仅次于广东地区。目前，京津冀区域产城教协同发展最突出的问题是地区间发展不平衡，拉低了区域整体的协同发展水平，应加强北京地区对天津和河北的辐射效应，加快区域一体化进程。虽然与另外两个战略区域相比，京津冀的发展水平略低，但就全国来看，还是处于领先水平。

（5）粤港澳区域教育促进城市经济水平提升的作用有待加强。

粤港澳区域的产城教协同发展现状为高发展低协同，其高发展主要来源于三地区的高经济水平，尤其是粤港两地，其区域低协同主要由地区间教育协同水平低以及教育发展不及经济和城市发展水平所致。具体而言有如下特点：一是广东的地区内协同发展水平高，既是高发展也是高协同；二是港澳的发展水平与广东有差距，尤其是教育发展差距大，使得整体协同水平低；三是港澳的地区内产城教发展不协同，主要体现在教育发展落后于城市、产业的发展；四是地区间产业协同水平较高，另外粤港两地的城市协同水平较高，而澳门与粤港的城市协同稍差，三地的教育协同水平低。

从地区间产、城、教协同水平来看，粤港澳的地区间产业协同水平在三大区域中最高，约为京津冀地区间产业协同水平的1.7倍。但是粤港澳的地区间城市协同和教育协同水平均为三大区域中最低。其地区间城市协同水平约为京津冀的60%，地区间教育协同水平仅为京津冀的30%。虽然广东地区的教育承载量和教育发展水平较高，但是粤港澳区域的教育发展促进经济和城市发展的水平欠缺，尤其是香港地区，产业和城市高度发展，但是教育服务其经济社会的能力却有待提升。从图6-4右所示的三大区域协同发展指数雷达图不难发现，京津冀的发展指数和各项协同指数之间较为均衡，长三角的协同发展指数和发展指数都较为突出，而粤港澳的发展指数最大，甚至超过长三角，但其教育协同指数却显示"凹折"，表明粤港澳的教育与经济社会协同发展的能力是其区域发展中的短板，需要着重加强。

2. 主要贡献

本研究的主要贡献在于分析了区域产城教协同的评价内涵，构建发展—协同二维综合评价指数并加以应用，以及基于实际数据研究我国重大区域的产城教协同发展现状。本研究构建协同发展指数后未止步于此，而是将该综合评价指数进行应用：一是结合我国数据验证该方法的可行性，也是对前文指标体系合理性的补充研究；二是比较研究我国三大战略区域的产城教协同发展现状，是对该指数的应用性的进一步深化。

首先，将区域产城教协同发展综合评价指标和协同发展指数应用到对我国区域协同发展现状的研究中，对评价指标体系增加量化应用和基于现实的验证，现状评价中"用数据说话"增加可信度，既示范了协同发展指数的应用过程和适用场合，也揭示了我国重大战略区域的协同发展现状。

其次，综合运用了几种量化研究方法，从研究内容上将区域发展水平和协同水平的测度相结合构造二维评价指标，从统计学方法上将因子分析综合评价和标准差测度离散（协同）程度相结合。同时，本文也拓展了协同发展指数的适用范围，替换指标体系则可用于其他领域的协同发展程度的评价。

最后，测度我国三大区域的产城教协同发展现状是本文的一个重要内容，前文的指标构建是本部分的方法前提，而本部分的具体评价分析则是前文方法应用的内容基础。在研究区域的确定上，选取了有代表性，地理位置相对分散、发展水平有可比性的京津冀、长三角、粤港澳三大区域，在对我国重大战略区域的产城教协同发展现状进行评价的基础上，还分析了协同差异的来源，为加快区域一体化进程提供了策略方向。

3. 局限与展望

（1）研究的不足。

第一，数据获得不完美。统计口径的差异和处理方法降低了数据的精度，例如"在校生数"指标，31个地区的数据是"幼儿园生数"和"小学在校生数""初中在校生数""高中在校生数"都能获得，但是香港和澳门地区的数据只有"基础教育在校生数"，却没有分学段的数据，为了获得协同现状的比较，处理数据时只能将31地的基础教育各学段学生数据相加得到总数，以"迁就"香港、澳门地区的数据情况，因此降低了数据对各学段的精确性。另外，内地和港澳地区的官方统计指标存在差异，选用评价指标的过程中也须考虑数据的可得性。对于少部分样本缺失的数据，例如前文所述的香港地区"高等教育教师数"和澳门地区的"科技研发经费""专利申请授权量"等数据，可通过统计学方法来进行增补处理，但是对于只有少部分样本可得的数据，为了确保所用数据的准确性、减少主观和技术干扰，不得不将整个指标删除，因此也降低了指标体系的完备性。若单从完善指标体系而不考虑数据获取的角度，本文所用的指标体系还有一定的改善空间。

第二，研究有待继续深入。本文研究仅对现状进行评价，所用数据年份为 2018 年，反映了我国三大战略区域的产城教协同发展现状和区域特点，也结合特点分析了产、城、教三者之间的联动作用大小，但尚未分析导致区域产城教协同现状的耦合作用具体路径和联动作用方式，未探究造成各区域协同现状优缺点的背后深层次原因，也未提出针对区域产城教协同的具体发展改善策略。这些问题有待在未来的研究中继续深化和解决。

第三，基于数据研究的某些结果与大众的既有认识不一致。如"香港的教育发展水平不及其经济和城市发展"。在以往的认识中，香港的教育发展水平是很高的，尤其是高等教育在世界上名列前茅。而"基于数据"的本研究却显示了不同的结果，一方面可以从教育体量上深入分析，看是否由"体量"的差异造成了对"质量"的误判；另一方面可以结合香港经济和城市发展水平，验证是否由其高经济水平造成了教育"相对不足"的假象。更重要的是，也可以让该结果成为一个"靶子"，引起更多不同角度和方法的讨论与研究。

（2）未来研究设想。

结合本研究的主要贡献和不足之处，未来从以下方面进行延续和拓展。

第一，扩充数据、完善指标。增加数据搜集渠道，在现有官方统计数据的基础上，增加各大研究机构的追踪调查数据作为补充，提升数据的可获得性，以此为基础，进一步完善指标体系，根据现有研究结果对指标进行回溯，细化评价维度，调整评价指标，提升指标体系对研究内容覆盖的全面性和准确性。

第二，增加和其他区域的比较。一方面是增加国内其他区域的比较，进行我国的全域研究，在本文三大国家级城市群的基础上增加中原城市群、长江中游城市群、成渝城市群、关中城市群等其他重大城市群，进行将区域层级进一步细化或泛化的全域比较；另一方面是将国内研究拓展至国际比较，如"一带一路"沿线国家的产城教协同发展现状研究等，为我国教育发展在国际战略中的作用和定位提供参考。

第三，分析产城教协同发展的耦合作用路径。在现状研究的基础上进一步挖掘背后的深层次原因和影响因素，为产城教联动的"三螺旋"作用机制提供现实依据，在产城教协同和联动的基础上，研究教育促进经济社会发展的作用方式和影响大小，通过分析协同发展的微观作用路径，探索促进区域教育与经济社会协同发展的具体策略。

第七章　大数据方法在教育研究中的运用

第一节　大数据概述

一、大数据的概念

1. 大数据时代

大数据时代的来临是促成大数据发展和运用的时代背景，是第三次信息化浪潮发展的结果。人类信息技术的发展和数据产生方式的变革都为大数据时代的到来提供了技术支持和保障。1980年前后，随着个人计算机的普及、信息处理速度大幅提升，计算机逐渐走进千家万户，人类迎来了第一次信息化浪潮。1995年前后，人类进入互联网时代，互联网的普及拉近了人们的距离，将硕大的地球变成了"地球村"，而信息传输速度的加快使每个人都能在网上"冲浪"，人类迎来了第二次信息化浪潮。2010年前后，随着物联网、云计算、大数据的快速发展，大量信息聚集使得信息"爆炸"出现，第三次信息化浪潮拉开序幕，表明人类大数据时代已经到来。

信息科技为大数据时代提供了技术支持，解决了信息存储、传输和处理三个核心问题。首先，信息科技发展使得存储设备容量不断增加。早期的存储设备容量小、体积大、价格高，现在的存储设备容量大、体积小、价格低。同时，以闪存为代表的新型存储介质开始大规模使用，提升了数据存储的稳定性。数据量和数据存储设备之间互相促进，随着数据量的增加，对数据存储设备要求加大，而大容量的存储设备也加快了数据增加的速度。其次，CPU的处理速度不断提升也使得数据量不断增加，网络带宽的增加使得信息传输不再受网速制约。相关信息技术的发展，为大数据时代的到来提供了便捷。

数据产生方式的变革也促成了大数据时代的到来。数据经有序排列组合后形成信息，并传达给读者相关概念。数据有多种形式，如数字、声音、图像（静、动态）、文字等，随着信息技术的发展，人们的日常生活都会产生大量数据，网上购物、生活出行、政务办公等均是数据的来源。经过运营式系统阶段和用户原创内容阶段两种数据产生方式的变革后，数据产生的方式迎来第三种变革：感知式系统阶段，其源于物联网的发展，包含各种类型传感器自动产生的大量数据。物联网的数据产生和收集方式，使得数据产生速度更快、量更大、搜集更便捷、利用更广泛，也标志着"大数据时代"的正式到来。

2. 大数据的概念

大数据的概念，可用现在较为认可的大数据的"4V"特点来表述。进入大数据时代后，具有数据量大（Volume）、数据类型繁多（Variety）、处理速度快（Velocity）、价值密度低（Value）等特点的数据都可称之为大数据。

第一，数据量大，这是大数据之所以称为"大"数据的最显著特征。人类进入信息社会后，信息出现"自发"增长的态势，且不以人类意志为转移。据悉，1986年到2010年的20多年间，全球数据的量增长了100倍。[①] 作为一种移动终端的智能手机的普及，使得数据产生的方式更为灵活，量呈数量级增长。而随着家用电器的联网，如电视、汽车和其他智能家电，使得人们更能随意所欲的产生和发布数据，人们已真正身处"数据爆炸"的时代。

第二，数据类型繁多，大数据不仅来源渠道丰富而且数据类型多样。从数据来源渠道来看，包括科学研究、企业应用、交通、医疗、金融、生产生活等各领域。另外，网络社交数据也是大数据的重要来源。从数据类型来看，大数据包括结构化数据和非结构化数据，结构化数据指存储在关系数据库中的、具有模式的数据，而非结构化数据是指统计数据之外的、无法结构化的数据，包括图片、文件、音频、视频等。另外，还有一种数据是半结构化数据，它的数据有结构，但由于描述不标准或者描述有伸缩性等原因，使得数

---

① 林子雨. 大数据技术原理与应用：概念、存储、处理、分析与应用 [M]. 2版. 北京：人民邮电出版社，2017.

据不方便模式化。有人建议，用半模式化的视角看待数据是非常合理的。没有模式的限定，数据可以自由地流入系统，还可以自由地更新，更便于客观地描述事物。使用者想获取数据时，就构建需要的模式来检索数据。不同的使用者构建不同的模式，数据将最大化地被利用。

第三，处理速度快。大数据时代的很多应用都需要基于快速生成的数据，给出实时的分析结果，因此，对数据处理分析的速度要求非常高。为了实现快速分析海量数据的目的，大数据分析技术通常采用集群处理和独特的内部设计。例如，谷歌公司的 Dremel 是一种可扩展的、交互式实时查询系统，用于分析只读嵌套数据，通过结合多级树状执行过程和列式数据结构，能做到几秒内完成对万亿张表的聚合查询，系统可扩展到数以万计的 CPU 上，用以满足谷歌上万的用户操作 PB 级数据和在几秒内完成 PB 级数据查询的需求。[①]

第四，价值密度低。这是与数据量大相对应的一个特点，由于大数据产生的形式多样且数据量庞大，因此在繁杂的信息中，掺杂的有用数据相对较少，造成了大数据的价值密度低的特点。例如，在利用交通出行大数据研究义务教育阶段就近入学现状时，需要以小学为中心，以 50 米或 100 米为半径划定区域，研究在上学时段到达的出租车的里程距离，以此来判断实际居住地的远近。而实际上送孩子上学的家长，打车的只有一部分，其中通过手机软件打车的又只有一部分，并且到学校周边的出租车，也并非全是送孩子上学的。因此在大量的生活社交数据中，可为某一特殊用途所用的数据，实际上是很有限的，并且要从繁杂的数据中进行细致的区分和筛选，才能为我所用。

Tips **大数据的发展历程**

本部分专门介绍一下大数据的发展历程[②]。

大数据的发展历程总体上可以划分为 3 个重要阶段：萌芽期、成熟期和大规模应用期。

第 1 阶段/萌芽期（20 世纪 90 年代至 21 世纪初）：随着数据挖掘理论和

---

① 林子雨. 大数据技术原理与应用：概念、存储、处理、分析与应用 [M]. 2 版. 北京：人民邮电出版社，2017.

② 林子雨. 大数据技术原理与应用：概念、存储、处理、分析与应用 [M]. 2 版. 北京：人民邮电出版社，2017.

数据库技术的逐步成熟，一批商业智能工具和知识管理技术开始被应用，如数据仓库、专家系统、知识管理系统等。

第2阶段/成熟期（21世纪前10年）：Web2.0应用迅猛发展，非结构化数据大量产生，传统处理方法难以应对，带动了大数据技术的快速突破，大数据解决方案逐渐走向成熟，形成了并行计算与分布式系统两大核心技术，谷歌的GFS和MapReduce等大数据技术受到追捧，Hadoop平台开始大行其道。

第3阶段/大规模应用期（2010年以后）：大数据应用渗透各行各业，数据驱动决策，信息社会智能化程度大幅提高。

国际上大数据发展历程中的重要时间节点和事件如下：

1980年，著名未来学家阿尔文·托夫勒在《第三次浪潮》一书中，将大数据热情地赞为"第三次浪潮的华彩乐章"。

1997年10月，迈克尔·考克斯和大卫·埃尔斯沃思在第八届美国电气和电子工程师协会（IEEE）关于可视化的会议论文集中，发表了《为外存模型可视化而应用控制程序请求页面调度》的文章，这是在美国计算机学会的数字图书馆中第一篇使用"大数据"这一术语的文章。

1990年10月，在美国电气和电子工程师协会（IEEE）关于可视化的年会上，设置了名为"自动化或者交互：什么更适合大数据？"的专题讨论小组，探讨大数据问题。

2001年2月，梅塔集团分析师道格·莱尼发布题为《3D数据管理：控制数据容量、处理速度及数据种类》的研究报告。10年后，"3V"（Volume、Variety和Velocity）作为定义大数据的三个维度而被广泛接受。

2005年9月，蒂姆·奥莱利发表了《什么是Web2.0》一文，并在文中指出"数据将是下一项技术核心"。

2008年，《自然》杂志推出大数据专刊；计算社区联盟（Computing Community Consortium）发表了报告《大数据计算：在商业、科学和社会领域的革命性突破》，阐述了大数据技术及其面临的一些挑战。

2010年2月，肯尼斯·库克尔在《经济学人》上发表了一份关于管理信息的特别报告《数据，无所不在的数据》。

2011年2月，《科学》杂志推出专刊《处理数据》，讨论了科学研究中的大数据问题。

2011年，维克托·迈尔·舍恩伯格出版著作《大数据时代：生活、工作与思维的大变革》，引起轰动。

2011年5月，麦肯锡全球研究院发布《大数据：下一个具有创新力、竞争力与生产力的前沿领域》，提出"大数据"时代到来。

2012年3月，美国奥巴马政府发布了《大数据研究和发展倡议》，正式启动"大数据发展计划"，大数据上升为美国国家发展战略，被视为美国政府继信息高速公路计划之后在信息科学领域的又一重大举措。

2014年5月，美国政府发布2014年全球"大数据"白皮书《大数据：抓住机遇、守护价值》，报告鼓励使用数据来推动社会进步。

国内大数据发展历程中的重要时间节点和事件如下：

2013年12月，中国计算机学会发布《中国大数据技术与产业发展白皮书》，系统总结了大数据的核心科学与技术问题，推动了我国大数据学科的建设与发展，并为政府部门提供了战略性的意见与建议。

2015年8月，国务院印发《促进大数据发展行动纲要》，全面推进我国大数据发展和应用，加快建设数据强国。

2016年5月，在"2016大数据产业峰会"上工信部透露，我国将制订出台大数据产业"十三五"发展规划，有力推进我国大数据技术创新和产业发展。

2017年1月，工信部官网正式发布《大数据产业"十三五"发展规划》，明确了强化大数据技术产品研发、深化工业大数据创新应用、促进行业大数据应用发展、加快大数据产业主体培育、推进大数据标准体系建设、完善大数据产业支撑体系、提升大数据安全保障能力等7项任务，提出大数据关键技术及产品研发与产业化工程、大数据服务能力提升工程等8项重点工程，研究制定了推进体制机制创新、健全相关政策法规制度、加大政策扶持力度、建设多层次人才队伍、推动国际化发展等5项保障措施。

2019年2月，教育部办公厅印发的"2019年教育信息化工作要点"提出，要"推动大数据、虚拟现实、人工智能等新技术在教育教学中的深入应用"。

二、大数据的影响

1. 大数据对科学研究的影响

科学研究经历了实验、理论、计算和数据四种范式，大数据的使用加速了科学研究范式的转变。在科学研究的初级阶段，人类采用实验的方法来研究和解决问题。当实验科学的研究受到实验条件的限制时，对自然现象做出精确解释的要求催生了一大批理论科学的发展，推动了人类社会的进步。随着第一台计算机诞生，人类社会进入计算机时代，科学研究进入了以"计算"为核心的新时期。计算机的高速运转提升了人们解决各种实际问题的能力，大大改善了科学研究的效率，增加了解决以往长时期困扰人们的难题的可能性。随着大数据时代到来，计算科学进一步发展为数据密集型科学。一是数据运转的速度进一步呈数量级增长，二是数据产生的渠道和形式更加多样化，三是数据与人们的生活更加贴近，四是数据产生的影响与人们生产生活的关系更密切。随之产生的研究范式的改变为，计算科学时期是"提出理论—搜集数据—验证理论"，而现在是"大数据—计算—得出新理论"。

2. 大数据对思维方式的影响

大数据对思维方式的影响主要体现在三个方面：抽样变为全样，精确变为效率，因果变为相关。以前由于数据的存储功能和处理速度有限，在科学研究时通常采用抽样的方法，即在全体研究对象中根据某些特质抽取部分样本进行分析，并以此结果代表对全体研究对象的分析结果。从统计学角度来说，抽样分析方法具有一定的科学性，尤其在研究样本和时间都有限的情况下，这种方法尤其具有必要性。但是随着大数据方法获取数据的技术提升，处理数据的速度加快，对全样本进行分析成为可能。在过去进行抽样分析的时候，对精度的要求较高，因为抽样的结果放大到全样的时候，误差也会放大，因此要求抽样分析保证一定的精确性，以确保结果的可信度，而大数据能对全样进行分析的时候，则不涉及误差被放大的问题，而是要根据"秒级响应"的特征，对海量数据及时进行分析给出结果，这时反馈速度和效率显得尤为重要。另外，以往的数量分析多是解释事物发展背后的机理及因果关系，而大数据时代，由于数据来源渠道骤增，相关事物之间不仅具有因果关系，而是其他各种各样的关联，因此对因果关系的关注逐渐转移到对相关关系的关注，而对相关关系的考量，也增加了人们看待和解决问题的视角。

3. 大数据对社会发展的影响

大数据影响社会发展，可体现在大数据成为决策方式，促进信息技术与各行业的融合，推动新技术涌现，影响就业及人才培养等方面。首先，根据数据分析制定决策，并非是大数据时代的独特产物，而是从有数据分析开始，就存在的一种决策方式，只是过去的数量分析类型和方式都受到了一定的限制。而大数据的方法打破了种种限制，对非结构数据也可以搜集和分析，增加了数据分析协助政府部门进行决策，应对各种突发事件的可能性。其次，大数据促进了信息技术和其他各行业的融合，大到无人驾驶汽车技术，小到快递路线的选择，都可以利用大数据进行优化，由此也推动了部分新技术和新应用的涌现。最后，大数据的兴起使得数据科学家成为热门职位和紧缺人才，很多行业都需要擅长处理和利用数据的人才。一方面，有人认为未来自动化技术会降低对数据科学家的需求；另一方面，更多人认为随着大数据的无处不在，市场对数据科学家的需求会加强。随着市场对数据人才的需求，高校人才的培养也会适当进行转变，一是建立健全大数据人才培养体系，二是加强信息技术和其他学科的融合，三是"引进来"和"走出去"相结合，加强大数据技术的实践性和应用性。

三、大数据的应用和关键技术

1. 大数据在健康卫生领域的应用

大数据在健康卫生和生物医学领域得到了广泛应用，尤其是在流行病防控方面发挥了不可替代的作用。2020年年初开始，一场突如其来的新冠肺炎疫情席卷全球，我国人民在党和政府的领导下，积极对抗新冠肺炎疫情的蔓延，全民抗"疫"战斗取得了瞩目的成绩。相比于2003年的SARS病毒，此次新冠病毒表现出更强的传染性，对人们防控造成了更大的挑战。在新冠肺炎疫情防控中，大数据从几个方面发挥了重要作用。

首先，是大数据追踪病毒传播路径，利用大数据技术梳理感染者的生活轨迹，追踪人群接触史，成功锁定感染源及密切接触人群，为疫情防控提供宝贵信息。其次，大数据构建疫情发展模型，通过优化数据采集，丰富数据维度，进行模型优化训练，分析疫情传播特征，解决疫情还会传播多久，哪里感染风险高，传染源都有哪些等问题。再次，大数据助力资源配置，基于公开需求数据爬取等方式建立资源对接平台，将医疗资源需求按照城市、医院、类别等维度分类呈现，通过数据抓取等技术手段，展示需求物资名称、需求数量、联系方式及物资运输方式等信息，并支持信息查询，同时在后台统计整体需求数据，时时更新。这有利于物资短缺信息的及时、有效展示，提升资源调配机构及捐赠者的信息获取速度，提高资源配置效率。大数据技术的应用，在疫情追踪溯源、路径传播、发展模型预测、资源调配等领域发挥了积极作用。① 例如，中国科学院计算技术研究所研究员、大数据研究院院长王元卓曾基于截至 2020 年 2 月 12 日 12 时的数据撰文对疫情的研判，通过"中科天玑"疫情数据分析系列，融合所采集的开源网络数据，预测新冠肺炎疫情的累计确诊人数峰值拐点将出现在 2 月中下旬。② 其根据确诊人数分析预测的样本数变化图如图 7-1 所示。

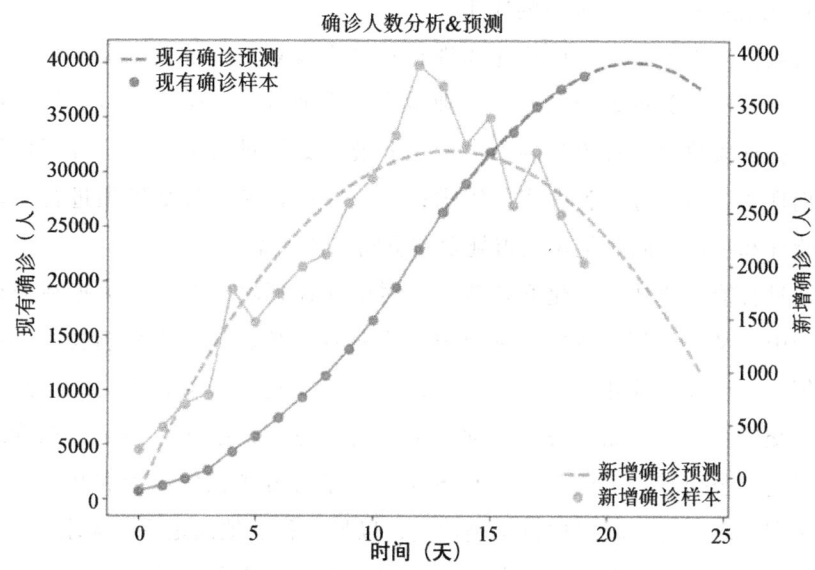

图 7-1　根据确诊人数预测的新增样本数据图

图片来源：https：//tech.sina.com.cn/scientist/2020-02-14/doc-iimxxstf1291670.shtml。

2. 大数据在物流领域的应用

大数据在物流领域的应用主要表现在智能物流上，它融合了大数据、物联网和云计算等技术，使物流系统模仿人的智能，极大地提升了资源配置效率。智能物流概念源自 2010 年 IBM 发布的研究报告《智慧的未来供应链》，其根据全球调研得出的五大供应链挑战，提出要采用"智慧供应链"的概

---

① 澎湃新闻. 新冠肺炎疫情防控中，大数据在发挥什么作用？[EB/OL]. https：//www.thepaper.cn/newsDetail_forward_5875740（2020-02-09），2020-06-13.
② 新浪科技. 新冠疫情拐点何时出现？利用大数据有效预测未来[EB/OL]. https：//tech.sina.com.cn/scientist/2020-02-14/doc-iimxxstf1291670.shtml（2020-02-14），2020-06-13.

念。① 智慧供应链具有先进化、互连化、智能化等特点，经历了自动化、信息化、网络化等发展阶段。智能物流在三个方面发挥作用：一是提高物流的信息化和智能化水平；二是降低物流成本，提高效率；三是提高物流活动的一体化。大数据是智能物流的关键，通过整合物联网技术，可实现物流中的包装、存储、运输、卸载等环节的一体化和智能化，提高整体物流效率。

3. 大数据在城市管理中的应用

大数据应用于城市管理首先体现在对城市规划方式的改变上。城市规划研究人员利用开放的政府数据、行业数据、交通数据、生活出行数据、社交数据等各种大数据，对传统的测绘数据和统计数据进行补充，一方面提供基于人们现实生活轨迹的各种实际需求；另一方面将城市规划模型进行实时数据的验证和反馈，同时优化城市规划和空间布局方案。

通过智能交通技术优化交通流量，缓解交通拥堵问题是大数据在城市交通管理中的又一应用。智能交通能整合数据通信传输、电子传感技术、控制技术等多种计算机应用技术，根据实时道路、交通、车辆、天气等信息，进行整体交通管控。例如在公共交通车辆的管理方面，已建立公共车辆管理系统，通过对公交车和出租车进行GPS定位，了解各车辆的位置和状态，实时根据用车需求或突发状况进行车辆调度，以最大程度地满足用户需求。

环保监测也离不开大数据技术。通过大数据采集各项环境质量指标，进行数据分析后可用于制定下一步环保方案。大数据技术可以实现连续不间断的环境监测，可视化技术能立体生动地呈现治理模型和预测治理结果，强化相关治理过程的真实性。

4. 大数据在金融行业中的应用

金融行业对数据的依赖性较强，通常需要对数据做各种分析以便进行相关决策。可以说，金融行业就是数据驱动的行业，大数据在高频交易、市场情绪分析、信贷风险分析等领域发挥重要作用。高频交易指短时间内多次交易以寻求获利，须借助计算机完成。为了从高频交易中获取更高的利润，金融机构开始借助大数据来进行分析，根据金融参与者的历史行为足迹预测其可能的交易行为，并执行相同的交易，以致参与者要付出更高的价格才能达

---

① 林子雨. 大数据技术原理与应用：概念、存储、处理、分析与应用[M]. 2版. 北京：人民邮电出版社，2017.

成，而金融机构则能从中获益。

市场情绪是所有市场参与者对市场未来行情和走势的判断的综合，能够影响参与者的信心和市场行为，从而影响市场的上涨或下跌，即市场情绪能在一定程度上控制市场的走向。而市场情绪分析，则是通过对市场参与者的观点进行分析，帮助交易者做出更有利的决策的金融行为。大数据利用每个市场参与者在移动终端上通过各种社交软件发布的信息，及时捕获分析市场观点并进行反馈，有利于市场情绪的稳定和获得利润回报。

信贷风险是信贷放出后本息收不回来的风险，是金融机构要尽量回避的重要潜在损失。中小企业是金融机构的重要客户组成，但与大企业相比在信贷偿还方面存在一些不足：一是财务制度不健全，生存能力和贷款偿还能力较差；二是信用度较低，较易产生逃废债的情况，使得金融机构的维权难度较大。以上原因使得金融机构对中小企业放贷时顾虑重重，限制了部分有发展潜力的中小企业的发展。而大数据分析技术则通过收集和分析企业日常交易数据，分析其业务范围、经营状态、发展潜力等，判断其盈利能力和及时偿还贷款的能力，从而有效降低信贷风险。

5. 大数据在日常消费中的应用

大数据在零售行业中可以通过发现关联购买行为调整商品的陈列位置，把具有关联的若干不同种类的商品摆放在一起，从而促进看似不相关的关联商品的销量。零售行业中供应链管理能更好地掌握销量和库存，及时调整销售计划和商品供求，优化销售渠道。另外，大数据还能进行客户群体划分，通过客户的历史消费记录及消费轨迹的变化，判断客户的身份及消费需求变化，从而有针对性地推送相关商品的广告，锁定不同类型商品的客户群体。例如，通过对孕期营养品的消费追踪，商家可以锁定部分准妈妈消费群，进而适时进行婴儿用品的系列推送，后续还可延伸至孩子的早教、保险、就学、兴趣班等，甚至连房地产公司也可对学龄儿童家长进行学区房的推销。这些都是由于大数据导致的日常消费及营销方式的改变。

除了商品零售行业，餐饮销售行业也可以利用大数据为客户推荐消费内容，将线上和线下消费充分结合。餐饮O2O（Online To Offline）就是指整合线上和线下资源，形成以数据驱动的闭环运营模式。O2O闭环包括两个方面：一是通过线上平台的搭建和优化，例如便利的点餐、支付、评价等功能，将消费者从线下吸引到线上，形成品牌消费黏性；二是再将消费者从线上引流到线下，扩充实体店的消费额。线上和线下互相促进最终形成消费闭环。

6. 大数据在文娱、体育中的应用

大数据在文娱体育领域的应用主要体现在影视作品投拍、训练体育队伍、预测比赛结果等方面。影视作品投拍前先要考虑市场预期和收益，分析什么类型的作品和哪些演员参演能收获较好的票房。近年流行的影视剧拍摄要抢热门"IP"的做法，便是充分考虑了相关原著作品已有的读者群和观众群基础，而所谓的"IP"，即原著、版权、系列故事等媒体产物概念，便是来自大数据。例如，影视剧《三生三世十里桃花》改编自唐七公子的同名小说，从2017年年初首播以来得到了很大反响，在同类作品中的成绩可谓名列前茅。究其原因，其改编自有大量读者群和粉丝基础的小说，以及演员是当红流量都发挥了重要作用，即在充分了解观众喜好的基础上进行一定的迎合。在此基础上，团队趁热打铁，推出了同系列的《三生三世枕上书》，虽不如第一部的影响，但依然取得了很大成功。这便是大数据在影视领域得到有效利用的例子。

在体育队伍如球队的训练和组建上，可以根据大数据打造一支高胜率的球队，首先通过数学建模挖掘一批潜在球星加入球队，进而通过传感器捕捉和分析对方球员的动作细节及特征，教练查看球员的训练和比赛的视频影像后，分析每个球员的运动轨迹、进攻范围、反应速率等数据，进而扬长避短，改进训练方案，提升球队成绩。

第二节 大数据方法在教育研究中的应用类型

一、大数据对教育教学方式带来的变革

大数据对教育教学方式产生的影响是教育研究中首先需要关注的问题，大数据的普及和应用为传统的教学方式加入了新的元素，对施教者、受教者、教育评价和管理等方面均产生了积极影响。

2015年3月，李克强总理在政府工作报告中提出"互联网+"行动计划，标志着新一代信息技术产业的发展将互联网与社会各领域深度融合的开始。"互联网+"教育是利用互联网技术和思维，对传统的教育方式进行改

造、方法进行创新、资源进行丰富、渠道进行扩充的一种高效、便利的新教育形态。网络资源在信息时代具有丰富教育资源的特殊性。《国务院关于积极推进"互联网+"行动的指导意见》指出,互联网是推动技术进步和效率提升的经济社会发展新形态,在创新公共服务模式上发挥着重要作用。而互联网+在教育事业的发展中,能极大程度地扩展教育资源,丰富教育渠道,优化教育工具,激发教育活力,创新教育要素,互联网+背景能改变传统的教育基础设施和课程体系建设思维,为学校课程体系建设打开新思路。互联网+能极大地提升教育的开放性、灵活性,增加教育资源获取的便利性,增加教育主体之一学生的能动性,是顺应信息时代发展的要求。①

大数据对教学方式带来的变革首先体现在对教师的教学设计的影响上,一是教学形式,二是教学内容。运用大数据技术,是转变传统教学模式和教学体系最为有效的过程。在我国大数据环境下,教育领域有效地借助了在线教育体系的形式开展科学有效的教学活动,提升了整体的教学水平,其中最具代表性的教学形式是"翻转课堂""微课"等。通过将"翻转课堂"和"微课"等教学形式运用到传统的教学活动中,不但能够转变和丰富教学形式,而且能优化和活跃教学氛围,让学生能够积极主动地参与到学习活动中,真正激发学生的主观能动性,为学生未来稳定发展奠定坚实的基础。②除了通过大数据技术丰富课堂教学形式外,课堂外的大规模在线教学也成为课堂教学的重要补充。"慕课(MOOC)"是近年涌现出来的一种在线课程开发模式,是"互联网+教育"的产物,能跟传统的大学课程一样循序渐进地让学生从初学者成长为高级人才,将分布于世界各地的授课者和学习者通过某一个共同的话题或主题联系起来。③除了在教学形式上推陈出新外,在实际教学中,教师可以借助大数据技术,寻找和教学内容相关的知识,从而丰富教学资源。一是拓展获取教学内容的渠道、打破地域甚至国别限制;二是提升获取教学资源的便捷性;三是增加和同行交流的机会和效果;四是提升对教学内容进行甄别的效率;五是及时获取学生反馈并及时调整教学内容。总之,大数据对教学形式和内容产生的影响,使得教师的课堂设计思维也产生了变化。

---

① 彭妮娅. 生态教育的现状及路径——践行生态文明思想 走可持续发展之路 [M]. 北京:中国财政经济出版社, 2020.
② 张建群. 大数据在教育中的应用与研究 [J]. 科技经济市场, 2019 (9):127-131.
③ 360百科. 慕课 [EB/OL]. https://baike.so.com/doc/7187428-7411570.html, 2020-07-01.

第一,大数据可以充分收集分析个体差异,对学生因材施教、量体裁衣。将大数据技术运用在当前教育工作当中,不仅可以落实新课标要求,而且对于增强学生自主学习能力也有极大意义。首先,大数据可以深入到学生的学习习惯和行为模式分析中,进行个体数据分析并酌情制订差异化的教学和学习规划。通过深入搜集、细致分析学生的学习过程行为数据,帮助老师和学生更清楚地认识学生的学习行为差异和特点,结合学习基础、学习环境、学习目标等因素,有针对性地取长补短、因材施教。还能分析适合不同个体的教学和学习节奏,在保证整体教学进程同步的情况下,对不同的学生采用求同存异的方式,尊重和利用个体差异。其次,大数据除了可以帮助老师了解学生而从制订差异化的教学计划以外,还能使学生更加全面地了解自己的学习情况,使学生更加积极主动地提升学习成绩,这一点对于高年级的学生尤其适用。大数据由于来源渠道多样、即时,在反馈学生的学习效果、调整学习模式从而提升学习成绩方面具有较好的时效性和精准性。

第二,大数据能够建立智能导师系统,促进教师实现专业化发展。智能导师系统是一个新兴的自适应的学习系统,一方面打破了传统的教育教学模式,不再是老师单方面地向学生"灌输"知识;另一方面,"一对多,一对一"的老师辅导,也能使老师在辅导学生方面更精准发力。智能导师系统可以及时检测到每一位学生的学习进度和学习效果,并为学生们提供个性化、特定化的学习方案、学习资源以及学习伙伴等,一步一步帮助学生们完成学习目标和学习计划,"打卡式"的学习方式让学生们的学习变得更加有节奏。另外,智能导师系统还设有监督提醒设定,当学生们进度较慢或者作业未及时完成时,系统会适时地提醒学生及时学习。虽然是采用网课的模式进行线上教学,但是智能导师系统在与学生交流互动的过程中,可以通过抓取学生的面部表情等肢体语言,分析学生的心理状态和对课程的认知程度,并结合学生的上课效果和完成作业情况,对学生的授课做出适当的调整,诸如此类积极的干预能促进学生的学习效果。目前,智能导师系统的发展还处于初级阶段,很多东西还不成熟,主要关注点在于学生的课后自学和答疑方面,课堂教学上还有所欠缺,还需要一些关键技术的完善来推动其进一步发展。[1]

---

[1] 林巍. 大数据环境下人工智能技术在教育领域的应用探索[J]. 中国多媒体与网络教学学报(上旬刊), 2020 (6): 14-15.

二、大数据对教育评价方式带来的变革

大数据对教育评价方式带来的变革首先体现在智能评测的应用上。可以从教师对学生的评价、学校对教师的评价、社会对教育的评价等几个不同层次来看，涉及教育过程的评价管理、教育部门对教育主体的评价管理和公众对教育事业的评价监督等方面。

在传统的教学模式中，教师们除了备课、上课之外，还要对学生们的作业练习进行审阅和批改，及时发现学生学习后的疑问和漏洞，以此来帮助学生再次解决问题。每所学校每个班级的人数都是很庞大的，老师们统一批改作业是一个既费时间又耗精力的任务，自然效率也不会很高。随着大数据时代的到来，文字识别、语音识别和语义分析等技术的发展，给老师们评改作业提供了方便，自动化批改作业已经成为现实，而且能够根据每位学生的不同实际情况，系统也能自动给出相应的反馈。而且智能评测不同于传统教师的批改形式，它在很大程度上简化了批改的流程，创新了测评的方式和形式，也极大地提高了测评结果的准确性和测评效率。对于老师们来说，是一个得力的"小助手"，不仅减轻了教师们的工作压力，还能给老师极大的空余时间专注于教学反馈，总结学生们的问题，进一步提高教学效率和质量，为以后的教学方案提供真实可靠的依据。①

学校在进行教学评估的时候往往会遇到许多问题，例如最普遍的教学评估方式——公开课，部分老师会在公开课前把所需要的课程先讲一遍或者几遍，反复进行演练，甚至对学生进行背诵课程内容和相关问题答案的要求，然后进行"表演式"的公开课。这样呈现的课堂状况往往是不真实的，由此给出的教学评估结果往往是不准确的，会对教师的能力评价和学生的学业发展造成不良影响。而采用大数据进行教学评估则可以避免上述问题，通过后台收集的数据，如学生作业完成度与完成情况、上课精神状态与考试答题情况等，建立教育数据库，从而探究学生的学习环境、学习状态与学习过程，这样得出的教学评估结果远比几场公开课来得准确。②

---

① 林巍. 大数据环境下人工智能技术在教育领域的应用探索 [J]. 中国多媒体与网络教学学报（上旬刊），2020（6）：14-15.

② 张仕麟. 大数据在教育领域的应用研究 [J]. 中国新通信，2019（22）：11-12.

教育评价是近年社会关注的热点。2018年9月10日，习近平总书记在全国教育大会上指出："要坚决克服唯分数、唯升学、唯文凭、唯论文、唯帽子的顽瘴痼疾，从根本上解决教育评价指挥棒问题。"由此拉开了教育评价"破五唯"的重大战略课题。"五唯"违背教育教学、科研发展与人才成长规律，与教育评价基本价值导向相背离，是加快推进教育现代化、建设教育强国的"瓶颈"制约，也是新时代教育评价改革的主要关注点。① 而大数据技术能为教育评价"破五唯"提供强大的技术支持，能从多方面提供教育评价依据。在大数据背景下，教育综合评价可以从如下方面进行"破五唯"的探索和实践。首先，建立健全外部评价主体。《国家中长期教育改革和发展规划纲要（2010—2020年）》指出，"要开展由政府、学校、家长及社会各方面参与的教育质量评价活动""鼓励专门机构和社会中介机构对高等学校学科、专业、课程等水平和质量进行评估"但是，目前尚未形成由学校、行业、企业和社会机构等共同参与的教育质量评价机制，家长、社会、企业、行业参与教育质量评价的能动性没有充分调动起来，市场和社会评价作用发挥有限，第三方评价、业内同行评价发展不充分。在这样的背景下，大数据应用能有效挖掘各相关主体和机构的特点，充分利用多方的合力，形成有效的评价主体结构。其次，建立科学的评价体系。通过厘清"五唯"的内在逻辑关系，加强对破"五唯"的主体政策和配套政策的完善，补齐现有六类基本政策工具的"短板"，引入增值性评价等发展性评价方式，增强不同政策工具使用的系统性、协同性，优化教育评价的功能。② 通过理解"破五唯"的关键是破除"唯"的片面评价方法，建立全面综合系统的评价体系，而不是摒弃"评价"这个重要的管理手段，"评价"行为本身并无问题，并且是促进教育改革的重要抓手，只是过去一些片面的评价方法和过于追求评价结果而忽视评价过程的做法，使得业内风气有所走偏，而现在，急需建立一套包含完备的评价指标、可行的测评方法、可比的评价标准的科学评价体系，用以进行对教育领域的评价。

三、大数据分析下的深度学习

"深度学习"概念由西方学者于20世纪70年代基于大学生文本阅读学习

---

①② 涂端午. 教育评价改革的政策推进、问题与建议——政策文本与实践的"对话"[J]. 复旦教育论坛，2020，18（2）：79-85.

结果的研究提出，与"浅层学习"形成对比。① 另有一种说法表示，"深度学习"的概念源于人工神经网络的研究，是机器学习研究中的一个新的领域，由 Hinton 等人于 2006 年提出，其通过组合低层特征形成更加抽象的高层表示属性类别或特征，以发现数据的分布式特征表示，动机在于建立、模拟人脑进行分析学习的神经网络，模仿人脑的机制来解释数据，例如图像，声音和文本。② 上述两种概念从不同的角度对不同的领域进行界定，前者指教育领域的学生学习，后者指计算机领域的机器学习。诚然，大数据时代为基于人工神经网络的机器深度学习带来了很多发展机遇，值得计算机专业领域的人士好好研究。也有一些研究聚焦于深度学习技术的教育大数据挖掘，即利用机器学习的技术研究教育大数据，通过机器的深度学习促进人的深度学习。而本书所指的深度学习，偏向于传统意义上的作为教育主体的人的学习，指大数据时代改变传统的教学方式后，为学生提供有意义学习的契机和个性化学习的支撑，以及借由教育大数据技术带来的基于大数据挖掘引起的个人学习能力和水平提升的过程。

深度学习需要元认知的参与，元认知是指思维的思维、认知的认知，即学习者在学习过程中能够有意识地对信息、概念、知识以及命题进行有效的顺应或同化，并能够清楚认识到自身认知结构的变化。元认知的参与对学生理解和掌握知识，促进其深度学习具有重要意义。深度学习的目的是发展高阶思维水平，实现有意义的学习，其核心思想体现了批判、理解、整合、迁移、反思和创造等认知领域的概念。根据美国学者布鲁姆对学习目标的分类，应用、分析、综合和评价更加注重知识的运用与迁移，属于较高级的认知水平，属于深度学习的范畴。深度学习发生与否的标准是是否建立了知识的内在联系。建立知识的内在联系需要进行新旧知识的整合，即概念交互。也就是说，深度学习是通过学习者与环境的相互交流和作用，引发概念的转变、整合理解与创造性认知重组的有意义学习。③ 大数据影响深度学习可以从三个方面发挥作用：一是从教师角度出发促进学习者高阶思维发展，二是从学生

---

① 袁苗，张丽菲，陈玲，等. 大数据对深度学习的影响研究［J］. 软件导刊（教育技术），2018，17（8）：8-10.

② 360百科. 深度学习［EB/OL］. https://baike.so.com/doc/7000002-7222884.html, 2020-07-06.

③ 袁苗，张丽菲，陈玲，等. 大数据对深度学习的影响研究［J］. 软件导刊（教育技术），2018，17（8）：8-10.

角度出发提高学习者元认知参与程度,三是从教学设计角度出发促进学生的深度学习。

目前大数据分析下的深度学习研究主要有两类:一类是大数据环境下基于学习模型构建的深度学习模式和过程探索;另一类是深度学习在具体的学科教育中的应用,如护理教育、视觉素养与美育等。根据布鲁姆教育目标在认知领域进行的分类,深度学习与浅层学习有一些明显的区分特点(如表7-1所示)。建构主义学习理论强调要重视创建外部环境,以利于学习者对新知识的意义接受,同时也有利于学习者唤醒已有知识。建构主义学习理论强调对学习过程的注重,认为应该支持有意义的学习,通过环境交互、师生交互、生生交互达到对知识结构的进一步调整,同时强调应该重视大数据环境下深度学习认知过程,进一步评估是否达到深度学习的结果。[①]

表7-1　　　　　　　　深度学习与浅层学习的特点区分

学习类型	目标层次	思维水平	认知结果
浅层学习	了解、知道、应用	低水平	概念间彼此独立
深度学习	综合、评价、分析	高水平	建立联系并做出决策

大数据背景下的深度学习模型的构建可以分为3个阶段,分别为前期分析、认知过程,和学习结果(及反馈)。前期分析包括学习者分析、学习目标设计和教师引导激发学生动机三部分,其中学习者分析是基础,学习目标设计是关键,教师引导是实现角色参与和转换的重点,阶段目标是达到激发学生动机的目的。经过学习者和教师共同参与的前期分析后,进入到认知过程,包括知识建构和认知策略形成两个部分,这是比前期分析稍复杂的阶段,也是连接浅层学习和深度学习的重要步骤,元认知是学习者对自身习得的知识与学习环境进行交融的兼容性知识,涉及学习者在不同的语境下如何搜索和选择已储存的知识来解决现有问题的能力。在元认知环境下,学生不仅是知识的接收者和储存者,还是知识的建构者和发现者,并且能够灵活控制和运用已有知识,发现、构造和解决问题。经过前两个阶段后,学习者便进入了深度学习的培养高阶能力阶段,一方面将学习结果反馈给认知过程,对元认

---

① 张洁. 大数据环境下深度学习模型构建研究[J]. 软件导刊(教育技术),2019,18(10):38-40.

知策略和知识建构模式进行及时调整；另一方面将调整后的认知过程模式运用到培养高阶能力上，形成良性循环（见图 7-2）。

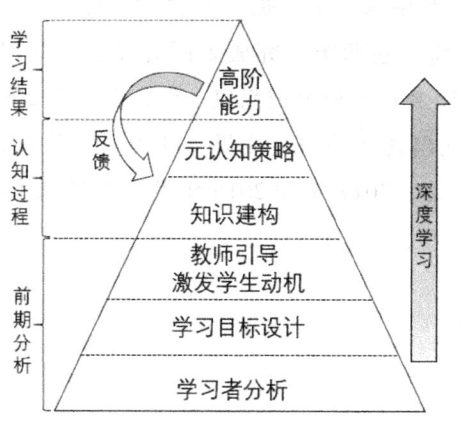

图 7-2　大数据背景下的深度学习模型

随着深度学习模型的构建和完善，其在具体的学科教育中的应用越来越广泛，并随着大数据技术的逐渐成熟而与智慧教育等概念互相融合，成为一种新兴的互联网+学习形态。

四、基于教育大数据进行可视化分析

前面几类所述大数据在教育研究中的应用，更偏向于大数据技术在教育教学方式、教育评价、深度学习等教育实践领域的应用，是教学和教改研究的基础。下面几类应用则更偏向于对教育教学管理进行研究，是基于研究的研究，是深化教育研究和服务教育管理决策的参考依据。

本部分以中国知网"计量可视化分析"为基础，对近年我国"大数据的教育应用"领域的相关文献进行可视化分析，通过文献计量和可视化研究方法，分析教育大数据的研究情况，包括两方面内容：一方面是文献计量分析，统计我国近年来教育大数据研究文献的发文量、来源期刊、发文机构以及著者，对教育大数据领域的研究现状进行客观描述和评价；另一方面是可视化分析，主要借助中国知网的"计量可视化分析"模块，对教育大数据进行时空知识图谱分析，通过关键词共现图谱、关键词聚类图谱及关键词共现时区图谱，探索我国教育大数据研究的热点与演进路径；同时对我国教育大数据文献著者、机构以及他们之间的合作网络图谱进行分析，了解他们的空间分布特点与合作情况。①

以中国知网（CNKI）为文献检索数据源，检索形式为"高级检索"，检索条件在"主题"一栏输入"大数据"并含"教育应用"或者"大数据"并含"教育研究"，即将上述两类研究成果同时显示，共搜索到6305条结果。从图7-3可知，2012年前的研究成果仅一篇，发表于2008年，间隔3年后，2012年开始成规模地出现相关研究成果，各年成果数量匀速上升至2016年后，增速出现短暂停滞，2017年和2016年发文数量基本持平，从2018年开始各年发文数量又出现逐年上升。

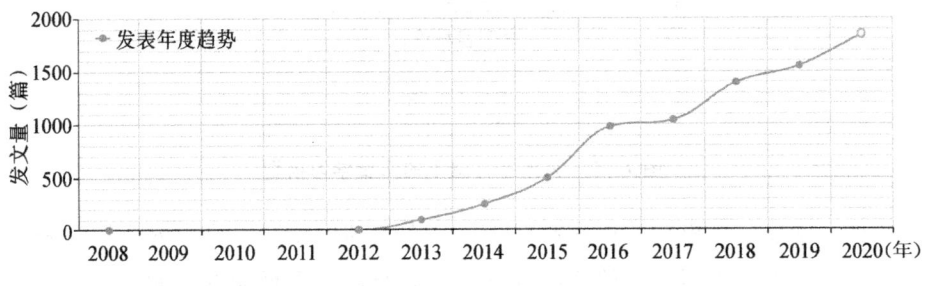

图7-3 知网检索的大数据教育研究和应用各年发文情况

除了能对历年发文数量进行比较分析以外，还能对文献的主题词（关键词）进行归纳和比较，在6000多篇相关文献中，首先，主题词为"大数据"的文献最多，共有2185篇；其次是主题词为"大数据时代"的文献，有1641篇；再次，其他主题词的文献数量均在1000篇以下；最后，数量最少的文献主题词是"学习分析"和"教育管理"，其文献各89篇（见图7-4）。各关键词的共现网络图经聚类分析成3类后为图7-5。

文献发表者和发文机构也是可供分析的一个重要指标。通过图7-6可知，近年在"大数据的教育应用和研究"领域发表文章数量排在前三位的机构分别是北京师范大学、华东师范大学和华中师范大学，发表文章数量都超过100篇。同时，西南大学、江苏师范大学、东北师范大学的发表数量都超过50篇，另外还有24个机构的发表文章数量在18—43篇。

---

① 张玉振，张娜，王亚凯，等. 基于CiteSpace的我国教育大数据可视化分析［J］. 西安电子科技大学学报（社会科学版），2020，30（1）：78-88.

第七章 大数据方法在教育研究中的运用 | 161

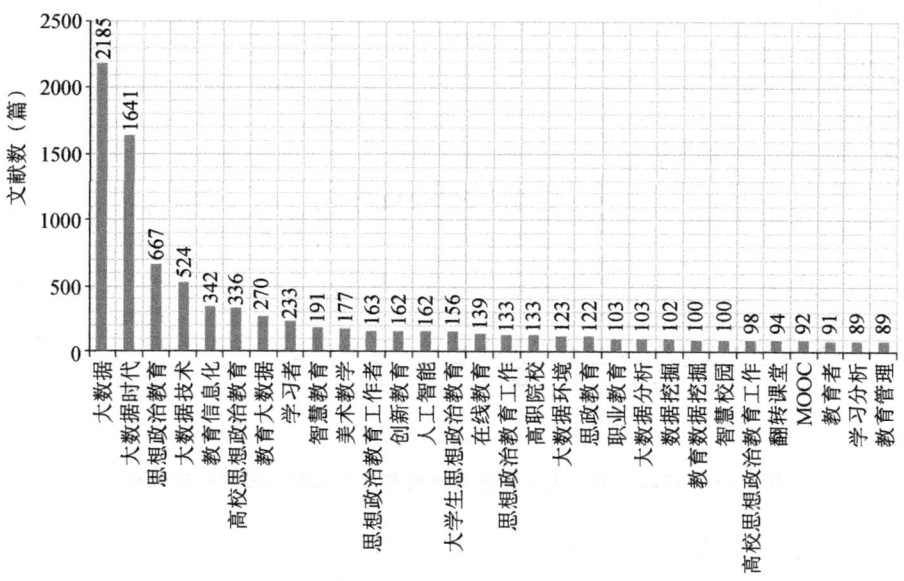

图 7-4 知网检索的大数据教育研究和应用文献主题词分布

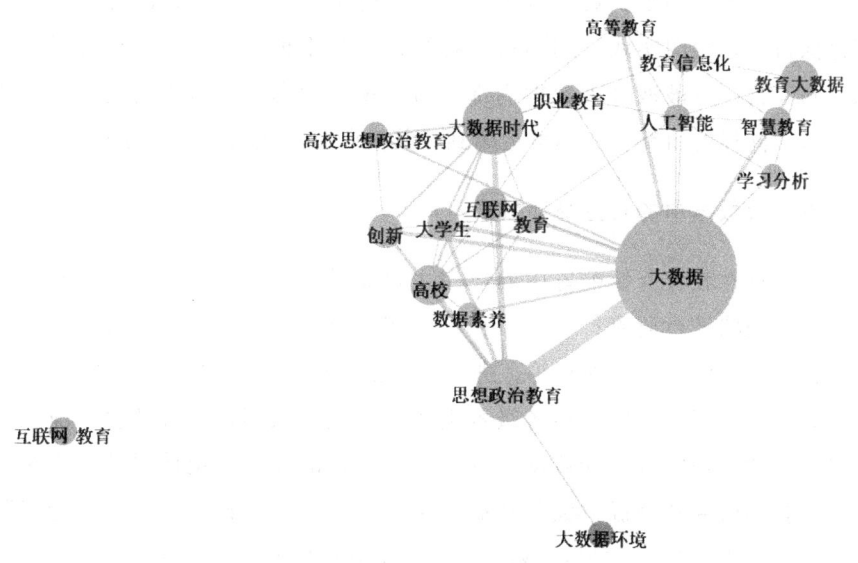

图 7-5 知网检索的大数据教育研究和应用文献的关键词共现网络

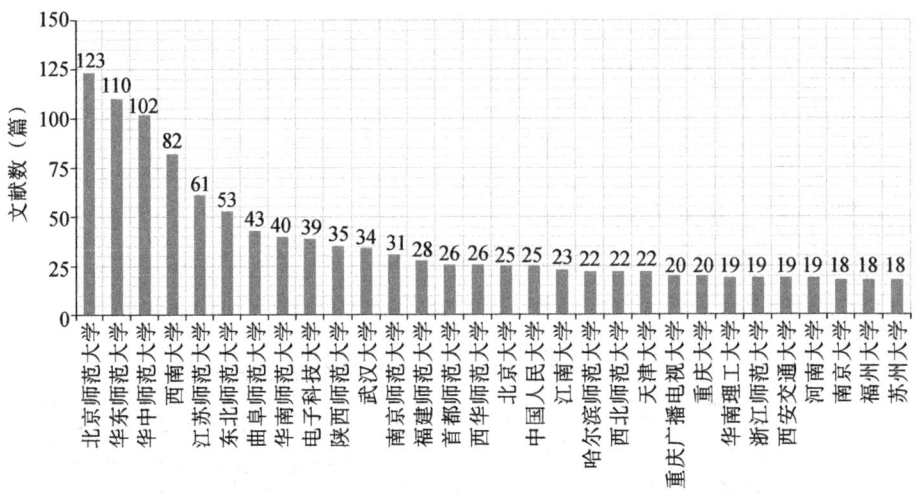

图7-6 知网检索的大数据教育研究和应用文献的发表机构分布

以上分析有助于我们了解大数据时代的教育研究和应用情况,通过研究领域、研究热点、研究产出、研究者和机构等信息,能了解一个学科领域的发展脉络,发现繁荣的学科背景下隐藏着的隐患,如著者们可能对于部分重要问题的聚焦度不足,缺乏对研究主题的持续性深入探索,研究重点从基础理论探讨逐渐倾向实践应用领域等特征,并基于种种现状,对现有研究进行深入和完善,打破教育大数据内部学科壁垒,动态融合多学科优势,形成学科合力。同样的研究方法亦可运用到对其他研究领域的可视化分析上。

五、大数据中的官方统计数据

大数据在教育资源配置中的应用主要通过两方面起作用:一是对教育资源配置的现状进行监测;二是以相关监测结果为基础,结合教育事业发展成就和社会、经济、人口现状等,进行优化教育资源配置的研究和决策。

教育大数据首先应包括各级各类的教育统计数据,来自教育事业及社会经济发展的各项宏观统计数据,例如来自教育部或国家统计局的官方统计数据等。我们研究和分析"大"数据不应丢弃"传统"数据,因为"传统"的统计数据是大数据的重要组成部分,从大数据的相关定义和基本特征来看,传统的统计数据满足"数据量大"和"数据种类繁多"的特点。而大数据的另外两个特点"处理速度快""价值密度低",则是从大数据技术分析和数据收集的角度说明的,倾向于技术层面,统计数据暂不涉及。无论如何,统计数据涉及社会生活的各个领域和层面，能全面展示社会、经济、人口、教育的各方面现状，是国家发展的重要风向标，也能为决策提供重要的现实依据和参考。

教育部官网（http：//www.moe.gov.cn/）的文献数据如图7－7所示①，点击教育部网站首页的"文献"一栏，会出现几个官方统计数据明细，包括"教育统计数据""教育发展统计公报""教育经费执行公告""中国教育年鉴"。

图7－7　教育部官网首页的文献数据栏目

从文献一栏可进入教育事业发展和经费相关的统计数据，内含各类重要政策文件和教育事业发展及经费统计数据，图7－7所标识的四类教育统计数据具体如下："教育统计数据"为1997年至上一年（目前为2019年）的分年度教育统计数据，从"全国基本情况"和"各地基本情况"两个角度呈现，其中包括各级各类学校的教职工（女教职工单列）情况、学生（女学生单列）情况、少数民族师生情况、学生数构成、学龄儿童入学率、各级学校毕业生升学率、高校资产情况、各级学校办学条件等。"教育发展统计公报"包含1998年至上一年（目前为2019年）的教育发展统计公报数据，里面包含各级各类教育的学校数、学生数、教师数、学校设施条件、在学规模和毛入学率及增长情况。从图7－7所示界面进入后的界面如图7－8所示。"教育经

---

① 此处截图为教育部官网2020年7月28日显示的主页界面，随着各时期重点工作的不同，界面可能发生变化。

费执行公告"的列表与图7-8类似，内含1997年至前两年（目前为2018年）的全国教育经费总投入及增幅、各级各类教育经费投入及增长情况，还有全国31地的地区数据。"中国教育年鉴"则包含2001—2015年的中国教育年鉴，经过下载可得到整本的教育年鉴电子版，内容非常丰富。

图7-8　教育部官网的各年教育发展统计公报列表

除了上述包含具体数字的数据外，教育部官网的文献栏目还有很多文字数据，也属于大数据的一类，值得关注。"教育部令"条目集中呈现了教育部各年以教育部令的形式发布的重大政策文件，"教育部工作要点"以年度为单位，呈现1987年至上一年（目前为2019年）的教育部工作要点，这两类数据可以作为开展教育教学实践和教育科学研究的重要参照物，其代表着国家教育事业发展的方向和重点。"中国教育概况"则是历年的全国教育事业发展情况，内容和"教育发展统计公报"类似。"教育部公报"则是对教育部发布的重大政策文件的分类汇总，每年12期，从综合、高等教育、基础教育、教师队伍建设、职业教育与成人教育、民族教育、教育督导等类别分别呈现相关领域的重要文件全文，是教育政策研究的重要资料依据。"教育部简报"则是教育部发布的，就年度重点工作进行的汇报、总结和评论。例如2020年上半年发布的简报就聚焦人才培养、疫情防控、脱贫攻坚等重点领域。

除了教育部的相关统计数据外，国家统计局也是教育大数据的重要来源（见图7-9）。国家统计局官网有一个专门的"统计数据"栏目，点击其"数据查询",可得按月度、季度、年度统计的数据,其涉及社会经济发展的各个领域。统计局官网数据资料丰富,不仅有统计数据,还有各类即时分析报告,供相关领域人员查阅参考。

图7-9 国家统计局官网的部分数据条目

官方统计数据是我们进行相关研究的基础,在大数据领域中具有几个优势。一是来源可靠,具有很高的权威性和可信度。一般来源于国家统计渠道(包括教育部官网呈现的数据)的各种宏观统计数据,都是经过严格的审查把关后才发布的,都是符合社会、经济发展的真实情况的,其可信度毋庸置疑,所谓"可见即可信"。二是获取便利,具有较高的可获得性。国家统计数据在各大官方平台公开发布,任何有需要的人都可查阅、获得、分析使用,没有任何身份和门槛限制,提高了数据的使用和传播效率,充分体现了统计数据衡量、测度和反映国民经济、社会发展状况的价值,所谓"可见即可用"。同时,统计数据也具有一定的劣势,那就是指标数量有限,不能全方位、全层次地反映社会的全局,尤其是缺乏微观数据的支撑。大部分统计数据侧重宏观层面,对微观层面的反映不足,这时就需要一些调查数据来做补充。

六、大数据中的社会调查数据

很多科研单位和高校科研院所都建立了自己的社会追踪调查平台,经过科研人员坚持多年的调查实践,形成的社会调查数据库,是教育科研的重要数据来源。下面列举几个由科研单位建立的重要的社会调查数据库。

1. 中国家庭收入调查数据(CHIP)

中国家庭收入项目调查(Chinese Household Income Project Survey,简称CHIP)由北京师范大学中国收入分配研究院建立和开展。为了追踪中国收入分配的动态情况,中国家庭收入调查项目组相继在1989年、1996年、2003年、2008年和2014年进行了五次入户调查,分别收集了1988年、1995年、

2002年、2007年和2013年的收支信息，以及其他家庭和个人信息。这几次调查是由中外研究者共同组织的、关于"中国收入和不平等研究"的组成部分，并且在国家统计局的协助下完成。①

2. 中国综合社会调查数据（CGSS）

中国综合社会调查（Chinese General Social Survey，简称CGSS）始于2003年，由中国人民大学中国调查与数据中心承担。它是全国性、综合性、连续性的学术调查项目。CGSS收集社会、社区、家庭、个人多个层次的数据，总结社会变迁的趋势，探讨具有重大科学和现实意义的议题，推动国内科学研究的开放与共享，为国际比较研究提供数据资料，充当多学科的经济与社会数据采集平台。目前，CGSS数据已成为研究中国社会最主要的数据来源，广泛地应用于科研、教学、政府决策之中。②

3. 中国社会状况综合调查数据（CSS）

中国社会状况综合调查（Chinese Social Survey，简称CSS）是中国社会科学院社会学研究所于2005年发起的一项全国范围内的大型连续性抽样调查项目，目的是通过对全国公众的劳动就业、家庭及社会生活、社会态度等方面的长期纵贯调查，以获取转型时期中国社会变迁的数据资料，从而为社会科学研究和政府决策提供翔实而科学的基础信息。该调查是双年度的纵贯调查，采用概率抽样的入户访问方式，调查区域覆盖了全国31个省/自治区/直辖市，包括了151个区市县，604个村/居委会，每次调查访问7000—10000余个家庭。此调查有助于获取转型时期中国社会变迁的数据资料，其研究结果可推论全国年满18—69周岁的住户人口。③

4. 中国家庭追踪调查数据（CFPS）

中国家庭追踪调查（China Family Panel Studies，简称CFPS）由北京大学中国社会科学调查中心展开。该调查中心致力于搜集社会调查数据，反映中国社会发展变迁，增进学术研究合作，促进社会科学发展。故此，调查中心"中国家庭追踪调查"（CFPS）数据及其衍生子数据，旨在为学术研究和政府决策提供第一手的实证数据。④

---

① 详见http://www.ciidbnu.org/chip/index.asp。
② 详见http://cgss.ruc.edu.cn/#。
③ 详见http://css.cssn.cn/css_sy/c_xmjs/。
④ 详见https://www.isss.pku.edu.cn/cfps/download/login。

5. 中国劳动力动态调查数据（CLDS）

中国劳动力动态调查（China Labor-force Dynamics Survey，简称 CLDS）由中山大学社会科学调查中心承担，从 2012 年开始推进在中国进行劳动力动态调查。CLDS 的目的是通过对中国城乡以村/居为追踪范围的家庭、劳动力个体开展每两年一次的动态追踪调查，系统地监测村/居社区的社会结构和家庭、劳动力个体的变化与相互影响，建立劳动力、家庭和社区三个层次上的追踪数据库，从而为进行实证导向的高质量的理论研究和政策研究提供基础数据。[①]

6. 中国城市劳动力调查数据（CULS）

中国城市劳动力调查（China Urban Labor Survey，简称 CULS）是由中国社会科学院负责组织实施的一项大规模城市家庭抽样调查项目，2001 年启动首轮调查，每五年开展一次，2016 年为第四轮调查。该调查旨在全面动态了解城市家庭生活、就业和社会保障状况，通过严谨规范的科学研究为政府相关政策制定提供依据。[②]

上述调查数据从多个角度和层面提供了社会经济、就业、收入、教育等方面的微观数据，具有现实性，也产生了大批基于这些数据的学术研究成果。但是这些数据库在使用上最大的不便在于并非完全公开，单位外的人员想要获取这些数据，需要经过注册、申请、审核等步骤，过程较烦琐，得到的数据量也有限，这样降低了调查数据的获得和使用效率。笔者曾经尝试申请上述某两个数据库的数据，其中一个给予了反馈，但是数据格式为某种特定的统计软件格式，只能用于该特定的软件，在其他常用的软件如 Excel 上则无法打开，最终该数据不可用。另一个数据库的数据申请则没有得到任何回应。也有由于调查数据获得的种种限制和不便，使得一些灰色地带出现，一些人将这些数据用于售卖而从中获利，虽然增加了数据的可获得性，但也降低了其学术的纯粹性。

---

① 参考 https://www.douban.com/note/701533542/。

② 详见 https://www.culs.org.cn/。

第三节　大数据方法应用实例——义务教育均衡发展时代的教育资源对房价的影响

一、教育资源对房价影响的大数据研究背景

房价受到很多因素的影响，其中教育资源分布的影响是大家关注的一个重点，与之相关的是义务教育均衡发展的政策及实践发展。近年来，我国义务教育均衡发展取得了重要进展，2022年6月21日，在教育部举行的新闻发布会上，教育部基础教育司司长介绍，我国义务教育在实现全面普及的基础上，仅用10年左右时间实现了县域基本均衡发展。① 在全国县域义务教育均衡发展的基础上，需要继续加强督导评估，进一步巩固相关发展成果。教育部表态，义务教育均衡发展是一个动态过程，要年年监测复查。在义务教育均衡发展时代，教育资源的分布差异仍是客观存在的，距离学校的远近是否仍是影响房价的因素？教育资源相比于城市生态资源、医疗资源、交通资源、商业资源等因素，对房价的影响比重是否有所变化？这些问题，在义务教育均衡发展时代，仍是值得关注的问题。

1. 义务教育均衡发展

20世纪末，我国实现了基本普及九年义务教育的宏伟目标，从根本上保障了广大儿童少年接受义务教育的权益。进入新世纪之初，党中央、国务院把农村教育作为教育工作的重中之重，明确提出新增教育经费主要用于农村的要求，组织实施国家西部地区"两基"攻坚计划、"农村中小学现代远程教育工程"和实行资助贫困家庭学生就学的"两免一补"政策，有力地促进着我国区域之间、城乡之间义务教育的均衡发展。各地也积极采取措施，努力缩小义务教育发展中的差距。尽管各地义务教育都有了新的发展，但城乡之间、地区之间、学校之间的差距依然存在，在一些地方和有些方面还有扩大的趋势，成为义务教育发展中需要高度关注的问题。在此背景下，为了进一

---

① 教育部官网. 教育部：我国现有1.58亿名中小学生 义务教育已实现县域基本均衡发展［EB/OL］. http：//www.moe.gov.cn/fbh/live/2022/54598/mtbd/202206/t20220622_639766.html，2022－06－22.

步推进义务教育均衡发展，2005年5月，教育部发布了《教育部关于进一步推进义务教育均衡发展的若干意见》，提出把义务教育均衡发展摆上重要位置，从加强农村学校和城镇薄弱学校师资队伍建设、建立有效机制、保障弱势群体学生接受义务教育、建立监测评估体系等方面采取积极措施逐步缩小学校办学条件的差距。①

2011年我国全面实现"两基"（基本普及九年义务教育、基本扫除青壮年文盲）后，推进义务教育均衡发展成为教育工作的"重中之重"。2012年，国务院出台《关于深入推进义务教育均衡发展的意见》，明确要求"率先在县域内实现义务教育基本均衡发展""到2020年，全国实现基本均衡的县（市、区）达到95%"。为督促地方各级政府落实义务教育责任，国家建立了县域义务教育基本均衡发展督导评估认定制度，由国务院教育督导委员会办公室具体组织实施，从2013年启动了国家督导评估认定工作。到2020年年底，全国有2809个县（含不设区的市、市辖区和国家划定的其他县级行政区划单位）通过国家督导认定，占当时全国总县数的96.8%，如期达到国务院要求。2021年，国务院教育督导委员会办公室克服疫情影响，持续推进县域义务教育基本均衡发展国家督导评估认定工作，先后对广西、西藏、四川、新疆、内蒙古、甘肃6个省份的94个县进行了国家督导验收。到2021年年底，全国2895个县级行政单位均通过了国家督导评估。这是继全面实现"两基"后，我国义务教育发展中的又一重要里程碑。②

2022年4月，国务院教育督导评估委员会公布了通过义务教育均衡发展国家督导评估认定的县（市、区、旗）名单，并提出要强化政府对义务教育的主体责任，持续保持对义务教育的重视程度和投入强度，进一步加大对困难地区、薄弱环节和弱势群体的支持力度，做好县域义务教育均衡发展常态化监测复查，主动对标高质量发展要求和优质均衡的标准，不断提高育人质量。此后，义务教育发展目标从实现"基本均衡"升级成了实现"优质均衡"。

2. 城市基础教育资源对住宅价格的影响

在我国义务教育发展实现基本均衡后，承认教育资源分布差异，与加强

---

① 教育部官网. 教育部关于进一步推进义务教育均衡发展的若干意见［EB/OL］. http://www.moe.gov.cn/srcsite/A06/s3321/200505/t20050525_81809.html, 2005-05-25.

② 教育部官网. 全国县域义务教育均衡发展 国家督导评估认定有关情况介绍［EB/OL］. http://www.moe.gov.cn/fbh/live/2022/54598/sfcl/202206/t20220621_639114.html, 2022-06-21.

义务教育优质均衡发展并不矛盾。同样地,研究影响房价的各因素中教育资源分布的比重:一是为了更好地了解教育资源均衡发展的现状,从而更好地优化教育资源布局;二是为了认识教育资源对人们生活和经济社会发展的影响和比重变化,更好地让教育发展服务于经济社会发展大局。

近年来,有很多学者研究了城市房价与教育资源分布的关系。左双双等收集整理了 2017 年 11 月北京市不同城区不同小区的房价,研究其价格影响因素,发现北京市房价呈现明显的区位特征,学校教育优质程度与学区房价格正相关,其影响房价的程度超过了交通和医疗等条件。[①] 张珂等在 2018 年通过构建特征价格模型,定量研究了北京市的基础教育资源对住宅价格的影响,发现北京市海淀区基础教育资源对住宅价格的影响显著,住宅所在学区的质量水平每下降一个等级,住宅价格平均降低 2.33%;每增加一所重点学校的入学资格,住宅价格平均升高 6.07%;住宅与学区内重点学校的最近距离每增加 1%,住宅价格平均降低 5.80%。学区间差异形成了住宅价格的初次增值,就近入学政策与户籍制度限制是教育资源资本化到住宅价格中的前提,学校间教学资源配置不均衡是学区房价格差异的根本原因。[②] 哈巍等 2017 年在学校质量资本化研究涌现和学校改革的背景下,结合北京市义务教育综合改革带来的外生政策冲击和边界断点回归这两种策略,估计了学区房的溢价,考察了薄弱小学质量提升的货币价值。在此基础上,哈巍等 2018 年采用主客观相结合的指标衡量学校质量、讨论学区房的溢价问题,认为教育质量的"资本化"主要由主观的学校质量评价引起,学区房溢价主要来源于长期积累的学校质量差距,而受学校的经费支出水平影响较小。[③] 宋煜等利用 2016 年北京市六环内 6235 个二手房小区住宅均价数据,分别使用特征价格模型与空间计量模型,对比测度了学区房的教育溢价。认为住房价格具有显著的空间自相关效应,传统的特征价格模型忽视了这一空间效应,导致高估了教育的溢价程度,同时不同等级教育资源对住房价格的空间溢价明显不同,

---

① 左双双,佟思威,时铭,等. 北京市学区房价格影响因素实证研究 [J]. 中国集体经济, 2018 (10):28-29.
② 张珂,张立新,朱道林. 城市基础教育资源对住宅价格的影响——以北京市海淀区为例 [J]. 教育与经济, 2018 (1):27-35.
③ 哈巍,靳慧琴. 教育经费与学区房溢价——以北京市为例 [J]. 教育与经济, 2018 (1):35-41.

教育资源越优质的学区，其住房溢价越高。①

在量化方法上，还有根据系统动力学理论从住房供给和需求的角度研究房价影响因素的。该方法有较强的统计科学性，但也许是由于数据获取原因，其在相关因素中并未纳入教育资源因素，认为商品房价格主要受土地政策、利率和税率政策等的影响。它的主要切入点是分析大的政策环境，而未分析同一政策背景下造成房价差异的影响因素及影响大小。对于该研究方法来说，增加影响因素使指标体系具有完备性，进而分析教育资源因素对房价的影响比重，应该是可以继续研究的方向。②

除了北京市以外，其他地方的房价影响因素也受到关注。相关研究可分为两大类。一类是将房价放在经济环境中研究，未将教育资源作为影响因素进行分析。如周尔民等分析宏观经济、房地产行业、人口和市场需求水平等与房价的关系，认为影响房价的主要因素有：人均 GDP、人口密度、居民消费价格指数等。其中，人均 GDP 是影响房价最重要的因素。③ 鞠方等研究"租购同权"政策对我国大中城市房价的影响，认为"租购同权"政策不仅能直接有效地抑制试点城市新建商品住房及二手住房房价的增长，还能通过降低房价上涨预期间接平抑房价增长速度，且该政策对不同属性的住房市场及不同建筑面积的住房影响也不同。④

另一类是研究学区房的特征价格影响因素，将教育资源从影响房价的诸多因素中单列出来。例如，李从容等对南京市秦淮区实行"多校划片"的原秦淮区与实行"单校划片"的原白下区进行比较，运用空间计量模型分析教育特征、建筑特征、邻里特征、区位特征和税收特征等因素对不同区域住房价格的影响。其研究结果是，小学教育质量和到小学的距离对房价的影响不显著，初中教育质量和到初中的距离对房价的影响显著。⑤ 张雅淋和赵强以南

---

① 宋煜，崔娜娜，沈体雁."学区房"的教育溢价测度研究——以北京市为例 [J]．价格理论与实践，2018（2）：37-40.

② 张品一，杨娟妮．房地产市场系统动力学仿真模型研究——以北京市为例 [J]．北京社会科学，2021（10）：87-96.

③ 周尔民，朱进，王贵用．房价影响因素模型的构建与实证分析——以江西省为例 [J]．兰州财经大学学报，2016（4）：34-43.

④ 鞠方，白怡颖，许依玲．"租购同权"政策对我国大中城市房价的影响研究 [J]．财经理论与实践，2021（5）：124-131.

⑤ 李从容，朱世见，葛鹏宇．南京市秦淮区学区房特征价格影响因素 [J]．地域研究与开发，2019（2）：92-96.

京市主城区具有代表性的 33 所小学周边房产的交易数据为基础，将学区房与非学区房进行对照研究，发现重点小学会给其周边二手房带来 14.12% 的溢价，同时省实验小学学区房溢价为非省实验小学学区房溢价的约 2 倍。[①]

以上两类研究主要是将教育资源因素和非教育资源因素相对割裂开：第一类研究经济因素和房地产政策环境的影响，很少考虑教育资源因素；而第二类着重研究学校资源、是否学区房等对房价的影响，未将其和其他因素作比较，其中李从容等的教育特征因素研究中加入了非教育特征因素对不同区域住房价格的影响，如建筑特征、邻里特征、区位特征、税收特征等，但对各因素的均衡关注和量化分析精准性还有待提高。

上述研究在数据上，大多用的几家主要的房屋交易中介公司的交易数据，信息准确全面。从数据量上看，有用月数据、季数据、年数据的，数据从几千条到几万条不等，符合"大数据"方法对海量数据的要求。研究方法上，多是用同区域的学区房和非学区房进行比较，学校根据是否市重点或区重点进行分类，进而得出优质学校资源对房价的影响。研究内容上，主要是研究学区房溢价，多数将学区房和非学区房的价格进行对比，忽视了对学区外的其他因素的影响，也忽视了教育资源和其他资源在影响房价上的作用大小比较。基于上述研究，在研究房价影响因素时，应将各方面因素综合考虑，研究教育资源分布对房价的影响时，可以对其他方面因素和教育因素的作用方式和大小进行比较，进而得出相对全面客观的分析结果。

二、北京市教育资源与房价关系的大数据研究

1. 有关大数据概况及数据处理

根据某房屋销售中介公司的大数据，2019 年北京市全年的二手房销售数据有 101553 条，涉及朝阳、海淀、东城、西城、丰台、昌平、房山、石景山、大兴、顺义、通州、亦庄等 12 个区。主要相关指标有所属区块、挂牌价、成交周期、调价次数、浏览数、关注人数、成交单价、单价、交易权属、房屋年限、房权所属、房屋户型、楼层、建筑面积、建筑类型、房屋朝向、建成年代、装修、有无电梯、地铁站距离、公交站距离、幼儿园距离、小学

---

① 张雅淋，赵强. 基于配对回归的学区房溢价研究——以南京市主城区为例 [J]. 教育经济评论，2017（5）：92–113.

距离、中学距离、高校距离、购物中心距离、超市距离、医院距离、公园距离、银行距离、物业费、绿化率、容积率等。以上指标大致可分为房屋情况（包括基本情况和市场认可情况）、生活便利情况（包括出行交通、商业环境、医疗、休闲等）、教育资源情况、绿色生态等几方面（见表 7-2）。

表 7-2　　　　　　　　　房屋销售的基本情况指标

指标类型	指标内容	
	指标方面	具体指标
房屋情况	房屋基本情况	区块、挂牌价、成交单价、交易权属、房屋年限、建筑面积、建成年代、装修情况、有无电梯
	市场认可情况	成交周期、调价次数、浏览数、关注人数
生活便利情况	出行交通	地铁站距离、公交站距离
	商业环境	购物中心距离、超市距离、银行距离
	医疗资源	医院距离
	休闲条件	公园距离
教育资源	与学校距离	幼儿园距离、小学距离、中学距离、高校距离
绿色生态	小区环境	绿化率、容积率

房屋用途包括普通住宅、公寓、商业办公、别墅、车库等类型，根据房屋是否可作为住宅用途和与其他类型的价格差别情况，将用途为"车库"和"商业办公类"的数据删除，保留数据 97025 条。进一步发现，部分数据的"成交价"和"单价"不是一个确定的数，而是一个区间，不便于实证分析，于是将这部分数据也剔除，最后得到有效数据 57675 条。

分析相关指标内容和数据数值后，对于具有独立性、便于分析的一些指标进行保留，分析房价影响因素中教育资源的影响大小和比例，将房屋成交单价作为被解释变量 P，将其他各指标作为解释变量，建立线性模型，回归分析后再根据各变量的检验结果进行分析（见表 7-3）。

表 7-3　　　　　北京市 2019 年二手房销售数据的处理情况

变量名	符号	数据量	最高值	最低值	均值	中位数	标准差
成交单价（元/平方米）	P	57675	150000	5050	60816	55724	22693
建筑面积（平方米）	A	57675	715	12	82	74	36
建成年代（年）	Y	57526	2018	1950	2000	2002	10

续表

变量名	符号	数据量	最高值	最低值	均值	中位数	标准差
地铁站距离（米）	D1	57675	14846	10	850	614	927
公交站距离（米）	D2	57675	1457	14	200	185	104
幼儿园距离（米）	D3	57675	3947	4	256	222	171
小学距离（米）	D4	57675	4276	10	525	420	417
中学距离（米）	D5	57675	4682	6	666	518	537
高校距离（米）	D6	57675	38246	19	2878	1530	3648
购物中心距离（米）	D7	57675	9943	11	755	600	713
超市距离（米）	D8	57675	16971	3	2397	1592	2617
医院距离（米）	D9	57675	3557	3	373	304	301
公园距离（米）	D10	57675	4577	3	729	654	444
银行距离（米）	D11	57675	3445	3	309	236	273
绿化率	E1	53441	1.0	0.0	0.3	0.3	0.1
容积率	E2	53553	30.0	0.2	2.4	2.2	1.4

表7-3中的各指标，除了房屋成交单价、面积等基本情况外，还有11个表示距离的指标和2个表示环境的指标。当房屋周围有多个同类学校、车站或商场时，用最短距离值来表示距离。

2. 模型构建和实证研究

数据是面板数据，以房价指标P为被解释变量，以指标A、Y、D1……D11、E1、E2为解释变量，建立多元线性模型（见图7-10）。

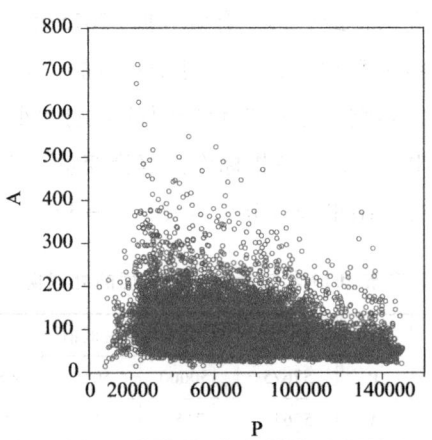

图7-10 房屋单价与面积的散点图

采用软件 Eviews8.0 进行多元线性回归分析,将相关数据录入后,得到如下基于 57675 个样本的北京市二手房销售均价和影响因素的关系(见表 7-4)。

表 7-4　　　　　　　　　北京市的实证分析结果

Dependent Variable: P

Method: Least Squares

Sample: 157675

Included observations: 53142

Variable	Coefficient	Std. Error	t-Statistic	Prob.
C	385368.5	20186.87	19.09006	0.0000
A	-69.86119	2.473972	-28.23847	0.0000
Y	-153.8146	10.18824	-15.09727	0.0000
D1	-2.071563	0.118662	-17.45771	0.0000
D2	5.412275	0.815013	6.640718	0.0000
D3	10.14409	0.484760	20.92602	0.0000
D4	-4.169857	0.243253	-17.14205	0.0000
D5	-5.766793	0.185287	-31.12360	0.0000
D6	-1.971142	0.030919	-63.75246	0.0000
D7	3.448239	0.143445	24.03879	0.0000
D8	-0.906637	0.038181	-23.74560	0.0000
D9	6.228083	0.320931	19.40627	0.0000
D10	-1.875072	0.199833	-9.383187	0.0000
D11	-7.160342	0.356266	-20.09829	0.0000
E1	-7911.778	1109.492	-7.130989	0.0000
E2	988.5999	59.09815	16.72810	0.0000
R-squared	0.345241	Mean dependent var		61344.25
Adjusted R-squared	0.345056	S.D. dependent var		22982.14
S.E. of regression	18599.12	Akaike info criterion		22.49992
Sum squared resid	1.84E+13	Schwarz criterion		22.50259
Log likelihood	-597829.3	Hannan-Quinn criter.		22.50075
F-statistic	1867.483	Durbin-Watson stat		0.874065
Prob (F-statistic)	0.000000			

如表 7-4 所示,各指标的 t 检验均通过,回归系数具有参考性。对房价

有正向影响的指标有 D2、D3、D7、D9、E2，分别是公交站距离、幼儿园距离、购物中心距离、医院距离、容积率。上述距离指标中，距离越远，房价越高。对房价有负向影响的指标有 A、Y、D1、D4、D5、D6、D8、D10、D11、E1，分别是面积、建成年代、地铁站距离、小学距离、中学距离、高校距离、超市距离、公园距离、银行距离、绿化率。上述距离指标中，距离越近，房价越高，说明相较于公交站，与地铁站距离近更有利于提升房价。教育资源中，相较于幼儿园，与小学、中学和高校的距离近，更有利于提升房价。另外，距离超市、银行、公园近比距离购物中心和医院近有利，因为超市和公园与人们的日常生活关系更紧密，而通常情况下人们需要去医院的频率并不高，加上医院的环境特殊性和人们的某些认识习惯偏好，住宅与医院距离过近反而不利于房价提升。

对全市数据做分析后，再采用同样的多元线性模型分区进行回归，看各区之间的系数大小是否存在明显差异（见表7-5—表7-6）。

表7-5　　　　　　　　北京市朝阳区的实证分析结果

Dependent Variable: P1
Method: Least Squares
Date: 09/29/22 Time: 15: 48
Sample (adjusted): 118359
Included observations: 15209 after adjustments

Variable	Coefficient	Std. Error	t - Statistic	Prob.
C	-5937.459	33798.24	-0.175674	0.8606
A1	-19.23665	3.682438	-5.223890	0.0000
Y1	42.46178	17.12683	2.479255	0.0132
D11	-5.895982	0.467257	-12.61827	0.0000
D21	13.83486	1.367904	10.11392	0.0000
D31	-0.555463	0.921055	-0.603073	0.5465
D41	-3.726678	0.441237	-8.445972	0.0000
D51	-4.476320	0.408259	-10.96441	0.0000
D61	-3.492982	0.180760	-19.32387	0.0000
D71	5.066472	0.403127	12.56792	0.0000
D81	-4.669270	0.191530	-24.37883	0.0000
D91	8.511984	0.608977	13.97752	0.0000

续表

Variable	Coefficient	Std. Error	t – Statistic	Prob.
D101	– 0.950359	0.409164	– 2.322682	0.0202
D111	– 6.942985	0.721411	– 9.624172	0.0000
E11	– 11778.97	1769.351	– 6.657228	0.0000
E21	1137.431	127.0938	8.949542	0.0000
R – squared	0.159618	Mean dependent var		65528.62
Adjusted R – squared	0.158788	S. D. dependent var		17003.62
S. E. of regression	15595.32	Akaike info criterion		22.14838
Sum squared resid	3.70E + 12	Schwarz criterion		22.15641
Log likelihood	– 168411.4	Hannan – Quinn criter.		22.15104
F – statistic	192.3785	Durbin – Watson stat		1.599407
Prob（F – statistic）	0.000000			

表 7 – 6　　　　北京市海淀区的实证分析结果

Dependent Variable：P2

Method：Least Squares

Sample（adjusted）：13726

Included observations：3625 after adjustments

Variable	Coefficient	Std. Error	t – Statistic	Prob.
A2	– 66.28429	6.306043	– 10.51123	0.0000
Y12	47.58689	0.565997	84.07619	0.0000
D12	– 3.846166	0.399651	– 9.623819	0.0000
D22	– 19.34820	2.241509	– 8.631774	0.0000
D32	8.779000	1.320770	6.646882	0.0000
D42	– 1.329347	0.817959	– 1.625200	0.1042
D52	– 1.492047	0.757286	– 1.970256	0.0489
D62	– 1.141092	0.347566	– 3.284982	0.0010
D72	3.197763	0.470323	6.799076	0.0000
D82	– 5.139831	0.178883	– 28.73300	0.0000
D92	– 0.802815	1.155216	– 0.694948	0.4871
D102	– 1.911571	0.596532	– 3.204473	0.0014
D112	2.423318	1.454735	1.665814	0.0958
E12	3703.749	2241.103	1.652645	0.0985

续表

Variable	Coefficient	Std. Error	t – Statistic	Prob.
E22	695.1635	227.9162	3.050084	0.0023
R – squared	0.413804	Mean dependent var		77776.89
Adjusted R – squared	0.411530	S. D. dependent var		15771.99
S. E. of regression	12098.97	Akaike info criterion		21.64376
Sum squared resid	5.28E+11	Schwarz criterion		21.66939
Log likelihood	–39214.31	Hannan – Quinn criter.		21.65289
Durbin – Watson stat	1.873361			

表7-7　　北京市东城区的实证分析结果

Dependent Variable: P3

Method: Least Squares

Sample (adjusted): 13699

Included observations: 3518 after adjustments

Variable	Coefficient	Std. Error	t – Statistic	Prob.
A3	–109.4267	9.435238	–11.59766	0.0000
Y13	54.57556	1.164516	46.86543	0.0000
D13	1.663969	1.388558	1.198343	0.2309
D23	–25.93366	2.996291	–8.655256	0.0000
D33	13.93498	1.792798	7.772755	0.0000
D43	–12.11605	1.544539	–7.844445	0.0000
D53	–10.00423	1.514421	–6.605976	0.0000
D63	–1.094687	0.347790	–3.147552	0.0017
D73	2.710439	0.702331	3.859207	0.0001
D83	–0.534491	0.461030	–1.159339	0.2464
D93	–3.035664	2.291022	–1.325026	0.1852
D103	7.981971	1.104186	7.228831	0.0000
D113	–3.967639	2.635802	–1.505287	0.1323
E13	–641.0675	3878.415	–0.165291	0.8687
E23	–2111.817	311.0736	–6.788804	0.0000
R – squared	0.161648	Mean dependent var		89787.06
Adjusted R – squared	0.158298	S. D. dependent var		17605.24
S. E. of regression	16151.81	Akaike info criterion		22.22171

续表

Variable	Coefficient	Std. Error	t – Statistic	Prob.
Sum squared resid	9.14E+11	Schwarz criterion		22.24800
Log likelihood	−39072.98	Hannan – Quinn criter.		22.23109
Durbin – Watson stat	1.797560			

表 7 – 8　　北京市西城区的实证分析结果

Dependent Variable: P4

Method: Least Squares

Sample (adjusted): 12706

Included observations: 2634 after adjustments

Variable	Coefficient	Std. Error	t – Statistic	Prob.
C	−46584.66	66443.19	−0.701120	0.4833
A4	−207.1538	13.54464	−15.29415	0.0000
Y4	79.29658	33.64225	2.357053	0.0185
D14	−21.42389	1.381111	−15.51207	0.0000
D24	21.26201	4.211670	5.048356	0.0000
D34	9.775750	1.965874	4.972725	0.0000
D44	2.252174	2.288896	0.983957	0.3252
D54	1.580539	1.784028	0.885939	0.3757
D64	−2.240183	0.931825	−2.404080	0.0163
D74	5.338729	1.125331	4.744139	0.0000
D84	12.14560	0.527333	23.03214	0.0000
D94	−15.80410	2.964574	−5.330804	0.0000
D104	1.442231	1.189996	1.211963	0.2256
D114	5.825506	3.187650	1.827524	0.0677
E14	−8571.391	3766.905	−2.275446	0.0230
E24	−682.2332	211.3353	−3.228202	0.0013
R – squared	0.304130	Mean dependent var		109269.7
Adjusted R – squared	0.300143	S. D. dependent var		19918.06
S. E. of regression	16662.94	Akaike info criterion		22.28582
Sum squared resid	7.27E+11	Schwarz criterion		22.32151
Log likelihood	−29334.42	Hannan – Quinn criter.		22.29874
F – statistic	76.27969	Durbin – Watson stat		1.854830
Prob (F – statistic)	0.000000			

表 7 - 9　　　　　北京市丰台区的实证分析结果

Dependent Variable: P5

Method: Least Squares

Sample (adjusted): 110925

Included observations: 10416 after adjustments

Variable	Coefficient	Std. Error	t - Statistic	Prob.
A5	-96.06282	4.569924	-21.02066	0.0000
Y5	31.57955	0.437385	72.20080	0.0000
D15	-7.077455	0.271106	-26.10587	0.0000
D25	5.195774	1.316041	3.948035	0.0001
D35	-4.575212	0.849525	-5.385611	0.0000
D45	2.909018	0.494147	5.886951	0.0000
D55	-5.831993	0.359498	-16.22261	0.0000
D65	0.603521	0.142041	4.248922	0.0000
D75	2.388457	0.309262	7.723085	0.0000
D85	-3.691112	0.075622	-48.81030	0.0000
D95	1.841308	0.663383	2.775634	0.0055
D105	0.560634	0.347141	1.615006	0.1063
D115	-3.657274	0.644450	-5.675030	0.0000
E15	41724.30	2129.677	19.59184	0.0000
E25	2199.733	145.1670	15.15312	0.0000
R - squared	0.391336	Mean dependent var		58121.54
Adjusted R - squared	0.390517	S. D. dependent var		16778.96
S. E. of regression	13099.23	Akaike info criterion		21.79993
Sum squared resid	1.78E+12	Schwarz criterion		21.81038
Log likelihood	-113519.1	Hannan - Quinn criter.		21.80346
Durbin - Watson stat	0.897520			

表 7 - 10　　　　　北京市昌平区的实证分析结果

Dependent Variable: P6

Method: Least Squares

Sample (adjusted): 15868

Included observations: 5759 after adjustments

Variable	Coefficient	Std. Error	t - Statistic	Prob.
A6	-98.91851	2.823865	-35.02948	0.0000

续表

Variable	Coefficient	Std. Error	t – Statistic	Prob.
Y6	25.53752	0.374552	68.18155	0.0000
D16	-2.051974	0.158726	-12.92774	0.0000
D26	2.048293	1.067827	1.918188	0.0551
D36	-1.940059	0.693816	-2.796216	0.0052
D46	-4.025411	0.285024	-14.12307	0.0000
D56	-2.903206	0.223152	-13.00998	0.0000
D66	-1.948859	0.046248	-42.13917	0.0000
D76	-3.395727	0.258395	-13.14160	0.0000
D86	3.466974	0.133222	26.02400	0.0000
D96	9.706160	0.449004	21.61708	0.0000
D106	0.318392	0.243494	1.307598	0.1911
D116	0.985842	0.391501	2.518111	0.0118
E16	33698.81	1714.377	19.65660	0.0000
E26	770.4997	111.0592	6.937737	0.0000
R – squared	0.514455	Mean dependent var		45998.80
Adjusted R – squared	0.513271	S. D. dependent var		11450.53
S. E. of regression	7988.568	Akaike info criterion		20.81201
Sum squared resid	3.67E+11	Schwarz criterion		20.82935
Log likelihood	-59913.19	Hannan – Quinn criter.		20.81805
Durbin – Watson stat	1.309071			

表 7 – 11   北京市房山区的实证分析结果

Dependent Variable：P7

Method：Least Squares

Sample (adjusted)：11542

Included observations：1499 after adjustments

Variable	Coefficient	Std. Error	t – Statistic	Prob.
A7	-59.11416	5.131485	-11.51989	0.0000
Y7	22.33513	0.689870	32.37585	0.0000
D17	-1.701044	0.119218	-14.26838	0.0000
D27	-1.944412	1.023726	-1.899348	0.0577
D37	-4.134831	0.628815	-6.575592	0.0000

续表

Variable	Coefficient	Std. Error	t – Statistic	Prob.
D47	2.482842	0.255092	9.733122	0.0000
D57	-1.709697	0.300273	-5.693814	0.0000
D67	-0.369542	0.051039	-7.240411	0.0000
D77	-0.684373	0.180581	-3.789829	0.0002
D87	0.445875	0.073106	6.099032	0.0000
D97	5.260833	0.352024	14.94455	0.0000
D107	-1.555698	0.317596	-4.898355	0.0000
D117	-2.804888	0.404903	-6.927305	0.0000
E17	3644.889	1651.204	2.207412	0.0274
E27	316.1253	337.6067	0.936371	0.3492
R – squared	0.613985	Mean dependent var		34676.02
Adjusted R – squared	0.610343	S. D. dependent var		7286.299
S. E. of regression	4548.291	Akaike info criterion		19.69285
Sum squared resid	3.07E+10	Schwarz criterion		19.74601
Log likelihood	-14744.79	Hannan – Quinn criter.		19.71265
Durbin – Watson stat	1.506088			

表 7 – 12　　北京市石景山区的实证分析结果

Dependent Variable: P8

Method: Least Squares

Sample (adjusted): 1 2731

Included observations: 2727 after adjustments

Variable	Coefficient	Std. Error	t – Statistic	Prob.
A8	26.26520	6.433526	4.082552	0.0000
Y8	22.92214	0.384736	59.57887	0.0000
D18	2.971388	0.370247	8.025417	0.0000
D28	-9.617739	1.424179	-6.753180	0.0000
D38	-5.270029	0.662159	-7.958859	0.0000
D48	5.168867	0.866123	5.967820	0.0000
D58	-1.799999	0.583632	-3.083603	0.0021
D68	-2.111572	0.181289	-11.64754	0.0000
D78	-2.835127	0.425571	-6.661933	0.0000

续表

Variable	Coefficient	Std. Error	t – Statistic	Prob.
D88	-0.456346	0.171094	-2.667227	0.0077
D98	-0.629763	0.870660	-0.723317	0.4695
D108	1.140863	0.526163	2.168270	0.0302
D118	-5.122069	0.987377	-5.187553	0.0000
E18	12362.72	2271.854	5.441688	0.0000
E28	2366.679	179.7939	13.16329	0.0000
R – squared	0.317281	Mean dependent var		49077.04
Adjusted R – squared	0.313757	S. D. dependent var		7846.454
S. E. of regression	6499.986	Akaike info criterion		20.40247
Sum squared resid	1.15E+11	Schwarz criterion		20.43499
Log likelihood	-27803.77	Hannan – Quinn criter.		20.41422
Durbin – Watson stat	1.580684			

表 7-13　　北京市大兴区的实证分析结果

Dependent Variable：P9

Method：Least Squares

Sample (adjusted)：12299

Included observations：2160 after adjustments

Variable	Coefficient	Std. Error	t – Statistic	Prob.
A9	-13.75417	6.410508	-2.145566	0.0320
Y9	25.69091	0.808445	31.77818	0.0000
D19	-0.494375	0.318886	-1.550318	0.1212
D29	3.778707	2.331835	1.620486	0.1053
D39	-0.865988	1.222827	-0.708185	0.4789
D49	-2.883124	0.585424	-4.924847	0.0000
D59	-2.771131	0.401574	-6.900673	0.0000
D69	-0.444730	0.094816	-4.690475	0.0000
D79	0.343038	0.334739	1.024793	0.3056
D89	-0.170620	0.106348	-1.604356	0.1088
D99	6.853643	0.478223	14.33148	0.0000
D109	-0.668497	0.406246	-1.645546	0.1000
D119	-3.700369	0.635007	-5.827289	0.0000

续表

Variable	Coefficient	Std. Error	t – Statistic	Prob.
E19	-9044.355	3388.441	-2.669179	0.0077
E29	413.3555	265.2627	1.558287	0.1193
R – squared	0.218747	Mean dependent var		39547.37
Adjusted R – squared	0.213648	S. D. dependent var		8447.985
S. E. of regression	7491.379	Akaike info criterion		20.68781
Sum squared resid	1.20E+11	Schwarz criterion		20.72724
Log likelihood	-22327.84	Hannan – Quinn criter.		20.70223
Durbin – Watson stat	1.365751			

表 7-14　　北京市顺义区的实证分析结果

Dependent Variable: P10

Method: Least Squares

Sample (adjusted): 11828

Included observations: 1810 after adjustments

Variable	Coefficient	Std. Error	t – Statistic	Prob.
A10	-19.31659	2.582736	-7.479118	0.0000
Y10	20.88603	0.516512	40.43666	0.0000
D110	-0.628381	0.180972	-3.472255	0.0005
D210	-8.548547	1.711940	-4.993484	0.0000
D310	-5.464520	0.859619	-6.356910	0.0000
D410	-0.562548	0.387798	-1.450620	0.1471
D510	1.702243	0.250678	6.790558	0.0000
D610	-0.433335	0.083999	-5.158832	0.0000
D710	-1.140489	0.145392	-7.844226	0.0000
D810	0.077165	0.158080	0.488141	0.6255
D910	-0.724374	0.487484	-1.485943	0.1375
D1010	-1.378358	0.293527	-4.695851	0.0000
D1110	2.305951	0.686189	3.360519	0.0008
E110	22842.41	1882.843	12.13187	0.0000
E210	-206.4496	28.66798	-7.201401	0.0000
R – squared	0.350171	Mean dependent var		37822.53
Adjusted R – squared	0.345103	S. D. dependent var		7269.356

续表

Variable	Coefficient	Std. Error	t – Statistic	Prob.
S. E. of regression	5882.777	Akaike info criterion		20.20570
Sum squared resid	6.21E+10	Schwarz criterion		20.25129
Log likelihood	-18271.16	Hannan – Quinn criter.		20.22252
Durbin – Watson stat	1.756260			

表 7 – 15　　　　北京市通州区的实证分析结果

Dependent Variable：P11

Method：Least Squares

Sample (adjusted)：13400

Included observations：3203 after adjustments

Variable	Coefficient	Std. Error	t – Statistic	Prob.
A11	-32.85732	3.969218	-8.278035	0.0000
Y11	24.42604	0.431564	56.59890	0.0000
D111	-1.671477	0.237148	-7.048246	0.0000
D211	-2.325012	1.081255	-2.150291	0.0316
D311	-3.836961	0.877366	-4.373275	0.0000
D411	-1.586520	0.292257	-5.428508	0.0000
D511	0.861922	0.193928	4.444538	0.0000
D611	0.584734	0.079053	7.396782	0.0000
D711	-0.751802	0.226892	-3.313480	0.0009
D811	0.152694	0.131202	1.163805	0.2446
D911	-1.375273	0.376118	-3.656490	0.0003
D1011	-2.052028	0.267061	-7.683739	0.0000
D1111	-0.689856	0.410243	-1.681578	0.0927
E111	5470.005	1553.450	3.521199	0.0004
E211	191.3914	113.2013	1.690717	0.0910
R – squared	0.270579	Mean dependent var		44358.76
Adjusted R – squared	0.267376	S. D. dependent var		7535.600
S. E. of regression	6449.981	Akaike info criterion		20.38621
Sum squared resid	1.33E+11	Schwarz criterion		20.41465
Log likelihood	-32633.52	Hannan – Quinn criter.		20.39641
Durbin – Watson stat	1.584611			

表 7 - 16　　北京市亦庄经济开发区的实证分析结果

Dependent Variable: P12

Method: Least Squares

Sample (adjusted): 1587

Included observations: 582 after adjustments

Variable	Coefficient	Std. Error	t - Statistic	Prob.
A12	-43.45808	8.362896	-5.196535	0.0000
Y012	37.92749	1.941477	19.53537	0.0000
D0112	9.569936	1.539116	6.217815	0.0000
D212	13.12584	3.672423	3.574162	0.0004
D312	17.51804	2.191072	7.995191	0.0000
D412	-5.271811	1.510934	-3.489106	0.0005
D512	-1.114696	1.107664	-1.006348	0.3147
D612	-5.449126	0.391322	-13.92491	0.0000
D712	-5.040799	1.770591	-2.846959	0.0046
D812	1.275058	0.548602	2.324196	0.0205
D912	2.476632	1.162970	2.129575	0.0336
D1012	-7.786548	1.694042	-4.596431	0.0000
D1112	-16.05668	3.467088	-4.631172	0.0000
E112	13983.39	5498.074	2.543326	0.0112
E212	-1170.494	685.8719	-1.706578	0.0884
R - squared	0.518208	Mean dependent var		44033.13
Adjusted R - squared	0.506312	S. D. dependent var		10229.36
S. E. of regression	7187.444	Akaike info criterion		20.62349
Sum squared resid	2.93E+10	Schwarz criterion		20.73603
Log likelihood	-5986.437	Hannan - Quinn criter.		20.66736
Durbin - Watson stat	1.804772			

将各区分别回归的系数集中在表 7 - 17、表 7 - 18 中便于比较分析。

表 7 - 17　　北京市和分区的回归系数比较（一）

区域	建筑面积	建成年代	地铁站距离	公交站距离	幼儿园距离	小学距离	中学距离	高校距离
全市	-69.86	-153.81	-2.07	5.41	10.14	-4.17	-5.77	-1.97
朝阳	-19.24	42.46	-5.90	13.83	-0.56	-3.73	-4.48	-3.49

续表

区域	建筑面积	建成年代	地铁站距离	公交站距离	幼儿园距离	小学距离	中学距离	高校距离
海淀	-66.28	47.59	-3.85	-19.35	8.78	-1.33	-1.49	-1.14
东城	-109.43	54.58	1.66	-25.93	13.93	-12.12	-10.00	-1.09
西城	-207.15	79.30	-21.42	21.26	9.78	2.25	1.58	-2.24
丰台	-96.06	31.58	-7.08	5.20	-4.58	2.91	-5.83	0.60
昌平	-98.92	25.54	-2.05	2.05	-1.94	-4.03	-2.90	-1.95
房山	-59.11	22.34	-1.70	-1.94	-4.13	2.48	-1.71	-0.37
石景山	26.27	22.92	2.97	-9.62	-5.27	5.17	-1.80	-2.11
大兴	-13.75	25.69	-0.49	3.78	-0.87	-2.88	-2.77	-0.44
顺义	-19.32	20.89	-0.63	-8.55	-5.46	-0.56	1.70	-0.43

表7-18　　　　　　北京市和分区的回归系数比较（二）

区域	购物中心距离	超市距离	医院距离	公园距离	银行距离	绿化率	容积率
全市	3.45	-0.91	6.23	-1.88	-7.16	-7911.78	988.60
朝阳	5.07	-4.67	8.51	-0.95	-6.94	-11778.97	1137.43
海淀	3.20	-5.14	-0.80	-1.91	2.42	3703.75	695.16
东城	2.71	-0.53	-3.04	7.98	-3.97	-641.07	-2111.82
西城	5.34	12.15	-15.80	1.44	5.83	-8571.39	-682.23
丰台	2.39	-3.69	1.84	0.56	-3.66	41724.30	2199.73
昌平	-3.40	3.47	9.71	0.32	0.99	33698.81	770.50
房山	-0.68	0.45	5.26	-1.56	-2.80	3644.89	316.13
石景山	-2.84	-0.46	-0.63	1.14	-5.12	12362.72	2366.68
大兴	0.34	-0.17	6.85	-0.67	-3.70	-9044.36	413.36
顺义	-1.14	0.08	-0.72	-1.38	2.31	22842.41	-206.45

通过表7-17、表7-18系数可知，各因素对房价的影响大小及作用方向，在北京市各区之间存在一定的差异，同一个因素在不同区之间可能同时存在正负两种影响，甚至在各区分开看时，作用是正向的，而全市数据同时分析时，作用却是负向的，例如"建成年代"指标。造成上述现象的原因是多方面的。一方面是对数据的处理：大数据分析中对数据的选择和处理是至关重要的方面，同一批大数据不同的选择和运用方式能造成千差万别的结果，

因此要根据实际需求，对数据进行严谨的分析和深入细致的处理，选择合适的模型进行实证分析，并在分析的各阶段进行相应的检验和调整，最后通过稳健性检验保证模型设计的科学性；另一方面是对数据分析的认知：数据分析是对理论研究的验证和补充，应放在社会文化、政策背景等大环境下综合分析，不能简单地就数据而论数据，脱离了理论和政策环境的数据是没有意义的。本节的大数据运用，只是将大数据分析可以用于教育研究领域的情况做了一个简单的说明和举例，对义务教育均衡发展背景下北京市二手房销售单价和各相关因素的影响大小做了简单的数据关系分析，为相关研究提供了一个引子。相关实证研究的结论尚不完整，还应结合问题需求作进一步分析，此处不再赘述。

三、大数据研究应注意的问题

1. 大数据分析过程

本节例子的研究主题是教育资源分布对房价的影响，采用的大数据是北京市 2019 年二手房销售价格和相关指标数据。这个大数据运用实例做了如下处理：

一是对海量数据进行筛选，剔除不能使用的样本数据，如房屋类型不是住宅的样本，或某套确定房屋的销售价格不是一个数而是一个区间的样本，又或者缺乏某些关键因素的样本，尽量使保留下来的数据具有准确性和独立性。经过这个处理后，数据量大概减半了。

二是建立合适的模型。此处选择的为最简单的线性模型。模型的建立不在于复杂而在于合适，有时简单的模型也能反映出一些指标之间的数量关系。由于研究的影响因素有多个，于是建立多元线性模型。

三是实证后统计性检验。当采用统计软件得出实证分析结果后，应对各系数进行统计性检验，主要是 t 检验和 F 检验，对未通过检验的指标进一步处理，更换数据或指标，多次试验后使所有变量均通过统计性检验。有时复杂模型还应做稳健性检验。

四是结合背景分析。基于大数据的实证分析完成后，应结合研究背景和政策环境进行分析。分辨哪些是与事实不符的应予以排除的结果，哪些是能够找到合理解释的新发现。对于第一眼看上去与常识不相符的一些数据结果，更应该慎重对待，有时惊喜就隐藏在一些不可能之中。

五是基于研究提出建议。实证分析为未来决策提供支撑,是我们通常做数据分析的目的所在。为了避免某些决策的主观性过强,或避免经验主义走进认知误区,需要用基于数据的事实说话。在科学的数据论证上,为决策服务,对未来进行合理预判和建议,发挥大数据研究的作用。

另外在数据的处理和软件输入过程中,要注意一些细节,如本节分析完北京全市的情况后,又分区进行了分析,此时虽然指标名称不变,但是样本量和指标数据发生了变化,软件 Eviews 数据需要重新录入,为了和之前录入的数据做区分,在各区的指标名称后依次加了区编号作为后标。此时可能出现数字标识重复的情况,例如,第 1 个距离指标为 D1,第 12 个区的 D1 指标为在后面加上区的编号 12,即为 D112;同时,第 2 个区的第 11 个距离指标是在 D11 后加上区编号 2,也是 D112,这就出现了不同指标的编号重复的问题。这时需要仔细甄别并增加便于区分的标识,例如,在指标名称编号上再加一个前缀后者后缀,能定义为新的指标即可。

2. 用于教育研究的大数据

前文对大数据的概念进行了介绍,其要满足量"大"的特点,也是"大数据"的最显著特征。而现在的大数据大致可分为两类:一类是海量的未经加工和使用的数据,可称之为"裸数据",我们可以用来做一些研究,例如各类官方统计数据、学术机构发布的追踪调查数据、相关业务单位掌握的专业数据等;另一类是伴随着信息技术发展处于被使用过程的数据,例如,现在流行的 AI 大数据,即利用人工职能技术对大数据进行了即时分析,又产生了无数新的叠加数据。后者不是"裸数据",它经过了分析处理,会同时带来正反两方面的效果:好的一面是,它会同时带来结论,可供人们参考,省去了自己做分析的过程,对一些不善于做数据分析的人来说比较友好;坏的一面是,它是用机器做大量运算的结果,不便于人工进行选择和验证,对一些有针对性的特定分析需求无法满足。随着信息技术的发展,AI 技术和大数据相结合,越来越多地被运用到教学分析过程中,例如对学生学习情况的追踪分析、建立学情档案等。尽管有如此一劳永逸的 AI 技术,但是我们还是应该学习一些大数据分析方法,让我们在享受教育信息技术发展的成果时,也掌握一定的主动性。

第八章　调查研究方法在教育研究中的运用

第一节　调查研究方法

一、调查研究简介

调查研究是指通过调查了解客观情况，直接获取与调查对象有关的数据和材料，并对这些材料进行分析的一种常用的科学研究方法。调查研究法能搜集到难以从直接观察中获得的资料。调查研究可以不受时间和空间的限制，在描述性、解释性和探索性的研究中都可以运用。在时间上，观察法只能获得正在发生着的事情的资料，而调查法可以在事后从当事人或其他人那里获得有关过去的事情的资料。在空间上，只要研究课题需要，调查法甚至可以跨越国界，研究数目相当大的总体以及一些宏观性的教育问题。调查法还具有效率较高的特点，它能在较短的时间里获得大量资料。调查过程本身能起到推动有关工作的作用。由于调查法不局限对于研究对象的直接观察，它能通过间接的方式来获取材料，故有人把调查法称为间接观察法。它一般通过抽样的基本步骤，多以个体为分析单位，通过问卷、访谈等方法了解调查对象的有关资讯，并加以分析来开展研究。除了亲自组织和参与调查外，还可以利用他人收集的调查数据进行分析，即所谓的二手资料分析的方法。对于缺少调查资源、时间和经费的人员，这种方法比较合适。[①] 但通常所说的调查

---

① 360 百科. 调查研究法 [EB/OL]. https：//baike. so. com/doc/5947643 – 6160581. html，2020 – 04 – 26.

研究，设计和组织调查是非常重要的环节。

二、调查研究的分类

根据调查研究开展的场合、方式、对象等的不同，调查研究可分为如下类别。

1. 实地调查

实地调查又叫田野调查或现场研究，属于传播学范畴的概念，主要用于自然科学和社会科学的研究。科学的人类学实地调查方法，是由英国功能学派的代表人物马林诺夫斯基（Bronisław Kasper Malinowski）奠定的，在我国这方面卓有成绩的是著名社会学家费孝通先生。其最重要的研究手段之一是参与观察。它要求调查者与被调查对象共同生活一段时间，从中观察、了解和认识他们的社会与文化。传统的实地调查方法花费时间和精力，调查成本较高，并且调查方法的不同会影响研究信度和效度的稳定性。实地调查一般分为选择调查点、设计调查方案、获得当地政府支持、入驻和熟悉调查点、开展调查、分析调查材料等步骤。①

2. 访谈调查

访谈调查是比实地调查更深层次的调查方法，通过与调查对象就相关问题进行访问和交谈而获得更深入、具体、翔实的信息，根据调查对象人数的不同，可分为个别访谈、集体访谈；根据访谈的形式，可分为面对面访谈、会议访谈、电话访谈、书面访谈；根据调查对象的选取方式，可分为确定对象访谈、随机访谈；根据调查对象的身份，可分为研究对象访谈、观察者访谈、专家访谈；根据调查的次数，可分为一次性访谈、间断性多次访谈、连续多次访谈。访谈调查具有耗时长、成本高、隐秘性差等特点，但访谈调查能获得与"真相"最接近的一手资料，并且能根据访谈的情况适时调整访谈方向和深度，挖掘具有价值的细节，这是访谈的优点所在。

3. 问卷调查

问卷调查是指通过向调查对象发放问卷收集对相关问题的答案的过程，是间接的书面访问。问卷是指为统计和调查所用的、以设问的方式表述的问

---

① 360百科. 田野调查法［EB/OL］. https：//baike. so. com/doc/5965977－6178930. html，2020－04－26.

题。问卷法就是研究者用这种控制式的测量对所研究的问题进行度量，从而搜集到可靠的资料的一种方法。问卷调查的优点是能突破时空限制，在广阔的范围内，对众多对象同时进行调查，适用于较大样本、较短时间、相对简单的调查，被调查对象需要有一定的文字理解和表达能力。问卷调查的成本较低，是目前国内外社会调查中较为广泛使用的一种方法。传统的问卷是纸质问卷，随着互联网+的发展，涌现出了很多在线调查平台，使电子问卷逐渐替代了纸质问卷。电子问卷还具有传播方便快捷、回收答案准确等特点，研究者所见即为调查对象所选，省去了传统纸质问卷需要人工录入答案的麻烦和可能造成的贻误。

4. 抽样调查

抽样调查是指按照一定方式，从调查总体中抽取部分样本进行调查，并用样本情况说明分析总体情况的过程。抽样调查能节约人力和物力，在较短时间内得到调查结果，具有较强的时效性。但是抽样调查对抽样的代表性和全面性具有一定的要求，使得调查者在样本选择上要经过一定的研究和比较，使得抽样的样本能最大程度地反映总体的全貌。简单随机抽样是其他各种抽样形式的基础。通常在总体单位之间差异程度较小和数目较少时，采用这种方法。

5. 典型调查

典型调查是指在特定范围内选出具有代表性的典型对象，借以反映同类事物的发展变化规律的一种调查方法。在调查样本很大而时间、精力有限的时候，典型调查能够较快地反映出整体的某些特点，是节约成本的一种方法，但是典型调查要求调查者具有发现和选择"典型"的眼光，"典型"要对相关问题有较深的关切，有一定的了解和体会，否则会影响调查的效果。

6. 统计调查

统计调查方法是指统计机构和统计人员搜集统计资料的方法，通过填报固定统计报表的形式，把问题集中搜集，层层反映汇总，并获得较为权威的统计数据的过程。我国现行调查方法的选择原则是：以周期性普查为基础，以经常性抽样调查为主体，综合运用全面调查、重点调查等方法，并充分利用行政记录等资料。除了统计局等官方统计机构，我国越来越多的科研机构加入到追踪调查的行列中来，从各个角度为研究人员提供了大量的统计调查数据。

三、调查研究的科学性

调查研究方法的科学性在长期的实践中得到了应用和验证。毛泽东同志是调查研究方法的实践者和推崇者，其调查研究方法以马克思主义的辩证唯物主义和历史唯物主义为指导思想和基本原则，将马克思主义普遍真理与中国具体实际相结合，在农民运动中得到了广泛运用，在中国共产党取得新民主主义革命的胜利、确定和建设社会主义事业的过程中发挥了重要作用。

毛泽东的调查研究方法具有科学性，其在实践中产生和发展，透过现象看本质，尊重事实，将调查和研究相结合。[①] 毛泽东的调查研究产生于第一次国内革命战争背景下的农民运动高涨时期，毛泽东对农民运动的细致观察和系统分析，成为中国共产党认识和改造社会的有力武器。毛泽东坚持从实际出发开展调查研究，反对本本主义和经验主义，透过现象实事求是，其学科体系包含三个层次：一般方法论（从实际出发、坚持群众路线、一般与个别相结合等）、基本方法（典型调查、表格调查、阶级分析、矛盾分析等）、具体方法技术（开调查会的技术、与群众交流的技术、写调查报告的技巧等）。[②] 毛泽东运用调查研究方法为我们留下了大量值得深入学习和借鉴的调查研究成果。毛泽东的调查研究方法坚持历史唯物主义的群众观点和矛盾分析法。毛泽东工作方法的重要一条是在人民群众中调查研究——要解决问题必须深入调查研究，这是把理论与实际结合起来的桥梁和办法；而要做好调查研究的工作，最根本的方法是要深入基层，到人民群众中去调查。[③] 毛泽东调查研究还坚持矛盾分析法，矛盾是普遍性和特殊性的统一，矛盾分析要坚持两点论和重点论相结合的方法：一是任何事物都是可以一分为二的，都是不同质的对立事物的统一，在认识新事物时要看到事物的两面性，切勿片面和局限；二是矛盾分为主要矛盾和次要矛盾、矛盾的主要方面和次要方面，抓住事物的主要矛盾和矛盾的主要方面是认识事物和解决问题的关键。

习近平总书记高度重视调查研究工作，他强调："调查研究是谋事之基、

---

① 王春峰. 试论毛泽东社会调查方法的科学性——纪念毛泽东诞辰120周年 [J]. 学习论坛, 2013, 29 (12): 9-11.
② 周批改, 刘海丽. 毛泽东调查研究方法的科学性 [J]. 湖南省社会主义学院学报, 2018 (2): 81-83.
③ 曾云珍. 毛泽东调查研究方法的科学理论基础——基于《湖南农民运动考察报告》的分析] [J]. 黑龙江生态工程职业学院学报, 2017, 30 (2): 138-140.

成事之道。没有调查，就没有发言权，更没有决策权。"他关于调查研究的重要论述，指导了新时代中国特色社会主义事业的建设发展。习近平总书记提倡从现实社会出发，保证政策制定的科学性。他强调："调查研究，是对客观实际情况的调查了解和分析研究，目的是把事情的真相和全貌调查清楚，把问题的本质和规律把握准确，把解决问题的思路和对策研究透彻。"习近平总书记继承和发扬了毛泽东调查研究方法中的群众路线思想。他强调，坚定不移地走群众路线，实现群众愿望、满足群众需要、办好群众事情，是党和政府的重大政治责任。进行调查研究工作，首先要做的就是到基层摸实情。只有真实了解了人民群众想解决的问题，才能最大限度地满足人民的需求。调查研究是对马克思主义实践观的践行，马克思主义认为，实践是人类社会存在的基础，是社会发展的动力，人类社会是由人组成的，而全部社会历史又是人通过实践创造的。习近平总书记坚持一切从实际出发，每到一处，都会亲自进行调查研究，他察实情、讲实话，不搞主观臆断，不喊哗众取宠的空口号，树立了实察实干的典范。①

基于调查研究方法的科学性，在教育研究中运用调查研究方法时，也要遵循几个基本原则：一是从实际出发，了解人民群众对教育的需求，以办人民满意的教育为宗旨，了解和解决教育的实际问题；二是调查和研究教育领域的主要问题，通过解决主要矛盾和矛盾的主要方面，循序渐进地提升教育质量；三是要全面、可持续性地看待问题，进行教育发展规划时要以解决长期问题、实现长效发展为目标，并将教育置于经济社会大系统中，追求教育与经济社会的高效协同发展。遵循以上指导原则，调查研究方法在教育研究领域的应用将会更科学深入。

四、调查研究的数量性

调查研究方法除了具有科学性外，还具有一定的数量性。调查研究始于社会学问题的资料搜集，越来越广泛地运用于社会科学、自然科学及其交叉学科的各研究领域。随着调查手段的电子化和调查结果分析的数据化，调查研究的数量性特征逐渐显现。

---

① 洪向华，杨润聪. 跟习近平总书记学习调查研究方法 [J]. 群众，2018 (8)：12 – 13.

1. 调查问卷的设计具有数量性

调查研究的起始阶段是设计调查方案，其中又以设计调查问卷为主要内容。设计调查问卷前，要针对调查内容计划好调查对象的范围，主要包括调查对象的数量、年龄段、职业和学历分布等特征，这些特征的筛选和确定都具有一定的数量性，一方面要结合以往相关研究的结果；另一方面要结合数据的可获取性来综合确定上述调查对象的参数。确定调查对象后，调查问题的设计也要考虑题量和题型结构，既要最大程度地获取相关信息，又要避免引起调查对象的惰性，应提高回答问卷的效率，使题量保持在适度范围。另外，调查问题的问法也有技巧，要站在调查对象的角度，从满足其需求出发，而非站在检视问题的角度，力争获得真实全面的信息。因此，调查研究不仅是定性研究的重要方法，也是定量研究的重要来源和支撑。

2. 调查研究的实施过程具有数量性

调查研究的过程，尤其是问卷调查的过程，具有较强的数量性。传统的问卷发放需要考虑问卷发放的数量和空间分布，问卷的回收要考虑时效性，问卷结果的整理和分析也要合理安排人员和时间。随着互联网＋的发展，电子问卷成为近年的一种新兴调查方式，受到越来越多人的青睐。电子问卷由于发放和回收便捷、数据录入准确等优点而成为调查对象明确的那一类调查研究的主要方式，而电子问卷的结果分析更是离不开数字化的统计分析软件的使用。

3. 调查结果的分析具有数量性

调查研究的结果分析是其重要环节，除了要有质性分析外，量化分析能增加调查结果的可视性和生动性。首先对调查结果进行分类，而分类标准的确定则需要有量化依据；其次要对调查结果的信度和效度进行检验（传统的调查结果分析的必要步骤，对明确来源渠道的调查统计，笔者认为可不经过信度效度检验，相关论述见第二章第五节），信度确定统计对象的单位，效度（包括表面效度、内容效度、结构效度）确定统计对象的内容；最后要对调查统计的结果进行各种量化分析，以表明调查现状和影响因素及程度。基于数量方法的分析能增加调查研究的科学性和可信度，得到越来越广泛的重视和运用。

第二节　调查研究实例：0—12 岁儿童校外教育投入调查

一、调研背景

随着家庭对子女教育的重视和校外培训机构的盛行，儿童校外教育投入已成为当前中国家庭日常支出的重要组成部分。家庭对儿童校外教育的投入具有工具理性和情感表达的双重特征。① 有研究表明，家庭教育投入对儿童早期发展具有直接作用，家庭对教育的经济投入能通过影响儿童的学习品质对学业能力产生中介作用。② 这是家庭校外教育投入在培养儿童学习品质、促进亲子关系发展中发挥的积极作用。作为社会力量兴办教育的主要形式，近年来我国的校外教育与培训有效满足了人民群众多层次、多样化的教育需求，为推动教育现代化，促进经济社会发展做出了积极贡献。③ 另外，一些不符合教育规律和孩子健康成长需求的错误理念催生了家长的焦虑，也给孩子制造了负担。《中国义务教育质量监测报告》显示，我国四年级、八年级学生视力不良检出率分别为 36.5%、65.3%，有的孩子才上小学三年级，近视眼镜度数已经接近 500 度。④ 大家普遍认为繁重的学业负担是导致学生近视发生的重要原因之一，而校外培训机构就是"校内减负校外增负"的助推剂。同时，我国的儿童教育呈现"幼龄化"的趋势，一些尚不会说话不能独立行走的幼儿，早早被父母送进了早教班，有些父母甚至在孩子出生之前，就已经选择好了早教机构，用一张课程表作为孩子的出生"礼物"。⑤ 校外教育的盛行也可能激化"教育不公平"的现象⑥，不利于教育资源的公平分配和对弱势群体的

---

① 林晓珊. 城镇家庭中的儿童教育消费 [N]. 中国人口报，2018-08-24 (3).
② 李燕芳，吕莹. 家庭教育投入对儿童早期学业能力的影响：学习品质的中介作用 [J]. 中国特殊教育，2013 (9)：63-70.
③ 王文博. 规范校外教育培训，营造良好培训秩序 [EB/OL]. 教育部网站，http://www.moe.edu.cn/jyb_xwfb/moe_2082/zl_2018n/2018_zl17/201802/t20180226_327770.html,2018-02-26.
④ 刘亦凡. 这一年，群众教育获得感增强 [N]. 中国教育报，2019-03-05 (5).
⑤ 张焱. 早教乱象折射育儿焦虑 [N]. 光明日报，2016-12-09 (002).
⑥ Yool Choi, Hyunjoon Park. Shadow education and educational inequality in South Korea: Examining effect heterogeneity of shadow education on middle school seniors' achievement test scores [J]. Research in Social Stratification and Mobility, 2016, 6 (44).

权利保障。当"再苦也不能苦孩子,再穷也不能穷教育"的理念逐渐走到过犹不及的边缘时,当家庭对子女的教育期望随着物质条件的富足而日益上涨时,如何有效缓解家长的教育焦虑,如何平衡学校教育和校外培训的时间和精力分配,如何尊重孩子的发展规律、避免过度培训、保证教育成效,是人们共同关心的问题。

为了切实减轻中小学生课外负担,确保儿童的身心健康发展,2018 年 2 月 22 日,教育部、民政部、人社部、工商总局四部门办公厅联合发布了《关于切实减轻中小学生课外负担开展校外培训机构专项治理行动的通知》。这是"减负"存在于教育语境的 60 多年以来,我国第一次明确动用政策工具,向校外培训机构"开刀"。2018 年 12 月,教育部等九部门联合向省级政府印发了《关于印发中小学生减负措施的通知》,从政府、学校、校外培训机构、家庭四层面提出 30 条措施,确保减负工作取得实效。[①] 在国家政策治理规范校外培训机构健康发展的背景下,家庭对于校外培训的态度和投入力度在很大程度上决定了培训机构的发展和去向。为了准确了解我国家庭对 0—12 岁儿童的校外教育投入的现状和问题,笔者开展了相关调查研究,拟为家庭校外教育理性投入促使儿童健康成长提出一些建议。

二、调研目的、方法与基本情况

1. 基本概念

(1) 调查对象。

本调查的研究对象为 0—12 岁儿童,下文中出现的"儿童"一词如无其他说明,均特指 0—12 岁这一年龄段,而参与调查的则是该年龄段儿童的家长。

(2) 校外教育。

校外教育,在以往的国外研究中被称为"影子教育"[②],后有部分国内研究也延用该概念。本调查所指的校外教育是指针对 0—12 岁儿童的,在小学

---

① 刘亦凡. 这一年,群众教育获得感增强[N]. 中国教育报,2019-03-05 (5).
② David Lee Stevenson, David P. Baker. "Shadow Education and Allocation in Formal Schooling: Transition to University in Japan"[J]. American Journal of Sociology, 1992 (6).
　　Mark. Bray. The Shadow Education System: Private Tutoring and its Implications for Planners [M]. Paris: IIEP of UNESCO, 1999.

和幼儿园（含公立和民办）之外由社会机构举办的各项学科强化（如英语、数学等）、兴趣特长（如绘画、乐器等）、学习实践（游学、夏/冬令营等）等教育和培训，包含针对3岁前幼儿的各项早教训练。如无特殊说明，下文中对各项校外教育、培训、训练、实践等均统称为"校外教育"。而民办（双语/国际）幼儿园等收费较高的幼儿园，与民办/私立小学等学校教育同等看待，其费用不列入本调查的校外教育投入中。

2. 调研目的与方法

（1）调研目的。

本调查研究的主要目的：一是了解我国家庭对于0—12岁儿童的校外教育投入的现状和特点，反映我国家庭对儿童校外教育的投入意愿、诉求和困惑，为家庭确立合适的校外教育投入策略提供参考；二是分析家长的职业、收入、年龄、学历、子女个数等家庭因素对儿童校外教育投入的决策差异，了解家长角色对儿童校外教育投入的内部影响因素，探索正确的家庭教育观，提高家庭的校外教育投入效率，促进家庭关系与亲子关系和谐发展；三是分析校外教育机构的获得条件、服务水平、价格优势等因素对家庭的儿童校外教育投入的决策影响，分析家庭对儿童校外教育投入的外部影响因素，促进校外培训机构健康规范发展，促使儿童减负工作取得成效；四是综合分析调查问卷结果和访谈中家长对于当前校外教育培训机构存在的问题、亟须调整改进之处、相关意见建议的看法，分析家庭对儿童教育的期望与策略，探索学校、家庭和校外培训机构三方对儿童教育的共同责任和共赢路径。

（2）调研方法。

本调查主要采用电子问卷调查和个别访谈调查相结合的方法。前者利用新媒体时代网络社交平台信息传播便捷性和信息采集准确性的特点，受访者通过手机、电脑等新媒体工具点击电子问卷的链接便能进入答题程序，省去了纸质问卷的发放、回收、整理、录入等环节，受访者在手机或电脑上选择和填写的内容便是笔者看到和分析的内容，答案直接进入数据系统减少了录入误差的发生。后者通过与受访者面对面交谈，根据语境及时、灵活、有针对性地调整问题，可以充分了解受访者的深层次想法和意愿，获得个性化的主观信息，增加调查研究结果的生动性和可信度。电子调查数据获得途径有三种：一是通过各地的教育部门联系小学和幼儿园的老师在家长群中发送调查链接，邀请家长填写；二是调查人员在自己的同事群、同学群、亲友群等网络交流平台中发送链接并说明用意,请相关人员填写问卷,并广泛转发链接;三是社会调查员在社区、商场、车站等公共区域展示印有调查链接二维码和相关说明的展示牌,邀请相关人员扫码完成问卷。第一种途径是本次调查数据获得的主要途径,后两种途径扩充了数据来源,以受访者的随机性来补充样本信息的全面性。

3. 调查问卷

本次调查研究所用的问卷如下:

> 问卷说明:本调查所指的校外培训,是指针对0—12岁儿童的,在小学和幼儿园(含公立和民办)之外由社会民办机构举办的各项学科强化(如英语、数学等)、兴趣特长(如绘画、乐器等)、学习实践(游学、夏/冬令营等)等培训,包含针对3岁前幼儿的各项早教训练。[注:民办(双语)幼儿园、幼小衔接班等收费较高的幼儿园,仍旧属于学校教育,其费用不列入本调查的校外培训投入。]本调查旨在了解家长对于子女校外培训的投入情况和意愿等,以作为了解现状的途径和制定政策的辅助参考。
>
> (1—23题为单选题,24、25题为问答题。)
>
> 1. 您的身份是孩子的:
>
> A. 父亲　　B. 母亲
>
> 2. 您处于0—12岁年龄段的子女个数是:
>
> A. 1个　　B. 2个　　C. 3个
>
> 3. 您的年龄所属范围是:
>
> A. 小于30岁　　B. 30—35岁　　C. 36—40岁　　D. 41—45岁
>
> E. 45—50岁　　F. 50岁以上
>
> 4. 您的学历是:
>
> A. 中学　　B. 大学专科　　C. 大学本科　　D. 硕士　　E. 博士
>
> 5. 您的职业属于:
>
> A. 国家机关、企事业单位　　B. 专业技术人员
>
> C. 办事人员和有关人员　　D. 商业、服务业人员
>
> E. 农、林、牧、渔、水利业生产人员

F. 生产、运输设备操作及有关人员

G. 军人　　H. 自由职业者及其他

6. 您所在地区属于：

　A. 东北　　B. 西北　　C. 华北　　D. 华中　　E. 华东

　F. 华南　　G. 西南

7. 您所在地区属于：

　A. 省会　　B. 直辖市　　C. 地级市　　D. 县级市/县　　E. 乡镇

　F. 农村

8. 子女参加校外培训机构的便利程度：

　A. 机构很多，满足各种需求

　B. 机构较少，只能基本满足需求

　C. 机构很少，难以满足需求

9. 您对接触过的培训机构的印象是：

　A. 管理正规，师资强大，值得信赖

　B. 管理松散，师资流动性大，效果一般

　C. 管理不规范，师资水平差，效果难以保障

10. 如果只能选择一个年龄段，您会着重在孩子哪个年龄进行校外培训？

　A. 0—3岁（幼儿园前）　　B. 3—6岁（幼儿园期间）

　C. 6—12岁（小学期间）

11. 您选择上述年龄段的主要原因是：

　A. 该年龄段培训效果好

　B. 该年龄段孩子学业压力小

　C. 预计那时家庭经济能力增强

12. 您给孩子报校外培训班的数量（项目/种类）是：

　A. 0　B. 1　C. 2　D. 3　E. 4　F. 5

13. 您平均一年投入在一个孩子身上的校外培训（含兴趣特长、学科培训、校外实践等）的总费用：

　A. 0.3万元以下　　B. 0.3万—0.5万元　　C. 0.5万—1万元

　D. 1万—3万元　　E. 3万—5万元　　F. 5万元以上

14. 您平均一年投入在一个孩子身上的校外培训的费用约占家庭总收入的比例：

  A. 10% 以下 B. 10%—20% C. 21%—30%

  D. 31%—40% E. 41%—50% F. 50% 以上

15. 您子女的校外培训投入费用是否给家庭经济造成了负担：

  A. 没有负担，很轻松

  B. 有一定负担，但影响不大

  C. 造成了较大负担，要大幅缩减其他方面开支

  D. 造成了非常大负担，节衣缩食勉强支撑

16. 子女的个数会影响您的孩子校外培训投入预算吗？

  A. 会影响，子女多会适当降低每个孩子的培训投入

  B. 不会影响，子女的教育培训投入都是计划好的，不因子女数而改变

  C. 目前尚不确定

17. 您给孩子报或者不报某项校外培训班的主要原因是：

  A. 自己预估是否有效果

  B. 孩子喜好/精力是否能承受

  C. 家庭经济水平能否负担

18. 您的子女校外培训支出主要用在哪些方面：

  A. 兴趣特长培训

  B. 学科强化培训

  C. 教育实践/研学活动

  D. 上述三方面大致相同

19. 您给子女选择校外培训的主要原因：

  A. 培养孩子特长

  B. 提升学习成绩

  C. 拓宽眼界，提升人际交往能力

  D. 自己无暇看管孩子，找个安全的玩乐地方

  E. 孩子主动要求，乐于参与

  F. 受周围家长和环境影响，别人都报我就报

20. 您认为校外教育培训能达到"让孩子赢在起跑线"的效果吗?

A. 能,我的孩子参加了一些培训,在该方面优于同龄人

B. 不期望赢过别人,只求不落后

C. 不能,校外培训对孩子的作用很小,学校和家庭教育更重要

D. 不确定

21. 您的子女已参加的校外培训效果是否达到您的预期?

A. 效果很好,超出预期

B. 效果一般,勉强达到预期

C. 效果不好,与预期相去甚远

D. 效果尚不清楚

22. 您是否还会继续保持校外培训投入水平:

A. 会继续保持

B. 会适当加大预算

C. 会大幅增加预算

D. 会适当降低预算

E. 会大幅降低预算

23. 您是否有调整培训内容的打算?

A. 会减少一些兴趣特长培训,增加学科培训

B. 会减少一些学科培训,增加兴趣特长培训

C. 兴趣特长培训的项目会做调整

D. 学科培训的项目会做调整

E. 维持现状,暂不调整

24. 对于校外培训机构,您认为目前最应该调整/改进的地方是哪里?

_____

25. 对于校外培训机构,您还有什么其他意见或建议?

_____
_____

第三节　调查研究分析解读：0—12 岁儿童校外教育投入调查结果

一、调查基本情况

此次网络问卷调查①的开展时间为 2019 年 5 月至 7 月，共获得有效问卷 9081 份，另外有 8 个家庭参与访谈，相关情况见表 8-1。

表 8-1　　　　　　　　访谈家庭基本信息

案例编号	受访家长	家长年龄	家长学历	子女数量	子女年龄	计划二孩	校外教育孩均年投入	子女抚养情况	校外教育投入主要特点
1	母亲	36 岁	硕士	1	5	否	6 万	父母抚养	报班多，时间满，孩子要求并享受课外班
2	母亲	38 岁	博士	1	6	否	暂无	父母离异，母亲抚养孩子	没报任何班，曾经考察尝试过，但不满意，不信任
3	母亲	38 岁	本科	1	1.5	是	2 万	父母抚养，祖父母协助	报高额早教班后，商家经营不善关门造成经济损失
4	外祖母	60 岁	高中	1	12	否	4 万	父母离异，外祖父母抚养孩子	专注一种乐器，外地求学，也是外祖父爱好
5	母亲	35 岁	本科	2	10/3	—	5 万	父母抚养	地处深圳，孩子和家长都压力大，竞争激烈，家长迷茫
6	母亲	37 岁	博士	2	8/2.5	—	8 万	父母抚养，祖父母协助	学琴费用昂贵，练琴史是"血泪史"

---

① 采用"问卷星"网络调查工具，电子问卷内容详见链接 https://www.wjx.cn/jq/41472035.aspx。

续表

案例编号	受访家长	家长年龄	家长学历	子女数量	子女年龄	计划二孩	校外教育孩均年投入	子女抚养情况	校外教育投入主要特点
7	父亲	34岁	本科	2	7/4	—	1.5万	父母抚养，祖父母协助	子女教育为放养模式，父亲不清楚细节
8	父亲	47岁	专科	1	10	否	1.2万	父母抚养	母亲是家庭主妇，父亲养家经济压力大

本次参与问卷调查的0—12岁儿童的家长，年龄段覆盖30岁以下至50岁以上，其中人数最多的是30—35岁年龄段，占比46.09%；然后是36—40岁年龄段，占比30.72%。另外41—45岁年龄段的家长占总人数的13.71%，45—50岁和30岁以下的分别占4.56%和4.34%，50岁以上的仅占0.58%。调查对象的年龄范围分布较广，以30—40岁为主。

调查对象的子女个数为1的占比最高，为57.26%，其次有41.26%的调查对象的子女个数为2，还有1.48%的子女个数为3个及以上。

调查对象的学历覆盖大学专科及以下到博士各个层次，其中以大学专科及以下的人数最多，占调查总人数的74.24%，另外大学本科学历的占21.45%，硕士学历的占3.64%，还有0.66%的参与调查者为博士。

调查对象的职业涉及各行各业，除自由职业者以外，占比较高的是商业、服务业人员和国家机关、企事业单位人员，占比超过三成，另外还有专业技术人员，生产、运输业人员，办事人员等，也有0.23%的调查对象是军人。

调查对象所在地区按人数多少依次为四川、山东、重庆、浙江、湖南、北京、山西、广东、吉林、陕西等地，基本覆盖我国的各个区域。另外，调查对象所在地属于省会城市或直辖市的占40.53%，属于县级市/县的占38.43%，属于乡镇的占11.02%，属于地级市的占5.21%，还有4.81%属于农村地区。

二、我国家庭对0—12岁儿童校外教育投入的现状和特点

1. 我国家庭中母亲对儿童校外教育的参与和决策程度大于父亲

本次调查结果体现了我国家庭的父母亲在儿童校外教育的参与程度上的差异。首先是问卷调查的参与人身份，在所有9081个调查对象中，身份是孩

子母亲的高达 6855 人，占 75.49%，身份为孩子父亲的为 2226 人，占 25.41%。可见参与调查者中，母亲身份的比例为父亲身份比例的 3 倍。本问卷最初在网络交流平台和公共场合发放传播之时，对于调查对象并未进行性别筛选，也并未包含任何父母亲角色的答题优先取舍，而是在完全公开、自然的状态下，接受调查对象的主动的意愿表达，因此不论是单纯从性别角度，还是以作为孩子父亲或母亲身份的家庭角色角度来看，父母亲接触和参与本次问卷调查的概率是无异的，而调查结果的显著差异则是由于父母亲对儿童校外教育的参与度的差异所致。究其原因，我国的儿童照顾很大程度上还是一种基于性别的分工，家庭对于儿童的养育责任主要由母亲来承担。[①] 因此，遇到与儿童教育有关的调查时，母亲们具有一种惯性的责任感和积极性，导致参与调查的母亲比例较高。近年来，虽然各界都在呼吁父亲积极参与家庭教育中来，承担育儿责任，发挥不可替代的父亲角色的价值，但是儿童教育中"父亲缺席"的现象仍较严重，尤其是年轻父亲更容易成为儿童教养的"局外人"。[②] 父亲的育儿角色更多地体现在宏观规划、重大问题决策，以及家庭经济来源责任上，具体的教养实践还是母亲承担较多。

除了问卷调查的参与者的身份差异，访谈调查中父母亲也表现出了一定的差异。笔者在访谈过程中接触到的母亲，几乎所有人都表示出了对子女教育问题的兴趣，大部分表现出了对儿童校外教育的关注，能清晰地表达自己孩子所接受的校外教育的情况和经费投入情况，也能明确表达自己对相关问题的看法和今后的投入规划和策略；而父亲中只有一小部分能达到上述母亲的了解和表达程度，大部分父亲都表示对相关情况不太了解或对校外教育的认识不够，还有一小部分甚至连接受本调查的兴趣都没有。例如访谈案例 7 中，接受调查的是一位父亲，有两个孩子，当问到子女校外教育问题时，他表示对孩子的教育属于"放养"模式，以尊重孩子为主，不会过多干涉。实际上，这位父亲对子女教育的参与和了解不够。他说大女儿应该是有参加校外班的，但具体是什么内容不太清楚，平时都是由孩子妈妈陪同。访谈案例 8 中，接受调查的也是一位父亲，他对于孩子的校外教育投入金额比较清楚，因为孩子妈妈是一位家庭主妇，家庭的经济来源都靠这位父亲一人承担。交

---

① 钟晓慧，郭巍青. 新社会风险视角下的中国超级妈妈——基于广州市家庭儿童照顾的实证研究 [J]. 妇女研究论丛，2018 (3)：67-78.
② 郁琴芳. 年轻父亲更容易成为"局外人" [N]. 中国教育报，2016-04-21 (009).

谈中，他对于校外教育的高额费用颇有微词，表示家庭的经济压力较大，对于孩子未来的教育规划，他表示更多地只能"靠孩子自己"。

除了参与调查的积极性和对问题的熟悉了解程度有差异外，参与调查的父母亲对于儿童校外教育投入的看法和诉求并未有显著差异，对大部分问题的看法基本一致。

2. 我国家庭的儿童校外教育投入较为合理

（1）九成家庭的儿童校外教育平均每年每人投入金额低于 3 万元。

我国大部分家庭对儿童校外教育的投入较为理性，调查对象中，有 27.76% 的家庭平均一年投入在一个孩子身上的校外教育总费用为 0.5 万—1 万元，22.9% 的家庭该费用为 0.3 万元以下，21.7% 的家庭该费用为 1 万—3 万元，有 21.15% 的家庭该费用为 0.3 万—0.5 万元。可见每个儿童年均校外教育总投入在 3 万元以下的家庭超过九成，另外也有 4.7% 的家庭该费用为 3 万—5 万元，还有 1.77% 的家庭该费用为 5 万元以上。

从一个儿童一年校外教育投入费用占家庭总收入的比例来看，48.57% 的家庭该比例为 10% 以下，33.17% 的家庭该比例为 10%—20%，10.92% 的家庭该比例为 21%—30%，前三种比例的家庭超过九成，另外有 4.2% 的家庭该比例为 31%—40%，1.87% 的家庭该项比例为 41%—50%，甚至有 1.27% 的家庭该项比例高达 50% 以上。从家庭日常消费占家庭收入的三分之一的合理比例来看，若儿童的校外教育投入超过家庭收入的 20%，便会对家庭的其他消费造成挤占。而一项对上海小学生的家庭校外教育投入（原文中称为"扩展性教育支出"）研究表明，近年校外教育投入增速明显快于家庭收入增速。① 本调查结果表明，约八成的家庭儿童校外教育投入占家庭收入的比例属于合理范围，其中接近五成的家庭校外教育投入与收入占比较为适宜；另外也有略多于 3% 的家庭，该投入与收入占比严重失衡。

在家庭校外教育投入快速增长的态势下，约九成的家庭都控制了该投入对家庭经济造成的压力。本调查中，59.01% 的家庭表示儿童校外教育投入对家庭有一定的经济负担但是影响不大；有 28.23% 的家庭表示儿童校外教育投入对家庭没有造成经济负担，完全在承受范围之内；另外也有 10.63% 的家庭表示儿童校外教育投入对家庭经济造成了较大的负担，需要缩减其他方面的

---

① 赵霞. 上海小学生家庭扩展性教育支出及挤占效应研究 [D]. 上海：上海师范大学，2019.

开支来平衡；还有 2.13% 的家庭表示儿童校外教育投入对家庭经济造成了非常大的负担，处于节衣缩食勉强支撑的状态。对于感觉较大压力的家庭来说，应该及时调整家庭教育心态和投入策略。

（2）略多于六成的家庭儿童校外教育的报班数量为 1—2 个。

除了儿童校外教育投入金额外，校外机构的报班数量和种类也是衡量家庭校外教育投入的重要方面。而本调查结果反映的大部分家庭的校外教育的数量都较为合理。具体而言，报班数量从 0—6 个均有涉及，而占比最高的报班数量是 2 个，比例略高于三分之一；其次是 1 个，比例接近三成；再次是 3 个，比例为 16.35%。儿童校外教育报班数量为 1—3 个的家庭占调查对象总数量的八成，其中又以 1 个或 2 个为主。值得注意的是，有 11.78% 的调查家庭并未给儿童报校外教育班，也有 5.24% 和 1.93% 的调查家庭的儿童校外教育报班数量分别为 4 个和 5 个，还有 0.86% 的调查家庭的儿童校外教育报班数量高达 6 个。

在儿童校外教育的类型和机构选择上，大部分家长都能尊重孩子的意愿。在关于是否参加某项校外教育的主要原因的调查中，73.66% 的家长表示出于孩子的喜好和精力是否能承受考虑，有 15.69% 的家长表示主要由自己预估是否有效果来决定是否报班，还有 10.65% 的家长表示主要原因是家庭经济水平。可见超过七成的家长对儿童校外教育的投入期望是以儿童自身喜好为主。对于报班数量较多的家庭，我们也不应一味责怪家长盲目跟风或是给孩子太多压力，因为也存在孩子自身喜好和要求参加校外教育的情况。访谈案例 1 中的 5 岁女孩就是如此，据其母亲反映，她给女孩报的校外培训班有英语、钢琴、唱歌、绘画、舞蹈等多种，几乎都是应女孩的要求所报，女孩每次去上课也都能乐在其中。由于课程种类多，女孩的周末和平日幼儿园放学后的时间，只有周三一天是没有课程的。在这种情况下，女孩到周三放学后，还会主动要求妈妈带自己去培训机构练琴，否则会觉得无趣。可见女孩已经习惯了校外教育融入日常学习和生活的模式。

3. 我国家庭的儿童校外教育投入受家庭和教育机构的共同影响

家庭对儿童的校外教育投入受到诸多因素的影响，笔者对本次调查结果进行交叉分析，发现家庭子女个数、家长学历，以及校外机构的可获得性等因素能较大地影响儿童校外教育的投入策略。

（1）家庭子女个数对校外教育投入具有反向影响。

本次调查对象中家庭子女个数为 1 个和 2 个的家庭数比例约为 6 比 4，另外还有约一个百分比的家庭子女数为 3 个及以上。关于子女个数对儿童校外教育投入的影响调查中，44.15% 的调查对象表示子女个数会影响儿童校外教育的投入预算，当子女个数增加时会适当降低每个孩子的校外教育投入，以保证投入总额在家庭经济承受范围内。有 25.77% 的调查对象表示影响目前尚不确定。30.08% 的调查对象表示子女个数不会影响每个孩子的校外教育投入，子女的教育费用都是提前计划和准备好的，不会受子女个数的影响。调查显示，儿童校外教育投入可能受家庭子女个数影响的家庭达到七成。有研究表明，近年来我国儿童的养育成本大幅提升，子女个数越多的家庭面临越严重的"收入惩罚"（母亲身份给女性造成的收入损失）[1]，成本上升和收入减少的双重影响，使得多孩家庭在儿童校外教育投入方面比单孩家庭更为慎重。

（2）家长学历较高的家庭对儿童校外教育投入较多。

家长学历对儿童校外教育投入的影响表现在不同学历的家长对儿童校外教育的报班数量具有差异，报班数量为 0 或 6 的极端情况中，家长学历的差异尤其明显。第一，报班数量为 0 的调查对象占所有调查对象的比例，随着家长学历的上升而下降。家长学历为中学的调查对象中，儿童校外教育报班数为 0 的占 16.81%，家长学历为大学专科、大学本科、硕士的调查对象中，该比例依次降为 8.87%、6.16%、5.74%。特别的是，家长学历为博士的调查对象中，儿童校外教育报班数为 0 的家庭数为 0，即博士家庭的子女都不同程度地参与了校外教育。

第二，报班数量为 6 的调查对象占所有调查对象的比例，随着家长学历的上升而上升。家长学历为中学的调查对象中，儿童校外班数为 6 的仅占 0.31%；家长学历为大学专科、大学本科、硕士、博士的调查对象中，该比例依次升为 0.82%、1.54%、2.42%、10%。另外，校外班数为 4 和 5 的调查对象占所有调查对象的比例，也呈现了随着家长学历的上升而上升的特点。

第三，各家长学历中，儿童校外班数量占比的排名也具有一定差异。家长学历为中学的调查对象中，儿童校外班数量最多的是 1 个，占 37.23%；家长学历为大学及以上的调查对象中，儿童校外班数量最多的是 2 个，其中家

---

[1] 马春华. 中国家庭儿童养育成本及其政策意涵 [J]. 妇女研究论丛, 2018, 9 (5): 70-84.

长学历为大学专科的，儿童校外班数量排第二的是 1 个，家长学历为大学本科及以上的，儿童校外班数量排第二的是 3 个。可见，家长学历越高的家庭，给儿童报校外班的数量越多。通过分析家长学历和儿童校外教育投入金额发现，家长学历越高的家庭，对儿童的校外教育的投入也越多。

（3）校外教育机构的便利程度和服务水平影响儿童校外教育投入。

校外教育机构的可获得性也是影响家庭对儿童校外教育投入的因素。可获得性可分为参加学习的便利程度以及服务水平与服务效果的好坏两方面。校外教育机构的便利程度，对儿童校外教育投入的软性影响较大；而服务水平与效果，对儿童校外教育投入的硬性影响较大。软性影响是指对于校外教育投入策略较易受到改变的那部分家长的影响，涉及的是可报可不报的培训项目。硬性影响是指对于校外教育投入策略不能轻易改变的那部分家长的影响，涉及的是意义重大、难以舍弃的培训项目。

调查表明，儿童校外教育年均投入低水平（0.3 万元以下）的家庭比例，因教育机构的便利程度不同而有较大差异，例如在教育机构很多，可以挑选比较、满足各种需求的情况下，该低投入比例家庭占 19.46%；在教育机构选择不多但能基本满足需求的情况下，该低投入比例家庭占 32.52%；在教育机构很少、有培训需求但找不到培训机构的情况下，该低投入比例为 45.65%。可见，随着教育机构便利程度降低，低投入家庭的比例由不到两成上升至接近一半。而中等至较高投入（0.5 万—5 万元）水平的家庭比例，则随着教育机构便利程度降低，出现不同程度的下降。可见校外教育投入策略的软性影响，较能因为教育机构便利程度的差异而出现。另外，儿童校外教育年均投入高水平（5 万元以上）的家庭比例，由于教育机构的便利程度出现的差异不明显。在高便利性的情况下，该高投入家庭的比例为 1.97%；而在低便利性的情况下，该高投入家庭的比例为 1.85%。这部分家庭或是教育策略明确、规划清晰，或是家庭经济实力雄厚，一般会主动选择和跟进教育机构，排除客观困难，而不会受外界因素的影响。访谈案例 4 中，访谈对象不同于其他案例中的父亲或母亲，而是孩子的外祖母，因为孩子的父母离异，母亲在外地工作，孩子的实际养育任务由外祖父母承担。孩子由于外祖父对民族弦乐的喜爱，从小跟随他学习柳琴作为特长，由于当地学习柳琴的人少，找不到合适的老师教她，孩子的外祖父便每周带着她到外地找名师求学，平日则勤加督促。该案例中不会轻易受校外教育机构便利程度干扰的影响便属于硬性影响,能影响它的更多的是教育机构或人员的教学效果和服务水平。

4. 大部分家长对校外教育机构的评价中等,表示基本满意、效果有待提升

家长对校外教育机构的整体印象和评价可从获取便利度、管理水平、培训效果三方面来阐述,即评价的事前、事中、事后三个维度。整体而言,家长对教育机构的评价为基本满意。

(1) 获得便利性的满意度接近八成。

在校外教育机构的便利程度方面,77.81%的调查对象表示身边的教育机构很多,可以挑选比较,满足各种需求;18.02%的调查对象表示身边的机构较少,选择不多,但能满足基本需求;还有4.17%的人表示周围的教育机构很少,有培训需求但找不到培训机构。可见校外教育机构的获取便利度方面得到的家长评价较高,尤其是近年来,我国校外培训机构治理经历初步规范和政策设计后,进入全面整治阶段,以社会需求为导向、以规范与引导为核心的机制与取向使得校外教育机构在数量和质量上均有所上升。[①] 同时,"互联网+"的信息时代背景,也催生了一部分线上培训的出现,如线上英语学习、线上乐器陪练等,使得校外教育的形式得到了丰富,可获得性有了提升。

校外教育机构的可获得性与地域有一定的关联。通过交叉分析得知,省会城市的调查对象中,表示校外教育机构很多、可满足各种需求的接近九成,而乡镇和农村地区的这一比例只有四成多。表示校外教育机构很少、难以满足自身需求的调查对象比例,农村地区的是省会城市的9倍。造成这一现象的主要原因是,教育资源的分配差异和地区文化产业的发展差异。过去一段时期我国义务教育城乡均衡发展取得了较大成就,但是在教育资源配置的多个维度仍存在显著的城乡差异。[②] 而地区文化产业的发展与地区的经济水平和经济条件紧密相关,由于我国文化产业产能与供给的空间分布符合产业等级分布的一般特征,我国城乡的文化产品消费还不均衡。[③] 因此在校外教育机构的可获得性上,应该根据地域特征,有针对性和倾向性地进行丰富和提升。

---

① 祈占勇,李清煜,王书琴. 21 世纪以来我国校外培训机构治理政策的演进历程与理性选择 [J]. 中国教育学刊, 2019 (6): 37 - 43.

② 凡勇昆,邬志辉. 我国城乡义务教育资源均衡发展研究报告 [J]. 教育研究, 2014 (11): 32 - 44.

③ 郭平,彭妮娅. 中国文化产业发展的空间不均衡性分析 [J]. 财经理论与实践, 2013, 5 (183): 115 - 119.

(2) 管理和师资水平的满意度接近六成。

调查对象中，对接触过的校外教育机构的印象是管理正规、师资力量强的有 59.94%，认为相关教育机构管理松散、师资流动性大、教学效果一般的占 31.42%，认为其管理不规范、师资水平差的有 8.64%。相较于获得便利程度接近八成的满意度，校外教育机构管理和师资水平的评价有所下降，调查对象给出正面评价的约六成，而明确表示差评的比例约是前者的 2 倍。对于校外教育机构的管理评价，也存在一定的地域差异，虽然该差异没有对获得便利性评价的差异如此明显，但也具有其特征。在对校外教育机构管理水平给出肯定性评价的调查对象中，各类地区的比例都在六成左右，该比例最高的反而是对获得便利性评价最低的农村和乡镇地区，有 64.3% 的农村地区调查对象表示接触过的校外培训机构管理正规、师资力量强。而在县、市地区的调查对象中，选择该选项的约为 57%，下降了 7 个多百分点，另外省会城市调查对象中选择该选项的比例为 61.95%。在对校外教育机构的管理水平给出差评的调查对象中，也是农村地区的占比最高，为 13.96%，该比例约为省会城市的 2 倍。可见，农村地区调查对象对校外教育机构的管理和师资水平的评价，给出好评和差评的比例都在各类地区中最高，而中等评价的比例在各类地区中最低。

对校外教育机构的管理水平的评价，能影响家长对子女的校外教育决策。在子女校外教育报班数为 0 的调查对象中，给差评的家长比例为给好评的家长比例的 4 倍。而在报班数为 2—5 个的调查对象中，给好评的家长比例不同程度地高于给差评的家长比例。从校外教育投入金额来看，对校外教育机构管理水平给出不同评价的调查对象，在年投入 0.5 万—1 万元的家庭中比例相似，其好评、中评和差评都在 27%—29%。以此为分水岭，年投入 1 万元以上的家庭，给出好评的比例较高，年投入 0.5 万元以下的家庭，给出中差评的比例较高。调查表明，对校外教育机构的印象和评价，与家庭对儿童的校外教育投入有耦合关系，一般评价越高的投入越多，反之亦然，投入越多的评价越高。

(3) 教育培训效果的满意度为一般。

对校外教育机构培训效果的评价是校外教育评价的重要内容，能反映家庭对儿童的校外教育投入期望与目标达成度。调查表明，我国一半家庭对儿童校外教育的效果评价为一般。具体而言，在调查对象中，表示儿童已参加的校外教育效果一般、勉强达到预期的家长占 50.29%；表示效果尚不清楚的占 23.19%；表示效果很好、超出预期的占 15.74%；表示效果不好，与预期有距离的占 10.78%。对校外教育效果的评价中，除了明确表示效果好或不好的超过两成的调查对象外，其余七成多的调查对象给出的是中立或模糊的评价。

儿童校外教育效果整体评价一般的原因，一是调查对象的实际主观感受与投入期望之间存在差距。正如访谈中的母亲所说，她想尽量客观地说明女儿参加的校外培训的效果，但是似乎很难。一方面校外教育的效果确实不如自己设想的好，女儿在学习成绩和主持特长方面的进步都不明显；另一方面，女儿好像和之前有一些不同了，变得更加自信开朗了，仅凭这个主观感受她就觉得欣慰，认为校外教育或多或少是有用的，于是给出一个中等的评价。二是校外教育效果难以明确量化，儿童取得的进步很难说就是校外教育的效果。教育是个多渠道影响的综合因素结果，儿童进步有可能来自学校教育，有可能来自同伴影响，还有可能是自身发展的结果。例如案例 3 中的幼儿参加早教班一个月后便会走路了，但这显然不能归功于早教班，因为即便不参加早教班，幼儿自身的自然发展也会出现这个"进步"。而有些技术性的知识传授或技巧能力训练，则与校外教育有一定的关系。如案例 6 中的女孩，以钢琴作为特长，家长也投入了很多时间和金钱，家长戏说练琴史就是一部血泪史。不过女孩还算争气，三年级就考过了钢琴七级，随之而来的是培训费也涨到了 800 元一节课。通过问卷调查和访谈调查可知，目前大部分家长对儿童校外教育效果的满意度还有一定的提升空间。

5. 家长对儿童校外教育存在"边怀疑边投入"的困境

目前，儿童校外教育投入存在较普通的一个现象是怀疑与投入并存的问题。一方面，是家长对于校外教育机构的作用不确定，对其效果持怀疑态度；另一方面，是在周围环境以及家长自身教育焦虑的影响下，继续保持甚至增加校外教育投入。

家长对儿童校外教育的原始期望通常较简单，接近四成的调查对象表示最初给孩子选择校外教育的原因是希望孩子拓宽眼界，提升人际交往能力，即培养孩子的情商。但是在最后选择报班内容的时候，往往带有一定的功利性目的，65.12% 的调查对象的儿童校外教育支出主要用于兴趣特长培训，约三成的调查对象主要着重于学科强化培训。而对于校外教育培训是否具有让孩子"赢在起跑线"的效果调查中，超过一半的调查对象表示不期望让孩子赢过别人，只是不想落后于别人。看似理性的期望折射出了儿童校外教育的"剧场效应"①给家长带来的教育焦虑症②。大部分家长认为，如若别人的孩子参加了校外教育而自己的孩子不参加，那么自己的孩子很可能落后于别人，不论是在学习成绩还是兴趣特长方面，周围环境已经造成了"水涨船高"的局面。访谈案例 5 的母亲表示，自己最初也是想实行快乐教育，不想给孩子增加负担，但是周围很多家庭都是倾其所有、竭尽所能地在孩子的教育上投入大量的时间和金钱，于是让孩子加入到校外补习的大军中。在被焦虑与茫然感主导的情绪下，"随大溜"的做法多少能让自己感觉稳妥。因此，即使大部分家长对校外教育效果的评价一般，75.44% 的调查对象表示还会继续保持目前的儿童校外教育投入水平，甚至还有超过 8% 的调查对象表示会增加相关投入。在对校外教育效果持不确定态度的情况下，家长还维持或增加投入，也反映出了部分家长对儿童教育无计可施、只能跟风的尴尬局面。

造成当前校外教育风靡现象的原因，主要来自两方面。一是知识经济时代的背景挖掘了教育投入的潜在收益，随着社会和科技水平的高速发展，大家认识到个体之间的竞争都可以转化为能力与智力的竞争，因此大部分家长对于教育的投入都是不计成本的。二是当前学校减负行动有矫枉过正的趋势，学校在给学生减负的同时，造成了一些知识学校不教但是又隐性要求学生掌握的现象，于是这部分教育任务便转移到了校外教育机构。据访谈案例 1 的母亲举例说，现在的幼儿园为了避免小学化而不教拼音，但是进入到小学后，老师会"默认"孩子已经掌握了拼音而不从基础的教起，于是只能家长自己在家教或是找幼小衔接班来学。她的孩子明年就要上小学了，她计划下半年就不让孩子上幼儿园大班了，而是转到校外的幼小衔接班去提前适应，这个又将是一笔不小的开销。

当然，也有一小部分家长对校外教育机构的态度很明确，那就是不信任、不参加。访谈案例 2 的母亲，自身是高学历者，对子女教育也有自己的见解。她说曾经尝试过带孩子去参加校外教育，但是试听之后，发觉各教育机构的师资水平参差不齐，宣传噱头大于实质内容，有些教育方式明显与自己的理

---

① 马玉林. 教育培训的"剧场效应"该怎么破？[N]. 苏州日报，2018 - 06 - 26 (A06).
② 冯博，宋莉莉. 中国城市家长教育焦虑现状解读 [J]. 管理观察，2018 (8)：141 - 143.

念相悖,最终没能找到一所让自己满意的校外教育机构,于是决定不给孩子报任何校外班,哪怕让孩子暂时落后也不能造成反效果。不过,这位博士母亲也表示,虽然以前没有给孩子报过校外班,但是下半年孩子要进入小学了,对于英语、数学等学科类的培训,她还是愿意在严格把关的情况下继续接触尝试的,如果有自己觉得满意的校外班也会考虑,毕竟孩子的发展是放在第一位的。但是要让这位母亲满意,根据她的考察经历和要求来看,估计很难。除去这一小部分对校外教育机构态度明确的家长,大部分家长还是处于焦虑、怀疑与投入并存的状态。

三、对 0—12 岁儿童校外教育投入的思考与建议

根据本调查对 0—12 岁儿童家庭校外教育投入现状和特点的了解,对于探索正确的家庭教育观、提高家庭的校外教育投入效率,保障儿童健康成长,探索学校、家庭和校外教育机构的多方责任和共赢路径,可以从以下几方面着手。

1. 父母亲共同参与育儿,建立正确的家庭教育观

第一,父亲应该承担相应的育儿责任,尤其是随着越来越多的现代女性承担"工作－家庭"的双重任务时,父亲的家庭角色不再仅仅是"供养者",而应该与母亲一起共同参与子女教育等家庭事务过程,营造良好的家庭氛围。首先,子女教育并不是小事,教育投入是最具有投资回报潜力的一种投入,也是回报具有滞后性、最需要长期坚持的一项长效投入,应得到家长的共同重视。其次,父亲有教育子女的义务,不仅是提供金钱支持,还应亲身参与和过程陪伴。现状表明,我国家庭的儿童教育中,父亲的参与度远远低于母亲,母亲比父亲面临着更高的工作—家庭冲突,感受到更多家庭对工作的干扰。[1] 不论是弥补父亲"缺位"给儿童教育和成长造成的遗憾,还是关照新社会风险视角下的超级妈妈[2],减轻现代女性的压力,父亲们都应积极参与到儿童教育的细节中来。最后,父亲参与教育能起到积极的效果,儿童教育中父亲的价值不仅在于知识传授,还在于儿童的情感发展和性格塑造,父亲是

---

[1] 张春泥,史海钧. 性别观念、性别情境与两性的工作—家庭冲突——来自跨国数据的经验证据 [J]. 妇女研究论丛,2019,5(3):26-41.

[2] 钟晓慧,郭巍青. 新社会风险视角下的中国超级妈妈——基于广州市家庭儿童照顾的实证研究 [J]. 妇女研究论丛,2018(3):67-78.

儿童生命成长中的关键角色。同时，父亲参与儿童教育对自身也有积极的意义，父亲对孩子教育较多的参与和互动能在一定程度上提升男性的职业成就，促进其个性发展。① 出于多方面的原因，父亲都应该积极担负起儿童教育中的责任，增加对儿童教育的参与度。

第二，建立正确的家庭教育观，把握好子女教育中的亲密感和距离感。② 一方面，积极回应儿童的各类校外教育需求，帮助儿童做好学校教育和校外教育的衔接连通，帮助儿童正确客观地认识校外教育机构，发挥校外教育机构对学校教育的延续作用和"影子"作用。发挥家长在儿童参与校外教育中的积极作用，此为亲子关系的"亲密感"；另一方面，与校外教育应保持适度的"距离感"。一是对孩子的要求不能有求必应，要区分孩子的校外教育需求动机，如果孩子是真的喜欢相关学习内容、享受学习过程，那么应该积极支持和保护；如果孩子是为了分担甚至逃避学校课程的压力，那么不能纵容，要避免"课外学破头，课堂睡大觉"的误区，切勿让孩子因依赖校外教育机构而本末倒置。二是不能将家长自己的想法投射到子女身上，给子女造成不必要的压力，尤其是在兴趣特长的选择和学业成就的期望上，要充分尊重孩子的意愿，不能使用家长权威。孩子只是借助家长的身体来到这世界的独立个体，没有替家长完成心愿的使命，因此家长应该有不要将自己的喜好和期望强加于孩子，与孩子保持必要的尊重和距离的意识。三是要考虑家庭经济能力，量力而行。校外教育费用对于部分家庭来说属于额外开销，对于小部分家庭甚至造成了很大的经济压力。而这些家长为了使孩子不落后于人，在节衣缩食地勉强支撑。事实上，这种做法是没有必要的，是家长对于自身的一种过度消耗，是对家长责任的道德绑架。家长除了应该保持对孩子期望的适度距离，还应保持家长责任的适度距离，家长对孩子的付出和投入是"有限责任"的，不应一味地放大家长责任、牺牲自我。只有当家长有时间和空间追求和成就自我的时候，儿童的教育才能是理性、高效的。

2. 教育部门和学校积极履责，规范校外教育机构

在引导家长正确对待儿童校外教育投入的过程中，教育部门的积极履责是前提条件。学校教育作用的落实和校外教育机构的整顿规范做好了，家庭

---

① 郁琴芳. 年轻父亲更容易成为"局外人"[N]. 中国教育报，2016 – 04 – 21 (009).
② 彭妮娅，家长应把握亲子关系中的亲密感和距离感 [J]. 中国德育，2019 (3)：33 – 36.

对儿童校外教育的理性投入也就完成了一大半。

首先,教育部门和学校应积极承担起教育责任,不应将儿童教育任务过多分流给家长和社会。学校是应该承担教育质量自我保障的责任主体,应该积极履行承担教育任务和保障教育质量的分内之责。一是学校要从被动执行回归到主体责任,强化自身的主体意识,并唤醒教师在教育过程中的现实、具象的教育主体责任,通过激发教师群体的内生动力,形成自觉提升教育效果的集群效应。① 二是教师要发挥学校教育主体责任中的关键、核心作用。在儿童教育中,教师和家长固然都有不可推卸的责任,但二者各有侧重,家长应负责儿童的性格、习惯和价值观培养,而教师作为履行教育教学职责的专业人员,对儿童的学业应承担更多责任。② 三是教育部门要积极做好学校教育的过程监管和政策保障:一方面教育部门的监管要全方位、全过程,做好教育质量保障与提升的引领、评价、指导和帮助,从事前评审、事中纠偏和事后审核等方面来确保监管的适宜、充分和有效;③ 另一方面,政策保障要跟上,教育部门要在尊重学校办学自主权的情况下,对学校的各级各类教育责任进行划分,以法律法规的形式进行明确和强调。只有当教育部门和学校积极承担儿童的教育责任,防止教育责任的转移和流失,家长才能从繁杂的学校教育责任中抽身,避免将教育责任二次转移给校外教育机构。

其次,要对校外教育机构进行整顿、规范和监管,使其在合理范围内服务于儿童教育。第一,要完善校外教育机构的准入机制,以新修《中华人民共和国民办教育促进法》中对"分类管理"原则的规定为依据,对校外教育机构实行差异化管理,鼓励民办教育机构向非营利性发展,并给予税收、土地等方面的差异化扶持。经批准正式设立的校外教育机构,要在获得办学许可证后,依法依规分类办理登记证或者营业执照;设立一定的准入"门槛",对于不具备办学资质的机构,要严格把关,避免"一元培训机构"的出现。第二,要加强对校外教育机构的监管和秩序规范,一是对营利性民办教育机

---

① Ping Li. The Return, Motivation and Synergy of the Subject of Educational Quality Responsibility [C]. Proceedings of 2018 3rd International Conference on Education Research and Reform (ERR 2018) (Advances in Social and Behavioral Sciences), 2018 (24): 401-404.

② 王付永. 谁该承担教育学生主体责任 [N]. 四川日报, 2015-06-18 (007).

③ Ping Li. The Return, Motivation and Synergy of the Subject of Educational Quality Responsibility [C]. Proceedings of 2018 3rd International Conference on Education Research and Reform (ERR 2018) (Advances in Social and Behavioral Sciences), 2018 (24): 401-404.

构要进行价格监管和调控，对不同类型的校外教育，要分类制定收费标准，规定统一的收费区间，使价格在合理范围内随市场需求浮动；二是对校外教育机构的师资要求及处罚进行明确规定，敦促其建立具备资质的稳定的专职教师队伍，避免出现行业内师资水平的较大偏差。第三，要对校外教育的领域和内容进行监管，例如培训机构可以进行各种培训，但是不能搞超前教学、超纲教学，义务教育阶段的各科都不能涉及。还要割断各类考试、考评、竞赛成绩和招生的联系，不把它作为招生的凭据。① 总之，要通过综合治理建立健康的校外教育秩序，形成有机统一、相辅相成的学校教育和校外教育体系。校外教育不是促进儿童发展成才的万能药，也不是阻碍儿童身心健康的毒瘤，我们不应将校外教育机构神化，更不应将它们妖魔化，而应客观认识、规范治理、合理利用、理性投入，让学校教育体系和它的"影子"共同为儿童身心健康发展服务。

3. 国家适当分担儿童校外教育成本，为儿童教育产生人口红利提供必要的条件保障

国家分担儿童养育成本，减轻家庭在校外教育投入中的经济负担，是享受未来的人口红利的必要条件。② 我国从 20 世纪 70 年代末开始实施的独生子女政策，有效防止了人口过度膨胀带来的资源超负荷消耗，也造成了近年来出生率的不断下滑。2013 年，我国每千人对应的新生儿数量是 12.1，远远低于改革开放后的高峰期 1987 年的该数据 23.3，也低于当年美国的 13。③ 为防止人口老龄化的出现，2013 年 11 月，党的十八届三中全会提出启动实施"单独二孩"的政策，2015 年 10 月，党的十八届五中全会提出允许实行普遍二孩政策。随着二孩政策的全面放开，我国人口出生率有了一定提升，2016 年 7 月至 2017 年 12 月，二孩政策导致的额外出生人口数量为 540 万。④ 但是新生儿数量的上涨势头呈减弱趋势，生育二孩的数量远远低于预期，二孩政策的

---

① 厦门日报社. 隔断各类考试、考评、竞赛成绩和招生的联系！减负，教育部要这样做 [EB/OL]. https://mp.weixin.qq.com/s?__biz = MzA4ODYxNzAxMA%3D%3D&idx = 1&mid = 2651347173&sn = abdb1b0a67192682785d60a683a7d278，2018 - 03 - 17.

② 马春华. 重构国家和青年家庭之间的契约：儿童养育责任的集体分担 [J]. 青年研究，2015 (4)：66 - 75.

③ PC baby 太平洋亲子网. 备孕百科/全面二孩 [EB/OL]. https：//baike.pcbaby.com.cn/qzbd/17213.html#ldjc4ta = baby_tbody1，2019 - 08 - 29.

④ 科学网. 中国全面二孩政策与出生率及生育相关健康因素变化的关系 [EB/OL]. http：//news.sciencenet.cn/htmlpaper/2019/8/201982217514476451899.shtm，2019 - 08 - 22.

"遇冷"究其原因,养育孩子的成本太高是一个主要因素。[①]

本调查结果表明,家庭中对儿童的校外教育投入预算与子女个数成反比,大部分家庭的校外教育投入已经受到了子女个数的影响。因此为了改善人口增长停滞现象、防止老龄化的出现,国家应从政策上打消人们"生得起养不起"的顾虑,在现行义务教育的基础上,再负担一部分儿童校外教育成本,以减轻家庭负担。一方面促使有二孩生育条件但还未生育二孩的家庭积极对待此事,从新生儿数量上保障人口红利;另一方面使适龄儿童受到公平优质的教育,能成长为对社会做出积极贡献的人才,从质量上保障人口红利。二孩不仅要放,还要管;不仅要有对生育政策的放松,更要有对养育政策的支持。在最新的个税改革中,对子女教育的税收抵扣体现了政府对儿童养育成本的分担意愿。政府应该以此为契机,加大分担力度,通过发放校外教育券、补习津贴[②]、增加税收抵扣额度等多种形式,积极探索义务教育之外的儿童教育成本分担,切实减轻家庭的育儿负担,只有对儿童的教育支持和补助政策充分实行了,才能做到真正意义上的二孩放开。而家庭从育儿经济负担中的适度解脱能为现代职业女性创造友好的发展环境,以更好的母亲角色提升育儿质量,父亲的参与则能营造更理想的家庭氛围,使教育效果事半功倍。

同时,国家分担儿童校外教育成本时应关注城乡教育均衡,基于目前城乡对儿童校外教育的投入差距,进行倾斜性的重点扶持。一方面,对农村、贫困地区的教育扶持能减少目前的城乡教育资源配置和发展水平差距,促进教育公平;另一方面,地区间教育不平等与收入差距扩大有动态关系,增加对农村、贫困地区的教育倾斜性扶持能通过增加农民收入的代际传递,提升农村、贫困地区的未来校外教育投入能力和水平,从而形成良性循环的长期效应。因此,我们应将保障农村教育经费的均衡投入作为义务教育战略任务的重点[③],而校外教育投入是避免教育不公平现象的重点关注领域。

---

① 王茜. 全面二孩时代下女性生育意愿及相关问题浅析 [J]. 学理论,2017 (7):125 - 126,147.

洪秀敏,朱文婷. 二孩时代生还是不生?——独生父母家庭二孩生育意愿及影响因素探析 [J]. 北京社会科学,2017 (5):69 - 78.

② 李佳丽,胡咏梅. 谁从影子教育中获益?——兼论影子教育对教育结果均等化的影响 [J]. 教育与经济,2017,33 (2):51 - 61.

③ 肖桐,邬志辉. 中国农村义务教育生均经费投入的均衡现状研究——基于2005—2014 年全国31 省的面板数据 [J]. 教育理论与实践,2018,38 (28):22 - 27.

另外，我们应该积极探索改革教育评价模式，建立多元的人才培养和评价体系，避免单一标准的评价模式，破除"唯分数""唯升学"等教育评价领域的五唯现象。家长还要破除追求子女成功的执念，从根本上减轻家长对儿童教育的焦虑，以平和的心态对待儿童教育和成长，不要害怕子女成为平庸的人。毕竟，推动社会车轮滚滚向前的不仅有令人瞩目的成功人士，更有数以千万计、默默无闻的普通人。

第四节　延续调查研究："双减"前后 0—12 岁儿童校外教育投入变化

一、延续调查的概念及特点

1. 延续调查的概念和分类

延续调查也叫延伸调查或后续调查，是政策发布经历一段时间的实践检验后或出台一些新政策之际，前期调查结果可能发生变动的情况下进行的再次调查。调查内容包括政策效果、民众反应、实践情况、期望建议等，可以是对前期调查进行补充，也可以是与前期调查形成对比，以便于分析政策或实践效果，并为后续政策制定提供一定参考。

延续调查根据调查的时机和目的可分为顺延调查和对比调查两大类。顺延调查是在未出台新政策或未发生新事件时，对已有政策的效果经过不同时间段的实践检验后进行的调查。在不同的背景或环境下，相同的政策可能会有不同的解读和实施途径，也可能发生量变到质变的转化过程。顺延调查是对一个政策发布的过程或是政策实践的首尾进行追踪的过程性调查，它突出延续性、过程性和时间性。而对比调查则是在有新的政策出台或是有重大事件发生之时，对人们的反应、认识或行为的变化进行的调查，它突出对比性、转折性和节点性。在调查研究实践中，顺延调查和对比调查不是独立和割裂的，而是相互交织的。有时一个对比调查的"转折后"，可能是一个新政策发布的顺延调查的开端。多个相互衔接的顺延调查和转折调查，共同填充了延续调查的丰富空间。

2. 延续调查的特点

延续调查由于其"延伸"和"后续"的特殊性，而具有一些非延续调查不具备的特点。首先，延续调查有初始调查作为基础。既然是延续调查，必定有初始的前期调查。非首发的特性，使得延续调查的开展要以大量的、充分的对初始调查的了解和分析作为基础。初始调查的主体可能是延续调查的主体，也可能是其他主体。当初始调查与延续调查是共同主体时，调查者由于前期参与而对调查的背景和任务有较深入的了解，不需要额外的背景知识便可展开延续调查。当延续调查主体与初始调查主体不同时，在正式开展延续调查时，要对初始调查的全过程材料进行学习，通过资料回顾复盘初始调查场景，从而更准确地把握好延续调查的全过程。

其次，延续调查有相对较强的目的性。延续调查是在前期初始调查的基础上进行的后续调查，因此有前期调查的结果做比对和参照，对于调查结果的期望和想要达到的效果有更明确的目的。初始调查后，相关政策取得了重大进展或发生了重要转折，初始调查的结果已不符合事实现状和人们对政策了解的需求，需要在前期调查的基础上进行跟进补充，于是产生了延续调查。因此，延续调查是伴随着对初始调查的突破期望产生的，这种突破可以是发展程度的深入，也可以是发展方向的转变，总之要得出一些与初始调查不同的结论才好，这便是延续调查具有较强目的性的原因。而这种目的性也为延续调查的展开提供了较清晰的可行途径。

最后，延续调查注重与初始调查的关联。既然是以初始调查作为基础，并试图在前期调查结果上得到程度和方向的突破，必然要注重与前期初始调查的关系分析。要将初始调查结果作为延续调查的重要组成部分，在延续调查的问题设置和结果分析中将初始调查作为重要的比对和参照，通过比较分析反映出前后的变化，即延续调查开展的意义。同时，要注重分析发生该变化的原因，加强过程观察。若是教育政策落实的原因，则可加强政策分析，并为以后的政策制定提供参考；若是教育外部原因，则可加强环境分析研判，通过教育与社会经济的协同发展研究，提升教育与外部环境的融合发展。总之，延续调查要与初始调查紧密结合，从初始调查出发，最后回到初始调查进行效果检验。

3. 本次延续调查的背景

随着物质生活的富足和家庭对子女教育的重视，儿童校外教育投入已成为我国家庭日常支出的重要部分。有研究表明，家庭教育投入对儿童早期发展具有直接作用，能通过影响儿童的学习品质对学业能力产生中介作用，这是校外教育投入在培养儿童学习品质、促进亲子关系发展中的积极作用。作为社会力量兴办教育的主要形式，我国校外教育曾为满足教育多样化需求做出过贡献。但是，一些不符合教育规律的理念催生了家长的焦虑，给孩子增加了负担。校外教育的盛行，不利于教育资源的公平分配和对弱势群体的权利保障。当家庭对子女的教育期望随着物质条件的充裕而日益上涨时，如何有效缓解社会的教育焦虑，平衡学校教育和校外培训的时间和精力分配，尊重孩子的发展规律、保证教育成效，是大家都关心的问题。

2021年7月24日，中共中央办公厅、国务院办公厅印发了《关于进一步减轻义务教育阶段学生作业负担和校外培训负担的意见》，"双减"政策正式出台，这是2018年教育部发布《关于切实减轻中小学生课外负担开展校外培训机构专项治理行动的通知》和《关于印发中小学生减负措施的通知》后，基础教育领域学生减负的最高级别的文件，并且将减负重点领域从校内延伸到了校外，带来了基础教育阶段育人模式、评价方式的重大变革，也对家校社协同育人提出了新的要求。"双减"政策实施以来，校外培训机构得到了迅速整顿治理，学生校外负担减轻，家庭的校外教育投入明显减少，随之而来的还有家长的教育期望得不到满足，自己辅导孩子无力、同伴压力、信息不对称等带来的焦虑。

2019年，减负专项治理行动实施后，笔者曾对我国家庭0—12岁儿童的校外教育投入状况做过一次调研。为了了解"双减"前后家庭校外投入的变化及相关政策实施效果，2022年年初，笔者对前述问题再次进行调查，并基于两次调查结果进行比较研究。

二、主要概念及文献综述

1. 家庭教育期望

家庭教育期望又称"家长教育期望"，指父母对孩子接受教育的学习表现及未来学业成就的规划和期待。家庭教育期望能影响孩子自己对教育的期望，并影响其学习动机、学习行为和学习效果，甚至超过了家庭社会阶层地位的影响。[①]

家庭教育期望能决定家庭对孩子的教育投入（尤其是校外教育投资）程度和方向[②]，其决定孩子教育获得的作用大于政府教育投入[③]。家庭教育期望能影响教育起点公平和机会公平，在国家利用政策手段积极促进教育制度公平的环境下，家庭背景中的非自致性因素如父母受教育程度、职业和收入等可能造成更明显的教育期望差异，并最终影响教育结果公平。[④] 在当前的教育环境下，激励、提升并尽力配合、满足家庭教育期望，激活家庭文化资本影响孩子塑造良好习惯的中介作用[⑤][⑥]，是提升整体教育质量的有效途径。

家庭教育期望受预期教育回报率和家庭对教育偏好的正向影响。预期教育回报率受到家庭经济地位的影响，与家长自身受教育经历及获得的教育回报有关，具有阶层、城乡、群体等异质性。[⑦] 要充分利用认知型社会资本对家庭教育期望的传导作用，通过教育促进社会阶层流动。[⑧] 家庭对教育的偏好与家长的经济能力、教育背景、职业、年龄、家庭子女个数、孩子学业表现、社会文化氛围、教育政策环境等都有一定的关系。[⑨] 基于我国家庭追踪调查数据的研究表明，近年收入差距的扩大显著提高了家庭的教育期望，并在具有

---

① 李丹. 福利三角理论视角下农村家长教育期望影响因素研究——基于中国教育追踪调查数据（CEPS）2013—2014 年数据的分析 [J]. 当代教育论坛, 2021（3）：115 – 124.

② 吴强. 家庭的收入和特征对家庭教育支出的影响研究 [J]. 华中师范大小学报（人文社会科学版）, 2020, 59（5）：175 – 186.

杨真, 张倩. 教育期望视角下的子女教育与家庭消费——基于反事实框架的因果推断 [J]. 经济问题, 2019（7）：78 – 86.

③ Coleman, J. S. et al. Equality of Educational Opportunity [R]. Washington, DC: U. S. Government Printing Office, 1966.

④ 陈武元, 程章继, 蔡庆丰. 家庭教育期望视角下的教育公平——数字普惠金融对非自致性家庭因素的缓解效应 [J]. 教育研究, 2021（10）：122 – 137.

⑤ 刘天元, 王志章. 家庭文化资本真的利于孩子形塑良好习惯吗？——家长教育参与和教育期望的中介作用 [J]. 教育科学研究, 2019（11）：51 – 57.

⑥ 李若璇, 朱文龙, 刘红瑞, 等. 家长教育期望对学业倦怠的影响：家长投入的中介及家庭功能的调节 [J]. 心理发展与教育, 2018（4）：489 – 496.

⑦ 李佳丽, 张平平, 武伟. 家庭教育投入对学生发展的异质性影响效应研究 [J]. 国家教育行政学院学报, 2021（8）：35 – 45.

⑧ 蔡庆丰, 程章继, 陈武元. 社会资本、家庭教育期望与阶层流动——基于"中国家庭追踪调查"的实证研究与思考 [J]. 教育发展研究, 2021（20）：9 – 21.

⑨ 刘保中, 张月云, 李建新. 社会经济地位、文化观念与家庭教育期望 [J]. 青年研究, 2014（6）：46 – 56.

教育资源相对优势的家庭和教育机会分布不均的地区更为明显。①

2. 校外/影子教育

影子教育是指学生在学校教育之外参加的培优补差教育活动,其形式内容与学校课程类似,像校内教育在校外的延伸或者复制。该概念最早于20世纪90年代初提出,源于学者对日本高中生参加校外补习的调查。影子教育因主流校内教育的存在而存在,目的在于提高校内的学习成绩,并因校内教育的规模和形态变化而变化。② 2016年的一项国外社会学研究认为,在校外进行的有组织的学习活动,不仅是校内教育的补充,有可能是对校内教育的替代,"影子"已不足以表明其状态及对校内教育生态的影响,应该用"校外教育活动"来替代"影子教育"的概念。③ 本研究的相关调查中,也是使用"校外教育"概念,主要指针对12岁以下儿童的,在小学和幼儿园(含公立和民办)之外由社会机构举办的各项学科强化、兴趣特长、学习实践等教育和培训,包含针对3岁前幼儿的各项早期教育及训练。

家庭对教育的投入受到家庭经济资本和文化资本的直接或间接影响,经济资本影响投入能力、文化资本影响投入意愿。④ 通常,由于义务教育普及普惠等政策要求,家庭对义务教育阶段的校内教育投入不会有差异,差异主要是在校外教育领域存在。近年来,校外教育进入了广泛和深度参与校内教育的阶段,并出现三大特点:基础教育竞争从校内转向校外,家庭对校外教育的投入力度加大,互联网技术的发达拓宽了校外教育的参与范围。基础教育从"高校内竞争、低校外竞争"的低水平均衡转化成"低校内竞争、高校外竞争"的高水平均衡,使得不同经济条件的家庭由于教育资源的获取差异而存在社会流动机会的差异,从而造成更大的阶层差异和社会不公平。⑤ 由于同伴的"剧场效应",一些原本校外教育参与意愿不强的家庭也会被动增加校外

---

① 周广肃,夏宇锋. 收入不平等对中国家庭教育期望的影响 [J]. 经济科学, 2021 (6): 130 - 142.

② 彭湃. "影子教育":国外关于课外补习的研究与启示 [J]. 比较教育研究, 2008 (1): 61 - 65.

③ 杨钋. 经济不平等时代的校外教育参与 [J]. 华东师范大学学报(教育科学版), 2020 (5): 63 - 77.

④ 姜帅,龙静. 家庭文化与经济资本对教育获得的影响效应 [J]. 教育学术月刊, 2022 (1): 51 - 57.

⑤ 杨钋. 经济不平等时代的校外教育参与 [J]. 华东师范大学学报(教育科学版), 2020 (5): 63 - 77.

教育支出，尤其是对经济条件中等或位于城市的学生家庭更明显。① 随着教育均衡水平的提高，家庭校外教育支出增加，经济条件越好的家庭，校外教育支出变动幅度越大。愈演愈烈的校外教育支出竞争，加剧了家庭经济和学生学业双重负担，容易出现过度竞争和教育焦虑。② 这也是"双减"政策全面实施的主要原因之一。

3. 家校社协同育人

家校社协同育人是指家庭、学校和社会合理分工、紧密配合，多方协作、共同承担教育培养孩子的责任，使我国立德树人的教育目标得到有效落实。③ 家校社协同育人是多元主体、协同配合的系统育人方式，其中家庭教育是基础，学校教育是关键，社会教育是延伸。④ 有学者认为，"家校社协同"中的"社"指"社区"，即若干社会群体或社会组织聚集形成的相互关联的大集体。⑤ 也有学者认为，"家校社协同"中的"社"主要指"社会培训机构"即"校外教育"，同时认为"双减"政策是对家庭、学校和社会的教育权做出的约束性规定。⑥ 结合"双减"背景下不断强化的家校社协同育人理念来看，笔者倾向于"社"指社会参与教育的校外培训机构，而社区教育和社区对家庭教育的辅助、指导等支持协同则应属于家庭教育的保障范畴。

家校社协同育人是落实"双减"政策的有效途径，要有把学生身心健康放在首位、五育并举的同向观念，要有让学生的学习回归校园主阵地的责任担当，要有多途径密切家校联系的共同体构建。⑦ 家校社协同育人理念早在1993年教育部发布义务教育阶段学生减负文件时提出，"解决中小学学生课业负担过重需要学校、社会、家庭的综合治理"。⑧ 新世纪初的全国家庭教育

---

① 薛海平，徐丹诚. 影子教育的剧场效应研究——基于中国教育追踪调查数据分析 [J]. 教育经济评论，2022 (1)：75-98.

② 薛海平，师欢欢. 教育均衡化对家庭影子教育支出的影响研究 [J]. 国家教育行政学院学报，2021 (8)：14-24.

③ 王贤德. "双减"背景下义务教育协同育人的困惑、澄明及实践路径 [J]. 中国教育学刊，2022 (2)：28-33.

④⑤孙永鸣. 新时代家校社协同育人的内涵和特征 [J]. 中国德育，2021 (18)：15-22.

⑥ 薛海平，师欢欢. 教育均衡化对家庭影子教育支出的影响研究 [J]. 国家教育行政学院学报，2021 (8)：14-24.

⑦ 人民网. 吕玉刚：推进家校社协同育人，促进学生全面而有个性发展 [J]. 中小学教育，2021 (10)：76.

⑧ 陈晓慧. "双减"时代智能技术的可为与能为——基于"家校社"协同育人视角 [J]. 中国点化教育，2022 (4)：40-47.

"十五"和"十一五"计划分别提出"家庭教育与学校教育、社会教育紧密配合""推动构建学校、家庭、社会'三结合'的教育网络"。① 家校社三主体的任务逐渐从综合治理到紧密配合,再到网络构建,其协同程度逐渐加深。经过多年政策实践后,国家"十四五"规划明确提出,要"健全学校家庭社会协同育人机制"。② 对家校社协同育人机制的探索和健全,将是未来一段时间落实"双减"政策,强化立德树人目标,明确校内和校外教育权责,提升义务教育阶段教育综合治理能力的重点工作方向。

三、"双减"后家庭教育投入和期望发生变化

"双减"后家庭的投入和期望变化可通过"双减"前后(分别2020年年初和2022年年初)两次全国范围家庭校外教育投入调查体现。2020年年初,教育部减负专项治理行动实施一年。为了了解各地义务教育阶段的校外教育投入情况,笔者在全国除宁夏以外的城乡地区发放了针对家长的校外教育投入调查问卷。2022年年初,"双减"政策实施半年后,笔者再次在除青海、甘肃、宁夏三地以外的城乡地区发放了同样的调查问卷,仅根据"双减"政策实施后关注重点的变化对问卷做了小幅修改。前后两次调查都收到有效问卷一万份左右。通过对比分析两次调查的答卷内容,"双减"后家长的教育投入和期望变化呈现如下特点。

1. 家庭校外教育投入减少,学生负担减轻

"双减"政策的推行,使得家庭校外教育投入减少,家庭经济负担和学生课后学习负担明显减轻。

首先,校外教育投入占家庭总收入比例(以下简称"投入占收入比")低的家庭增加,投入占收入比高的家庭减少。从前后两次调查来看,投入占收入比10%以下的家庭在所有调查家庭中的比例,从"双减"前的48.6%增加到"双减"后的64.9%;投入占收入比为10%至20%的家庭,从"双减"前的33.2%减少到"双减"后的24.6%;投入占收入比为20%至30%的家庭,从"双减"前的10.9%减少到"双减"后的6.5%;投入占收入比为30%以上的家庭,从"双减"前的7.3%减少到"双减"后的4.0%(见

---

① 顾理澜,李刚,张生,等."双减"背景下数字化赋能家校社协同育人研究[J]. 中国远程教育,2022(4):10-17.
② 储朝晖. 家校社协同育人实施策略[J]. 人民教育,2021(8):33-40.

图 8-1)。可见,投入占比低的家庭数,"双减"后增加了三分之一,而投入占比较高的家庭数,减少幅度在三成到五成之间。"双减"政策实施后,家庭的校外支出经济负担有效减轻。

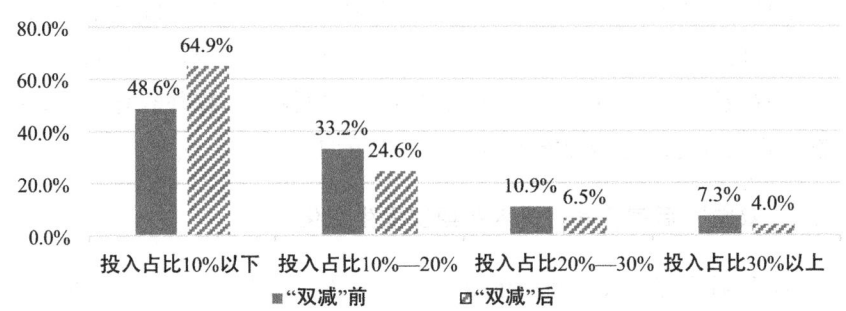

图 8-1 "双减"前后校外教育投入占家庭总收入比的变化

其次,学生参加校外培训班的数量大幅减少。"双减"前,学生校外培训报班数最多的是 2 个,占调查家庭总数的 34.5%;然后是 1 个,占比 29.4%;然后是 3 个,占比 16.4%。学生参加培训班数量为 1 至 3 个的家庭,占调查家庭总数的八成。"双减"后,学生参加校外培训班比例最高的是 0 个,占比为 42.6%,比"双减"前增加了约 3 倍;然后是 1 个,占比 30.7%,与"双减"前接近;然后是 2 个,占比 20.5%,比"双减"前减少约四成。

除了报班数为 1 个的家庭占比在三成保持稳定外,"双减"后,报班数从两三个大幅向 0 个转移,其中报班数为 3 个的家庭减少了约六成。"双减"前,约八成的家庭校外报班数在 1 和 3 之间,"双减"后,超过四成的家庭未参加任何校外培训。义务教育阶段学生参加校外培训班的数量整体减少,学生课后负担明显减轻。

2. 家长的校外教育期望发生转移

"双减"后,家长的校外教育期望从投入领域到投入年龄段都有所变化。领域从注重应试的学科培训向注重个人综合素质的艺术类转移,投入年龄段有向低幼化发展的趋势。

"双减"后家庭校外教育投入领域向兴趣特长类转移明显。"双减"前,家庭投入领域占比最高的是学科培训,"双减"后该投入比例由三成降到仅 7%;"双减"前,投入领域主要是兴趣特长的家庭有 22.2%,"双减"后,该比例跃至 62.9%,接近之前的 3 倍,增加明显(见图 8-2)。

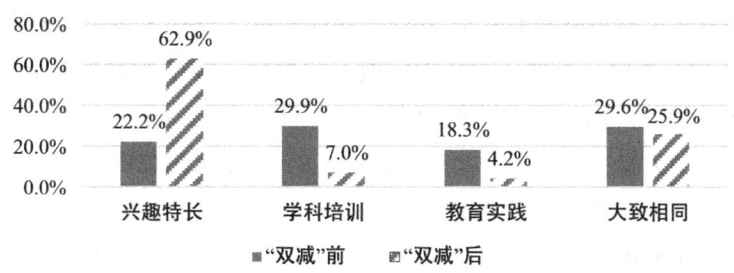

图 8-2 "双减"前后家庭校外教育投入的主要领域

本调查表明，家庭的校外教育投入期望发生转移的原因主要有两方面：一是考虑到孩子的学习负担和个人精力，占比为 42.7%；二是校外培训机构的供给和渠道发生变化，占比为 41.8%。另外，还有 15.5% 的家庭表示主要是由于家庭经济情况做出的校外投入调整。从主要原因的两方面来看，"双减"政策对校外机构的整顿规范起到了作用，从校外负担产生的源头产生了积极的干预。随着政策环境和校外培训市场供给的调整，家长对孩子负担和承受力的关注也有所增加，同伴的剧场效应逆向作用明显。"双减"从外因和内因两方面共同促进了家长的教育期望转移。

除了投入领域外，家庭校外教育投入的年龄段也有向学龄前转移的趋势，不过目前来看程度还不明显。"双减"前，校外教育投入主要发生在孩子 6—12 岁年龄段的家庭有 62.6%；"双减"后，该比例降至 56.5%，减少了约 6 个百分点，其中 5.2 个百分点向 3—6 岁转移，主要投入在 3—6 岁年龄段的家庭从 35.2% 增加到 40.4%。主要投入年龄段发生转移的原因，与校外教育投入领域的变化密不可分，兴趣特长类培训的起始年龄一般早于学科培训，并且家长相信越早开始效果越好。随着投入重点领域向兴趣特长转移，投入的年龄段也向低幼化发展。

3. 家庭的校外教育投入期望和供需存在偏差

家庭校外教育投入期望的和供需偏差主要体现在两方面：一是家庭校外教育投入和满意度之间有偏差；二是家长对校外教育的需求和供给情况存在偏差。

从投入程度和满意度之间的关系来看，家庭校外教育投入占家庭总收入的比与满意度之间不是成正比的关系。不同投入占比家庭的校外教育满意度有不同的特点。调查中，根据校外教育投入占比将调查家庭分为如图 8-3 所示的六类，对校外教育的满意度分为"较满意""不满意""不确定"三类。

调查显示，对校外教育的效果较满意的家庭，与投入占比成对称轴偏左的"倒U形"关系，即投入占比中等偏下的家庭，对校外教育表示满意的最多；其次是投入占比中等和最低的家庭；而投入占比最高的家庭，对校外教育投入满意的人最少。该关系趋势线在图8-3中用实线表示。

家庭校外教育投入占比越高的家庭，不满意的占比也越高。在投入占比10%以下的家庭中，表示不满意的仅占12.7%，而投入占比50%以上的家庭中，表示不满意的占20.9%。随着投入占比的增加，对校外教育效果不满意的比例也提高。该关系趋势线在图8-3中用点虚线表示。高投入占比和低满意度反映了家庭校外教育投入和效果偏差。

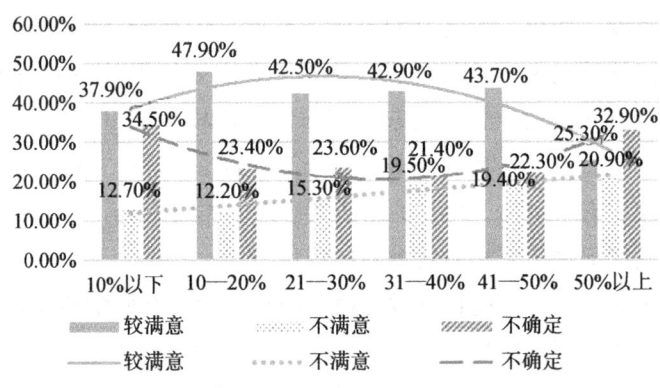

图8-3 不同校外教育投入占比家庭的校外教育满意度

另外，对校外教育效果表示不确定的家庭，则呈现"U形"分布，即投入占比中等的家庭表示效果不确定的最少，随着投入占比降低或升高，效果不确定的占比增加。

除了校外教育投入和效果偏差外，家庭对校外培训机构的缩减表示认可和忧虑并存，一方面出于减负需求，有规范和缩减校外培训机构的必要；另一方面，从大部分家长的能力和精力来看，无法满足亲自辅导孩子课后学习任务的要求，因此对校外教育还有一定的需求。大部分家长希望，能保留一部分优质的校外培训机构满足课后的学习辅导需求，或者尽量减少课后学习任务，让学习任务回归到校内主阵地，做到校外的学习任务和辅导供给相匹配，实现真正的减负提质和学生健康快乐成长。

四、"双减"后校外教育供需偏差纠正和家校社协同育人构建

"双减"后家庭教育期望发生了变化，校外教育投入减少、投入领域转移，减轻了家庭经济负担和学生的课外学习负担。另外，随着教育期望的变动和校外教育供需偏差，家长在客观经济负担减轻的同时，也加重了主观心理负担，产生了不同程度的教育焦虑。为了进一步落实"双减"政策，加强育人效果，需要对校外教育供需偏差进行纠正、缓解家长的教育焦虑，同时要着力构建家校社协同育人体系，加强各方的教育权责划分和协同配合，落实五育并举的育人路径。

1. 校外教育供需偏差纠正

（1）校外教育供需偏差纠正能缓解教育焦虑。

有研究表明，当今社会有 87% 的家长感到教育焦虑[①]，而焦虑产生的原因是教育期望偏差，即家长对子女的教育期望和子女学业表现、教育资源供给、教育政策环境等现实情况之间的差距会给家长带来教育焦虑。高教育期望不是造成教育焦虑的主要原因，适当的教育期望能通过家庭经济资本和文化资本的影响，提升孩子的学业表现。而当高教育期望得不到满足时，家长才会产生焦虑。因此，想要缓解家长的教育焦虑，需要通过纠正教育期望偏差来实现，而校外教育供需偏差是很重要的影响因素。

校外教育供需偏差纠正能优化校外教育资源布局。一刀切的校外培训机构削减阻断了大部分家庭的校外教育供给，一些培训机构转入地下，或开展"一对一"服务，反而提升了家庭的校外教育成本。能支付高成本的家庭可以继续享受校外教育，而支付不起的家庭则从校外教育市场中被剔除。以往大部分家庭能享受的校外教育资源通过支付门槛的提高，集中到了少部分人手中，校外教育需求受影响的是大部分中等收入群体。而高成本的校外教育供给，也与"双减"政策不相符，存在很大的政策风险。因此，校外教育供给偏差纠正，能充分考虑大部分人的校外教育需求，并尽量均衡地提供优质校外教育资源供给。

优质校外教育资源合理分布，家庭校外教育需求得到满足，家长重新调整其教育期望，能从客观和主观上提升孩子的学习意愿、缓解教育压力，并

---

① 尹霞，李永存，张和平，等. 家长期望偏差与教育焦虑 [J]. 青年研究，2022（1）：40-49.

进一步纠正家长教育期望偏差、减轻家长教育焦虑。

(2) 校外教育供需偏差纠正应重点注意的问题。

纠正校外教育偏差、缓解家庭教育焦虑、加强各教育主体的协同配合应重点关注以下几个问题。

一是解决校内教育与校外培训的权责分工问题。我们都提倡义务教育要回归到学校主阵地,同时校外教育作为辅助和补充。而过去有些校外培训机构,严重影响学校教育生态,甚至有取代学校主阵地的势头,这种情况要坚决杜绝。学校也应积极承担起主要教育责任,强化师资水平,加强课程研究,提升教学效果,改进评价方法。通过校内教育与校外教育的权责划分,一主一辅、分工协作、融通配合,共同实现义务教育减负提质。同时,校外教育资源还应由教育部门来统筹协调、系统布局,由政府制定指导价、统一购买服务,以确保教育在校内外的有效衔接和教育资源的公益性特征。

二是实现学生普遍需求与个性化需求之间的协调统一。良好的校内教育能满足大部分学生的普遍学习需求,而学习能力有差异的学生应得到差异化的因材施教。由于学校教学秩序、课程内容安排等原因,差异化需求只能放在校外教育时段得到满足。不论是对于学有所长的学生,还是需要"补差"的学生,都应受到同等尊重,学有余力的长处不应受到限制,捉襟见肘的短板更要及时补上,这时有针对性的个性化教育供给就显得尤为重要。要兼顾好学生普遍需求和个性化需求之间的协调,让每个人的能力都得到充分发挥,让人人都出彩、个个都成才。

三是破解家长的有限水平与辅导无限需求之间的矛盾困境。参与本次调查的家长中,54.8%为大学以下学历,45.2%为大学以上学历,其中有1.7%为研究生学历。在这样的学历构成的家长中,大部分表示自己的能力和精力无法满足辅导孩子课后学习的需求。即便是对于部分较高学历的家长,也由于教学活动的专业性、教育内容和方法的与时俱进,表示自己不能完全胜任辅导需求。大部分家长愿意参与家校协同育人,但能力不够、方法不明,时常感觉力不从心。当问到孩子参加校外培训机构的效果预期时,43%的受调查家长表示"不期望赢过别人,只求不落后",26.2%的家长认为校外培训对孩子的成长作用较小,主要应该靠学校和家庭教育,但是家庭辅导作用未达到的部分,不得已由校外培训来补足。这反映了家长的有限能力和课后辅导的无限需求之间存在鸿沟,应该得到有效补充。

2. "双减"后家校社协同育人体系构建

（1）家校社协同育人体系构建的前提是处理好几对关系。

义务教育"双减"面临着存在、价值、实践几方面的疑惑，学校回归教育主阵地后，家庭、社会的教育地位如何确定；学业外溢的教育常态下，家庭、社会的减负作用如何保证；家校社教育协同离散现状下，"双减"协同育人效果如何满足等问题都需要及时解决。① 因此，构建家校社协同育人体系的前提是先处理好几对关系。

第一，协调好学校、家庭、社会的存在关系。学校教育、家庭教育、社会教育三者缺一不可，关系紧密。在教育主体地位上，三者是平等的并列关系，没有主次之分，没有从属之序，都应积极主动发挥教育主体的能动性，将协同育人效应发挥到最大化。在教育效果上，三者是互为因果的共生关系，其中一个主体的教育成效优劣会影响到其他两个主体的能效发挥，其一的教育效果提升也会对其二的效果起到促进作用。在教育领域，三者是各有所长的互补关系，三者起主导作用的时间和场合各不相同，进行教育活动的角色和形式也有差异，在三者的扬长避短才有完整的协同育人体系架构。

第二，处理好减负和提质的价值关系。"双减"不能只注重"减"，应看到背后的目的是教育质量提升，更要在质量的"加"上下功夫。一要建立一套科学的教育质量评价体系，通过动态评价客观反映即时教育成效，并适时做出科学调整，破除教育评价领域的"五唯"顽疾。二要正确认识良性竞争的积极作用。有人认为教育焦虑是由竞争导致，教育资源的过度投入导致了教育内卷，② 其实不然。减负是要减掉过重的负担和恶行竞争，而不是要毫无负担、毫不竞争。我们今后主要面对的是激烈的国际形势和国际竞争，教育评价和选拔中适当的良性竞争有助于激发人的主动性和创造性，不能因为惧怕失败就逃避竞争。

第三，平衡好各自为战和协同作战的行动关系。学校、家庭、社会的责任和边界问题，是家校社协同育人的焦点问题，在明确三者的存在关系后要进一步明确协同实践的行动路径。要在各自的领域内承担起主动责任，守好各自的阵地，积极探索、主动担当、勤于创新、勇于实践，发挥各角色的正

---

① 佚名. 非营利性是规范校外培训的关键［N］. 第一财经日报，2021-07-26（A02）.
② 顾理澜，李刚，张生，等."双减"背景下数字化赋能家校社协同育人研究［J］. 中国远程教育，2022（4）：10-17.

面作用；在对方的领域里则应积极配合、适当退让，充分尊重对方的话语权和决策权，尽力配合对方的需求；在交叉领域则要多做事、少说话，多配合、少指挥，多信任、少怀疑，多奉献、少索取。只有各主体紧密配合、协同作战，才能使家校社协同育人路径得以贯通，并通过长效发展行稳致远。

(2) 家校社协同育人体系构建的核心是发挥几个作用。

"双减"后家校社协同育人体系构建要各主体主动参与、积极作为，充分发挥各自的作用。

第一，家校社协同育人体系构建的关键是强化学校教育主阵地作用。"双减"成效能否落实、政策能否持续，关键在于校内提质增效，要将教育的主阵地还给学校，将学校作为教育的原点。一是教育目标以学校为起点，二是教育活动以学校为重心，三是教育效果通过学校进行评价，四是教育反馈回到学校形成闭环。在强化教师队伍、提高课堂质量、优化作业设计、改善评价方法、扩大课后服务、加强家校联系等方面多管齐下。[1] 达到健全学校教育质量服务体系，强化学校作业管理主体责任，增强课后服务吸引力和有效性，实现教师应教尽教、学生学足学好等目标。[2]

第二，家校社协同育人体系构建的重点是注重家庭参与纽带作用。家庭参与程度能影响家校社协同的成效。家庭是连接学校和学生的枢纽，学生在学校的习惯和表现都能通过家庭得到放大。当家庭教育的参与和监督到位，会帮助学生扬长避短、不断提升；若家庭教育缺失，则会使学生的一些不良习惯通过"破窗效应"而变本加厉。长此以往，不同的家庭教育参与程度，会导致截然不同的效果。家庭的积极参与，也有助于家长形成适当的教育期望，减轻教育焦虑。要落实《关于指导推进家庭教育的五年规划（2021—2025）》相关规定，在校内提质增效有效落实的前提下，通过加强家庭教育积极助推校外减负赋能的同频实现。

第三，家校社协同育人体系构建的难点是融通社会教育协同作用。社会教育的主体较多元，既有校外培训机构，又有社会组织和个人举办的免费教育活动，前者兼顾营利性，后者注重公益性。使社会教育发挥家校社协同育

---

[1] 吴月. 强化学校教育主阵地作用 深化校外培训机构治理 [N]. 人民日报，2021 – 07 – 26 (002).

[2] 姚晓丹. "双减"后第一个学期，中小学校将有哪些变化——访教育部基础教育司司长吕玉刚 [N]. 光明日报，2021 – 08 – 31 (013).

人作用的关键在于,从非营利性方向规范校外培训机构的发展。① 可以通过法治方式进行规范管理,建立多部门联合执法工作机制,解决单个部门执法主体权限不足的问题;加强校外培训机构利润的监管和审计,确保学科类校外培训机构利润收益全部用于办学。② 对提供社会教育的机构和组织,由政府和教育部门进行统一的价格指导和购买服务,既保证其正常运营,又避免资本在教育领域逐利。当社会教育找准定位而不喧宾夺主,当其价值追求从资本营利回归到教育公益,家校社协同育人体系的构建定能再上台阶。

(3) 家校社协同育人体系构建的保障是建立协同育人机制。

首先,通过推进教育治理体系和治理能力现代化为家校社协同育人提供制度保障。要在治理主体多元化、治理结构扁平化、治理方式协商化和治理工具多样化的现代教育治理发展趋势下,实现教育治理从单一主体到合作网络的结构转型,明确各主体的角色和功能,建立学校自治、家庭参治、社会辅治的良好运行机制③,使家校社协同育人体系与现代教育治理体系融会贯通。

其次,利用信息化时代背景构建家校社协同育人新网络。利用信息技术构建协同育人平台,共享优质教育资源;开展线上家庭教育指导服务,促进家校社线上沟通;基于大数据的教育实验优化教育资源配置效率,提升校内教育质量;在教育数字化转型过程中注重教育理论发展和教学方法研究,发挥信息技术在未来教育中的作用;探索社会教育的网络化发展,打好与学校主阵地的配合战。④ 以信息技术发展赋能家校社协同育人机制,以协同育人新网络创建促进家校社协同育人体系的成效落实。

---

① 佚名. 非营利性是规范校外培训的关键 [N]. 第一财经日报, 2021 - 07 - 26 (A02).
② 胡彦涛, 周梦瑶. 以法治方式规范校外培训机构 [J]. 教育评论, 2022 (2): 20 - 28.
③ 鲍传友, 黄传慧. 走向善治: 多元参与的县域义务教育治理结构转型 [J]. 教育科学, 2021 (1): 31 - 37.
④ 张生, 张琼元. "双减"背景下家校社协同育人机制的构建与探索 [J]. 中小学信息技术教育, 2021 (12): 8 - 10.

第九章　量化方法在教育研究中的综合运用

第一节　教育脱贫攻坚与乡村振兴有效衔接的投入策略

2021 年中央一号文件提出要全面推进乡村振兴，巩固拓展脱贫攻坚成果，在"十四五"时期乘势而上，全面开启建设社会主义现代化国家新征程。在进入小康社会后，应设立衔接过渡期，接续推进脱贫地区乡村振兴，对农村低收入人口加强常态化帮扶。在脱贫攻坚战中，"发展教育"曾被列入"五个一批"举措中发挥了重要的扶贫脱贫作用。[①]"十四五"时期，应继续发挥教育巩固拓展脱贫成果的作用，持续推进乡村振兴，提高相对贫困人口的收入和幸福感。一方面，对教育扶贫成效和经验进行评估和总结[②]，对人类脱贫史上的壮举进行积极宣传，讲好中国脱贫故事；另一方面，吸纳和延续教育扶贫的成功经验，研究"十四五"时期接续减贫政策，以承前启后的衔接和拓展实现乡村振兴战略下教育扶贫到教育致富的有力转变。本节将以云南省德宏州 M 市为例，通过实证分析"十三五"时期教育投入提升居民收入的作用效果和特征，提出"十四五"时期振兴乡村、巩固拓展教育脱贫成果，持续提升居民收入的教育发展建议。

一、M 市"十三五"期间教育投入及发展情况

1. M 市财政性教育经费五年增加四成多

M 市属典型的边境民族直过县，全市总面积 2987 平方千米，南面与缅甸

[①] 张晶，王永. 以教育扶贫为抓手 实施"智志双扶"[N]. 光明日报，2020－10－30（06）.

[②] 彭妮娅. 教育扶贫成效如何？——基于全国省级面板数据的实证研究[J]. 清华大学教育研究，2019（4）：90－97.

接壤。全市共有学校 163 所，教职工 4758 人，专任教师 4379 人，在校生 73069 人。M 市近年的财政教育经费逐年增长，日渐夯实的财政教育投入为教育脱贫打牢了根基。2015 年全市财政教育经费投入 5.61 亿元，2019 年为 8.06 亿元，比 2015 年增加了 44%，五年间的年均增速接近 10%。M 市财政教育经费投入的年均增速虽不及云南全省和全国平均的财政教育经费年均增速 14.6%，但是其高于云南省人均 GDP 的年均增速。[①]

M 市的财政教育经费投入具有两个特点：第一，与云南省和全国的教育经费投入增速相比，M 市的财政教育经费增加速度不突出，M 市属于发展底子相对薄弱的地区，也是乡村振兴战略中需要重点关注的地区；第二，M 市的财政教育经费投入增速高于当地和云南全省的 GDP 增速，说明 M 市在赶超和发展的同时，拿出了相当一部分的经费投入在发展教育上，在全面脱贫攻坚战中，M 市对于教育脱贫给予了足够的重视。而在乡村振兴战略中，优先发展教育的思路应继续保持和发扬。

教育经费不断夯实的同时，M 市建设了一批教育扶贫项目：2014—2019 年共配备多媒体设备 1435 套，投入资金 2033.49 万元，2016 年投入资金 2930 余万元，专项用于"教育信息化建设项目"，2017 年投入资金 7000 万元。学生资助方面，2014—2019 年共发放政策资助金 6482 万元，受益建档立卡户学生 8 万多人次。2008—2019 年生源地信用助学贷款办理发放 7046.015 万元受益贫困大学生 11276 人次。2016—2019 年实施州市教育帮扶计划资金 417.175 万元，受益 3904 人次。2017—2019 年发放雨露计划资金 705.75 万元，受益 2436 人次。同时加快义务教育基本均衡发展，2014—2019 年年底用于教育事业总金额 49.41 亿元，投入 6.24 亿元新建农村学校 14 个。

2. M 市的各级各类学校建设颇具成效

一是校舍总面积增加一半。在充足的经费投入保障和各类教育扶贫项目的实施下，M 市的各级各类学校建设取得了一定的成效。学前教育、小学、初中和高中的校舍总面积由 2015 年的 46.57 万平方米增加到 2019 年的 70.06 万平方米，五年间增加了 50%。其中，高中和学前教育阶段校舍面积的年均增速分别高达 27.44% 和 15.87%，小学和初中的校舍面积年均增速分别为

---

① 本文所有涉及 M 市教育事业投入及经济发展的数据均由中国教科院驻云南 M 市挂职副市长李永明提供，特此感谢。

7.47%和5.35%。学校基础设施建设和完善，打牢了教育扶贫的根基，为教育事业发展和教育扶贫脱贫的成效落实奠定了硬件保障。

二是教师总数增加10.5%，学前教育教师增加六成。M市的各级各类教师队伍稳定发展，2015年教师总数为3924人，2019年该总数增加到4335人，五年间增加了10.5%。其中，学前教育的教师数增加明显，近五年的年均增速为12.43%，2019年比2015年增加了约六成。然后，高中阶段教师数近五年的年均增速为3.65%，五年间共增加了约15%。小学和初中阶段的教师数基本保持稳定。充足稳定的教师队伍是教育发展的基础和队伍保障，能切实提升教育水平，改善人才培养质量，保证教育扶贫成效的落实。

三是在校生数逐年提升，毛入学率得到保障。M市各级各类在校生数逐年提升，尤其是高中阶段在校生数，从2015年的6006人增加到2019年的7771人，年均增速为6.65%。学前教育阶段的在校生数增加也较快，年均增速为4%。另外，小学在校生数年均增速为2.58%。初中在校生数基本保持稳定。M市各级各类教育的毛入学率增加最快的是高中阶段，以7.27%的年均增速从2015年的65.14%增加到2019年的86.26%，与《国家中长期教育改革和发展规划纲要（2010—2020年）》提出的90%的目标逐渐接近。另外，学前教育的毛入学率以年均6%的速度从2015年的72.07%增加到2019年的91.13%。小学和初中的毛入学率分别达到99.91%和108.25%。2016年，M市顺利通过国家县域义务教育均衡发展工作督导评估；2018年，M市成为云南省129个县市中的5个教育工作先进县之一。

四是高考升学率突飞猛进，筑牢了人才基础。在教育部滇西定点扶贫的政策支持和对口单位的长期帮扶指导下，M市的教育质量稳步发展，各级教育升学率逐年提升，尤其是大学升学率近年增长迅速，成绩令人瞩目。2016年M市的高考本专科上线率接近80%，上线人数为790人，2018年增加到89.15%，短短2年时间内增加超过9个百分点，2019年再次攀升至96.92%，比上一年增加约8个百分点。最新数据显示，2020年M市的高考本专科升学率达到97.93%，上线人数1652人（见图9-1）。M市高考本专科上线率的提升，既是教育扶贫的成果体现，也为巩固拓展脱贫成效、实现地区经济长效发展打牢了优质人才基础。

图 9-1 近年 M 市高考本专科上线率增长情况

二、M 市教育投入提升居民收入的六大特点

很多重要经济学理论均论证过教育投入和发展对社会经济增长及居民收入的正向促进作用,以相关经济学理论作为本实证分析的理论基础。教育投入提升居民收入的作用被许多学者以教育扶贫的价值阐释进行过研究。人力资本理论视角下,教育是一种能形成人力资本的投资,通过提升贫困人口的劳动力层级而增加其收入。或者通过每个人都平等地接受教育促进人的全面发展,这是马克思主义教育理论的重要价值目标。新公共管理理论则认为,通过提供教育服务,应解决社会贫困问题,达到阻断贫困代际传递和根治贫困的目的。① 由于教育外溢作用对经济增长有显著的推动作用②,教育具有明确的反贫困功能③。教育支出对经济增长的贡献率高于固定资产④,使得教育扶贫具有较高的效率,教育投入提升居民收入的作用在 M 市的脱贫攻坚中得到了较好体现。

"十三五"期间,M 市累计脱贫 2 万多户,共脱贫 8.5 万人,且脱贫户数和人数逐年大幅增加,年均增速分别超过 37% 和 35%。2019 年 9 月,经国务院扶贫办验收,M 市成为云南省首批脱贫摘帽的十五个县市之一。对 M 市近

---

① 吴彬镪. 教育扶贫的价值取向、现实困境与治理策略 [J]. 教育评论,2020 (3):11-12.
② 杜育红,赵冉. 教育在经济增长中的作用:要素积累、效率提升抑或资本互补? [J]. 教育研究,2018 (5):27-35.
③ 吴晓蓉,范小梅. 教育回报的反贫困作用模型及其实现机制 [J]. 教育研究,2018 (9):80-88.
④ 刘晔,黄承键. 我国教育支出对经济增长贡献率的实证研究 [J]. 教育与经济,2009 (4):47-51.

年的教育投入和居民收入相关数据进行计量经济学的建模和实证分析，得出教育投入对 M 市居民收入提升作用具有如下特点。

1. 高考上线率与居民收入增长的关系显著，且农村地区更明显

以 M 市近年的高考本专科上线率（反映教育质量）、各级各类教育经费投入（对比农业生产投入）为自变量，以 M 市的城镇、农村常住居民人均可支配收入为因变量，采用双对数模型的最小二乘法（OLS）估计对 2015—2019 年的时间序列数据（经检验为平稳序列，适合做时间序列分析，结果可信）进行分析。

通过 M 市近年的高考本专科上线率和居民收入的弹性系数情况，可知以本专科上线率反映的优秀人才培养和储备情况对 M 市贫困人口脱贫的影响非常显著。弹性系数是一个经济学概念，是指一定时期内，两个经济指标的增长率之间的比，也叫变化速度的比，用来衡量一个指标的变化对另一个指标的变动方向和大小带来的影响，或叫衡量一个指标的变化依赖于另一个指标变化的敏感程度。具体而言，M 市高考本专科上线率每增加 1 个百分点，M 市农村居民收入增加 1.47 个百分点，城镇居民收入增加 1.28 个百分点。超过 1 的弹性系数说明两个情况：一是 M 市的教育质量发展和提升对增加居民收入和贫困人口脱贫的影响非常充分；二是这种影响在农村地区的表现比在城镇地区更为明显，说明在贫困地区通过教育扶贫脱贫，不仅具有必要性，能促进教育公平发展，更具有效率性，能优化教育资源布局、提升教育资源投入效率。

2. 教育投入对居民收入提升作用的弹性是农业生产的 4—5 倍

分析各项投入与居民收入之间的关系，可明确各投入因素对居民收入提升作用的弹性系数差异。当仅用教育经费投入作为自变量时，得出 M 市的教育投入对城镇和农村居民收入的弹性系数为分别为 0.5 和 0.45，其表示 M 市的教育经费投入每增加 1 个百分点，城镇和农村居民收入分别能增加 0.5 个百分点和 0.45 个百分点。对全国 31 个省（自治区、直辖市）（不含港澳台）的农村人均收入的影响因素的分析表明，全国总体的教育经费投入对农村居民收入的弹性系数为 0.51，贫困地区的该弹性系数为 1.06，"三区三州"深度贫困地区为 1.83，中等收入地区为 0.45，较高收入地区为 0.24[①]。对比 M

---

① 彭妮娅. 教育扶贫成效如何？——基于全国省级面板数据的实证研究 [J]. 清华大学教育研究，2019（4）：90-97.

市和全国 31 个地区的教育投入对农村居民收入影响的弹性系数可知，M 市的教育投入提升居民收入的弹性大小基本与全国总体情况和中等收入农村地区持平。

另外，增加农业生产投入作为比较因素，共同研究其和教育经费投入影响居民收入的作用大小，得出城镇地区教育投入和农业生产投入的居民收入弹性分别为 0.43 和 0.08，农村地区的上述两个弹性分别为 0.36 和 0.1，表明教育投入对提升居民收入的弹性约是农业生产投入的 4—5 倍，也说明潜在具有长期性效果的人力资本投入对居民的增收作用，远大于直接的生产投入的作用。

3. 居民收入增加的部分，3 至 5 成的作用来自教育投入

实证分析得出 M 市的教育投入和农业生产投入对居民收入影响的弹性系数后，可进一步根据近年教育投入和农业生产投入的增加比例，得出 M 市促进居民收入增加、脱贫攻坚取得成效的各因素的贡献大小。重点考察教育经费投入和农业生产投入的作用，除二者之外的其他所有因素都归为"其他因素"。可知，M 市的城镇和农村地区，近年居民收入增加的影响因素中，教育经费投入的贡献率分别达到 47% 和 34%，而农业生产投入的贡献率分别为 28% 和 29%（见表 9 – 1）。教育投入对 M 市脱贫攻坚的贡献高达 3 至 5 成。农业生产投入增加居民收入的贡献率在 M 市的城镇和农村地区差别不大，仅相差 1 个百分点。因为农业生产在农村地区进行，虽然对城镇居民和农村居民收入的影响方式有差异（农业生产投入对农村居民的收入是直接影响，对城镇居民的收入是间接影响），但实际上其对城乡居民收入的影响是同构的。而教育投入对 M 市城乡居民的收入贡献率相差较大。一方面，城镇地区的教育发展基础优于农村地区；另一方面，城镇地区的教育投入增量高于农村地区。存量和增量的共同作用，使得教育投入对居民收入增加的贡献率存在城乡差异，也说明应更重视教育投入的增收作用，不断加大农村地区的教育投入以夯实农村地区教育发展服务经济社会的基础作用，持续有力推进乡村振兴。

表 9 – 1　　　　近年 M 市居民收入增加影响因素的贡献率

影响因素	增收贡献率	
	城镇地区	农村地区
教育经费投入	47%	34%
农业生产投入	28%	29%
其他因素	25%	37%

4. 各级基础教育投入中，增加居民收入作用最大的是小学阶段

进一步分析不同阶段的教育投入对居民收入增加的影响大小。虽然 M 市当地有两所高校，但均属于省州共管，不需要 M 市投入财政经费，并且高校学生的招生来源地远超出了 M 市范围，由于其他地区的教育投入和发展差异对当地高校学生的入学前教育积累和毕业后收入潜力均有影响，影响程度之大和因素之多可单独撰文分析，故不在此讨论。此处仅分析流动性相对较小的基础教育阶段即学前、小学、初中、高中四个教育阶段的财政投入对当地居民收入的影响差异。

通过分析 M 市上述四个教育阶段的财政投入对居民收入的影响可知，对居民收入影响的弹性系数最大的是小学阶段，弹性系数为1，其表示 M 市的财政经费投入到小学教育的部分每增加1%，当地居民的收入也能增加1%，这种促进作用非常充分。与习近平总书记强调的"教育扶贫的重点是义务教育"的指示精神完全契合。原教育部部长陈宝生在2021年全国教育工作会议上的讲话中提出，我国教育脱贫攻坚战创造了世界教育史上的奇迹，义务教育阶段建档立卡贫困家庭辍学学生实现动态清零，长期存在的辍学问题得到历史性解决。控辍保学的成效取得，说明对小学阶段的教育经费投入是夯实教育扶贫的人力资本积累的重中之重，加强对起始阶段教育投入能在促进教育事业发展和教育服务经济社会上发挥事半功倍的效果。

5. "鲤鱼跳龙门"是农村地区脱贫的一种重要而有效的方式

基础教育各学段中，除了小学的教育投入能有效增加居民收入外，其次是高中阶段。高中教育投入对居民收入的弹性系数在城镇和农村地区分别是0.78和0.98，这表示，M 市城镇地区高中的财政教育经费每增加1%，当地居民的收入能增加0.78%；M 市农村地区高中的财政教育经费每增加1%，当地居民的收入能增加0.98%。虽然高中阶段的该弹性系数不及义务教育阶段，但也属于高效投入，尤其是农村地区，弹性系数接近1，与小学阶段基本持平。这说明，高中阶段的教育投入对增加 M 市农村地区居民收入的影响大于城镇地区，也说明想要增加农村地区居民的收入，通过发展高中教育，增加高等教育预备阶段的教育储备和实力，进而提升接受高等教育的机会，是很有必要的。

虽然近年有一种"寒门再难出贵子"的言论，一些人认为个人的成功与家庭经济背景有很大关联，但这正反映了两个事实：一是教育投入能促进个人的成功，个人的成长成才离不开投入的支持，越是低收入的家庭和孩子越

需要这种教育投入做支撑和保障；二是不同收入背景的孩子之间可能存在家庭投入差异造成的增收能力积累差异。但是从"寒门"子弟本身来看，要想改变贫穷落后的命运，通过接受高等教育来实现阶层流动仍是最有效和可行的方式，而地方财政夯实高中教育投入，提升高中教育水平，是助推贫困学子成功"鲤鱼跳龙门"的强劲后坐力。结合前文所述高考本专科上线率对 M 市居民收入的显著促进作用，和高中教育投入对农村居民收入的高影响力，说明"寒门"子弟想要通过"鲤鱼跳龙门"来实现人生"逆袭"，教育投入是必要且有效的保障。

6. 教育投入是脱贫攻坚后持续长效发展的有力手段

在分析 M 市的教育投入和居民收入的关系的基础上，将全国 31 个不同收入水平的省（自治区、直辖市）的教育投入、农业生产投入对居民收入影响的弹性系数共同进行比较，得出如图 9-2 所示的关系图。在农村人均可支配收入低于 13000 元和高于 24000 元的地区，教育投入促进居民收入增加的作用高于农业生产投入，且越是收入低的地区，教育投入的增收作用越明显。而在农村人均可支配收入在 13000 元到 24000 元之间的地区，农业生产投入的增收作用略高于教育投入。到了人均收入高于 24000 元的阶段，教育投入的增收作用又随着收入的提高而更明显，教育投入和发展的规模效益逐渐显现。因此，增加教育投入、发展教育不仅是在低收入水平时期脱贫的有效手段，也是在脱贫后巩固拓展脱贫成果、防止返贫、全面推进乡村振兴以及在较高收入水平阶段实现长效发展的有力手段。未来应结合各地的收入水平，继续加大教育投入，持续发挥教育在小康时期解决相对贫困，建设面向 2035 的教育现代化的长效作用。

三、乡村振兴应实现"教育扶贫"到"教育致富"的推进

2021 年 2 月 25 日召开的全国脱贫攻坚总结表彰大会上，习近平总书记庄严宣告，我国脱贫攻坚战取得全面胜利，创造了又一个彪炳史册的人间奇迹。原教育部部长陈宝生在 2021 年全国教育工作会议上的讲话中提出，教育系统尽锐出战，积极推进发展教育脱贫一批，数千万贫困家庭学生通过知识改变了命运、通过教育迎来了美好生活。教育脱贫攻坚的胜利体现了我国社会主义教育制度的优越性[①]，而在小康时期，我们更应该积极探索教育巩固拓展脱

---

① 崔保师. 教育脱贫攻坚彰显我国教育制度优越性［N］. 中国教育报，2020-10-09（01）.

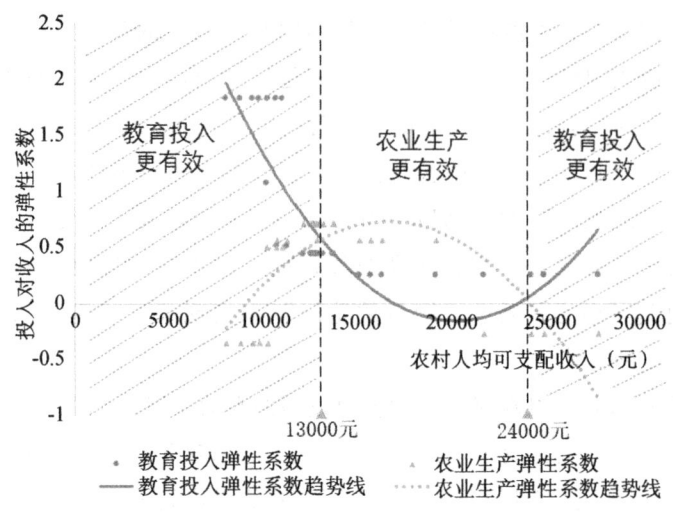

图 9-2　投入对收入的弹性系数与地区收入的关系图

贫攻坚成果的作用①，通过乡村人才振兴，深入全面推进乡村振兴，实现面向 2035 年的现代化发展远景目标和中华民族伟大复兴。

1. 深刻认识教育脱贫攻坚和教育乡村振兴有效衔接的时代特征

一是承前启后的衔接过渡期。脱贫攻坚取得胜利后，对于脱贫摘帽的县，要设立 5 年的过渡期，"摘帽不摘责任，摘帽不摘帮扶"，在保持主要帮扶政策总体稳定的基础上，实行帮扶政策逐项分类优化调整，将集中脱贫攻坚的重点发力逐渐过渡为全面乡村振兴的持续行动。

二是收官与开局的历史交汇期。现在所处的既是"十三五"到"十四五"、党的十九大到二十大的交汇期，也是"两个一百年"的历史交汇期，一方面要为全面消除绝对贫困的脱贫攻坚战画上圆满的句号；另一方面要开启建设社会主义现代化强国的新征程。

三是人类命运共同体的转折机遇期。共建"一带一路"推动了"中国梦"与人类命运共同体的融合，当前全球疫情和世界经济严峻复杂的形势，使我国面临前所未有的挑战。巩固深化脱贫攻坚成果，要在时代的转角，紧抓住国内国际双循环相互促进的新发展格局机遇，让乡村振兴融入现代化建设的大潮。

---

① 彭妮娅. 防止返贫 中国教育在持续发力 [N]. 光明日报，2020-09-08 (15).

2. 全面分析乡村振兴战略中的教育发展环境

一是国际环境发生巨变。全球经济发展的不确定性带来教育地缘政治风险，美国等西方国家的贸易战和留学政策限制，使得发展教育、培养科技人才、优化自有产业成为打破发展瓶颈的必要举措。面临百年未有之大变局，若要避免自身全产业链优势减弱，则应强化教育和科技实力，重视人才培养，提升产业层级，在国际竞争中掌握话语权。

二是国内经济稳中向好。在国家统计局发布的《2020年国民经济和社会发展统计公报》显示，我国人均国内生产总值约72447元，人均国内生产总值连续两年超过1万美元，经济总量突破100万亿元大关，经济总量占世界经济比重预计超17%，是全球唯一实现经济正增长的主要经济体。[①] 如此亮眼的经济数据，表明教育乡村振兴拥有坚实的后盾。

三是人才环境柔和宽松。2021年2月，中共中央办公厅、国务院办公厅印发《关于推进乡村人才振兴的意见》，提出坚持把乡村人力资本开发放在首要位置，大力培养本土人才，为全面推进乡村振兴、加快农业农村现代化提供有力人才支撑。在中央1号文件发布后，紧接着又出台专门针对乡村振兴人才培养的重要文件，充分体现了新型举国体制的社会主义教育制度优势。

3. 继续加大教育投入以发挥教育脱贫和致富的双效功能

一是巩固4%的成果。从2012年财政性教育经费占GDP的比首次突破4%以来，教育经费连年稳定增长，为保证教育的高回报比和打赢教育脱贫攻坚战提供了有力的经费支持。"胜非其难也，持之者其难也。"小康时期要继续加大教育投入，继续把教育摆在优先发展的战略位置。一要保证教育投入总量充足；二要优化教育资源配置，注意结构均衡；三要兼顾公平与效率，投入向农村地区倾斜，减小区域差异。同时加强动态监管，提高经费使用效益。

二是提高教育"造血"效率。在乡村振兴战略中，教育之所以重要，因为教育是提升乡村发展内生动力的重要手段，是将屡身病体扶持到正常水平后继续使其强身健体的根本措施，是将被动的"扶"变成主动的"振"的关键要素。乡村要振兴，教育要发展，不仅要实现"输血"到"造血"的转

---

① 中国经济周刊.2020年我国人均国内生产总值约72447元！经济总量占世界经济比重预计超17%［EB/OL］.［2021-03-01］. http://finance.eastmoney.com/a/202103011825716160.html.

变,还要切实提高"造血"效率,进而实现全身"换血",使乡村发展面貌焕然一新。

三是发挥教育的人口红利。一要明确教育功能定位,将人力资源作为构建新发展格局的依托,将教育作为乡村振兴战略中的优先要素。二要实现人的全面发展,以城乡基本公共服务均等化促进人才成长,促进国民素质整体提升。三要推动教育改革和社会发展深度融合,优化教育发展布局,与社会经济水平和结构相适应,使教育的经济效应可持续。筚路蓝缕,继往开来,全面巩固深化教育脱贫成果,开启教育致富的乡村振兴之路,建成社会主义现代化强国的胜利宣告指日可待。

第二节 信息技术背景下的教育传播中韩比较

电视剧是当下进行教育传播的重要载体,其蕴含的思想性、主题的丰富性、与青少年接触的便利性、反映教育问题的直观性、塑造角色的生动性等特点,使电视剧成为电化教育的重要传播途经。在网络和新媒体迅速发展的今天,电视剧在电化教育传播中仍然占有举足轻重的地位,值得我们关注。经过几十年的发展,电视剧的内容主题、表现形式、社会环境等均发生了变化,使得利用电视剧在青少年中进行教育传播,面临机会与挑战并存的局面。本文将分析韩国新"学校"系列电视剧教育传播的特征、效果和成功原因,为我国电视剧教育传播提供参考。

一、我国电视剧教育传播的发展特点和问题

电视剧是在电视媒体上播放的剧集,由编剧、导演、演员、服化、道具、制作、播放平台等诸多因素和环节共同构成。区别于新闻、信息、社交、娱乐等类型电视节目的是,电视剧是通过演员表演剧情,将若干个明确的主题以接近真实生活和场景的方式逐渐呈现的演绎过程。由于电视剧是提前制作,准备时间充分,预设构想细致,内容一旦确定改动不大,播放流程固定,播放效果较易掌控。

(一)电视剧具有教育传播属性

电视是我国当下覆盖范围最广、用户人数最多的一种大众传播媒体,电

视剧在青少年中具有较强的教育传播属性。电视剧是一种特殊的电化教育形式，其播放和观看的过程也是一个教育传播的过程，它以观众为教育对象，以剧情为教育内容，以播放、观看及讨论、分享电视剧为教育及强化过程，以播放平台（包括电视台、网络平台）为教育渠道，以电视剧本身为教育载体，或宣传、或批评、或颂扬、或警示，以反映问题、引人思考、传达积极向上的正能量为目的。

同时，电视剧的受众与教育活动的受众一致。电视剧的观众中，青少年是主要人群，[①] 一方面由于电视和网络的发展，电视剧的获得在当下大部分地区几乎没有难度，相比于三四十年前一个胡同或一个大院里只有一台电视机的景象，现在每家每户都有电视机，人手一台平板播放器或手机，在电视剧的获取方面，从时间到空间上都有很大的便利性；另一方面，青少年有观看电视剧的时间和兴趣。与成年人相比，青少年没有工作压力和时间占据，也没有那么多的社交娱乐方式，于是电视剧成了青少年的主要休闲方式之一。通过电视剧在青少年中进行教育传播具有应然性。

另外，利用电视剧进行教育传播是一种较易接受的方式。一是电视剧属于休闲范畴，其内容多样、形式活泼，与传统的学校教育不同，脱离了课堂和教师环境，没有说教意味，在相对轻松的心理环境下进行，并且多由学生主动选择，不易让学生产生叛逆心理，较易引起共鸣。二是电视剧由电视台或网络媒体平台播出，其播放端具有一定的权威性，并且由于我国较为严格的电视审查制度，使得电视剧的内容具有较高的可信度。三是电视剧是由真人演绎的，多是我们熟悉的生活场景，常给人以身临其境之感，观众会对角色进行一定的心理投射，其中解决问题的方式具有真实感和可复制性。因此，利用电视剧在青少年中进行教育传播具有必然性。

（二）我国电视剧的教育传播发展及特点

从 20 世纪 80 年代开始，电视剧逐渐成为日常娱乐休闲的一种重要形式，那时利用电视剧进行教育传播的作用已经开始显现，但意图尚不明显。经过 40 多年来的发展，电视剧的内容、形式、环境等均发生了变化。

第一，今天的电视剧在几个因素上呈增加的趋势。一是电视剧的播放载体，从原来单一的电视机到现在的各种移动互联网设备，播放载体的种类增

---

① 罗兵. 探析电视媒体对未成年人的影响［J］传媒论坛，2020（10）：165-167.

加;二是电视剧的拍摄制作团队,从原来仅有的电视台发展到网络团队制作,甚至还有独立工作室制作、粉丝和个人自制等,制作团队呈多样化;三是电视剧的主题,从原有的相对单一的红色题材发展到职场、情感、家庭、仙侠、宫斗、穿越等多种题材,大部分电视剧是几种题材杂糅;四是电视剧的播放形式,也从原来的日播发展成了日播、周播、季播等多种形式并存。

第二,今天的电视剧在几个因素上表现出明显的变化。一是电视剧的"主体"地位有所下降。20世纪80年代,万人空巷看电视剧《渴望》,那时的电视剧在电视娱乐节目中稳稳地占据主体地位。而现在随着各种明星真人秀、造星选拔比赛、网络直播节目的兴起,视频娱乐的形式呈多样化,电视剧的主体地位有所下降,电视剧在所有电视节目中的占比有所减少。二是影响电视剧的播放效果的因素更复杂。青少年对电视剧的要求更高,剧情、制作、演员阵容、颜值、演技,缺一不可。现在的电视剧不仅要求剧情内容,还要求偶像。为了确保收视率,电视剧导演纷纷启用"流量"明星出演,以获得足够的话题和关注度。

第三,今天的电视剧受"饭圈"文化的影响。我国的"饭圈文化"源于20世纪开始的"追星"现象,是"偶像文化"和"粉丝经济"的升级和翻版。"饭圈"是由若干个"饭"(英文"fans",又译为"粉丝")为了共同的喜好和追求而自发形成的追星团体(当然,不排除经纪公司的组织安排),成员以青少年为主。"饭圈"多处于情感和精力旺盛的青春期,行为处事容易出现两个极端,从好的方面来看是有主动性和自发性,有号召力和行动力,容易因为共同的目的迅速达成一致,容易为了偶像而全力付出;同时也有不好的一面,那就是心智不够成熟,容易冲动,做事缺乏理性思考,热情过头便难以把握好度,甚至影响自己的正常学习生活。由于"饭圈"能决定一个电视剧的收视率和后续效益,因此现在的电视剧在拍摄之初,便会考虑粉丝的偏好并进行迎合。正是由于"饭圈"文化的影响,利用电视剧在青少年中进行教育传播更具有可行性。

(三) 我国电视剧的教育传播现状及问题

1. 缺少以学校和教育为主题的系列电视剧

我国青春、校园题材的电视剧不少,但是多以青春恋爱为主题,真正反映教育问题的电视剧不多,更未有成系列的校园和教育题材电视剧。通过网络搜索"校园电视剧",出现的"经典十大校园剧"如下:(1)《最好的我们》;

(2)《十七岁不哭》;(3)《你好,旧时光》;(4)《校园先锋》;(5)《终极一班》;(6)《流星花园》;(7)《上瘾》;(8)《忽而今夏》;(9)《匆匆那年》;(10)《北京夏天》。① 其中,仅有《校园先锋》在一定程度上反映了教育新旧思想的矛盾与冲突,对中国当代教育理念进行了思考,其他九部电视剧均以青春成长或爱恋为主题,未涉及对教育领域问题的直接反映和深刻剖析。我国现有的校园剧大多是披着校园题材外衣的青春情感剧,未能涉及教育的本质问题。

尽管有一些较热的电视剧反映了教育问题,如《小欢喜》讲述三个备战高考家庭的升学压力和亲子关系问题;《小别离》直击"留学生热潮"现象,讲述三个家庭的升学和青春期故事;还有2015年的《虎妈猫爸》以学区房为背景,讲述义务教育阶段的亲子关系和家庭教育问题。但这些电视剧中,教育问题只是其内容的一部分,在婚恋、家庭、职场等众多主题中,教育主题并不突出。除此之外,更是缺乏成系列的教育主题电视剧。全览我国的教育主题电视剧,一是数量上很缺乏,反映和思考教育本质问题的电视剧屈指可数;二是教育主题有待回归,一些以校园为背景的偶像剧亟待重回教育焦点。

2. 未能充分利用"饭圈"文化的积极效应

由于"饭圈"文化的存在,我们可以从以下几方面利用其积极效应,以扩大电视剧的教育传播作用。一是积极组织专业编剧深入教育、观察社会、走进校园、体验家庭,创作一批反映当下教育现状和真实问题,兼具教育性和娱乐性的校园电视剧本。二是培养和发掘一批形象健康、演技过硬、有正面号召力的年轻偶像,参演相关校园题材的电视剧。三是提升电视制作团队的精细化分工和专业化水准,保证电视剧的制作水平和效果。四是加强电视剧创作团队和发行、宣传、播放等环节的沟通,通过一定的曝光率保证其在青少年中的教育传播效果。以上几方面共同作用,顺应"饭圈"文化潮流下青少年对偶像的追逐心理,让偶像来为教育问题发声,为教育事业代言,让青少年和全社会更多地思考教育、关注教育,从而从根本上发展教育。

本来"饭圈"文化是应该被我们正面利用的一种促进电视剧的教育传播效果的文化现象,但是目前却未能充分利用其积极效应,反而陷入了负面影

---

① 书画赏析. 中国最经典十大校园剧,好看的青春校园电视剧盘点 [EB/OL]. https://www.360kuai.com/pc/92aed71f5637ee560? cota = 4&kuai_so = 1&tj_url = so_news&sign = 360_7bc3b157&refer_scene = so_55.

响的桎梏中。当前"饭圈"文化具有几个急需改进的缺点：一是"饭圈"行为多涉及经济利益，已成为一种营销手段，甚至不乏经纪公司精心组织安排，为偶像打造"人设"。二是"饭圈"成员年龄呈年轻化，心态尚不成熟，容易被引导从事一些过激追星行为。三是不同的饭圈之间易对立，易引战，本来图开心的追星由于人为的圈子划分易造成群体对立，缺乏理性思考的强行动力导致的就是强破坏力。四是"饭圈文化"是一种外来文化，在我国尚处于起步阶段，其发展方向和趋势亟待正确引导。由于这些"饭圈乱象"的存在，①"饭圈文化"逐渐沦为"怪圈文化"，②而如何正面利用"饭圈"文化的积极效应，加强校园系列电视剧在青少年中的教育传播效果，是我们应该深入思考的问题。

二、韩国新"学校"系列电视剧的教育传播特征和效果

（一）新"学校"系列电视剧反映了重要教育主题

新"学校"系列电视剧之所以冠名以"新"是为了区别于1999年到2001年期间播出的四部"学校"系列电视剧。新"学校"系列电视剧延续了前四部的高中校园主题和拍摄风格，由韩国KBS和JTBC电视台以周播剧的形式播出，每周播放2集，各16集。新"学校"系列电视剧分别是《学校2013》《学校2015》《学校2017》和《十八的瞬间（学校2019）》，前三部在KBS电视台播出，以"学校"系列命名，第四部的内容延续了学校系列的拍摄主题和手法，但是播出电视台为JTBC，由于"学校"系列冠名权为KBS所有，故未能采用"学校"命名，但其创作初衷和主题内容实际上都属于"学校"系列。为了便于说明和比较，下文用《学校2019》的名称代替《十八的瞬间》，并将各季的主要教育主题列入表9-2。

新"学校"系列电视剧每季的主题都有所侧重，但都是紧扣当下重要的教育问题而展开，除了有每季独特的教育主题外，还有一些共同的内容，那就是教师的职业操守和素养、高中生的升学压力、学习成绩和人品的统一、学校、家庭与社会的关系，家长期望与自身爱好、青春的情感守护和责任感

---

① 张立. 整治饭圈乱象，治标更需治本 [EB/OL]. https：//baijiahao. baidu. com/s? id = 1702685253862498571. 2021 – 06 – 16.

② 李昉，连品洁. 别让"饭圈文化"沦为"怪圈文化" [EB/OL]. http：//fashion. people. com. cn/n1/2020/0528/c1014 – 31726815. html 2020 – 05 – 28.

表 9-2　　　　　　　　新"学校"系列电视剧的教育主题

剧名	反映的主要教育主题
《学校2013》	1. 教师成就学生还是学生成就教师？ 2. 教师如何抵抗诱惑，坚守师德？ 3. 学校教育与校外培训之间的利弊权衡及取舍？ 4. 高中生的友情、承诺与身心健康。
《学校2015》	1. 如何面对校园暴力与霸凌，保证学生健康安全成长？ 2. 以暴制暴或明哲保身，是否是解决校园霸凌的有效方式？ 3. 学习机器与身心健康的抉择，成才还是成人？ 4. 高中生如何疏解学习压力，健康成长？
《学校2017》	1. 如何与不良的校园环境和社会风气做斗争？ 2. 好学生和坏学生能否简单界定，学生评价如何进行？ 3. 如何撕去标签，追求自我、实现自我？ 4. 学校应该先教"做人"，即"立德树人"是教育的首要任务。
《学校2019》	1. 学生评价如何破除"唯分数论"？ 2. 如何发掘自身闪光点，让每个人都能成长成才？ 3. 不同家庭经济背景的学生间的交往、融合与流动。 4. 高中生的责任感对于成长的重要性与担当、抱负的培养。

等。新"学校"系列电视剧的表现形式是青春偶像剧，但其内容却紧扣教育领域的重点、难点、热点，聚焦社会关注和家庭关心的教育改革，以相对轻松的形式呈现系列复杂而沉重的教育问题，引发了大家对于这些问题的再度重视和深入思考。其播放后反响较好，尤其在韩国青少年中属于收视率较高的剧集，是电视剧教育传播领域较成功的案例，值得我们借鉴和学习。

（二）新"学校"系列聚焦的教育热点在我国的体现和发展

韩国与我国在地缘上相近，文化背景上相通，同受东亚儒家文化的影响，教育现状和问题也具有共性。新"学校"系列电视剧反映的韩国教育领域的问题，也是我国近年的教育热点问题，在我国具有一定的社会和政策关注度。

1. 校园安全与欺凌

《学校2015》的主题围绕防治校园欺凌展开，在其他三部新"学校"系列电视剧中也体现了一定的校园欺凌的内容。校园安全与欺凌防治是中小学校德育和安全管理工作的重点。近年我国教育部会同有关部门积极制定了系列政策指导，防止校园欺凌，加强学生校园安全保障。2016年，发布了《关于开展校园欺凌专项治理的通知》和《关于防治中小学生欺凌和暴力的指导意见》；2017 年，发布了《关于加强中小学幼儿园安全风险防控体系建设的意见》和《加强中小学生欺凌综合治理方案》；2018 年发布了《关于开展中小学生欺凌防治落实年行动的通知》。一系列政策文件的出台和长效机制的建立在一定程度上遏制了学生欺凌事件的频发，为各地各校开展欺凌防治提供了指南。①

2. 师德和师风建设

《学校 2013》和《学校 2017》都有相当一部分关于师德问题的探讨。师德师风建设是我国近年教育领域建设的重点。2018 年 1 月，《关于全面深化新时代教师队伍建设改革的意见》发布，这是新中国成立以来第一次以"中共中央"名义印发的关于教师队伍建设的专项文件，重点围绕加强师德师风建设、大力推进教师教育、深化教师管理综合改革、提高教师地位待遇等内容展开。同年，教育部印发《教育部关于全面落实研究生导师立德树人职责的意见》《新时代高校教师职业行为十项准则》等文件，明确了新时代各级学校教师职业行为的基本准则。同时，进一步完善各级各类学校教师违反职业道德行为的处理办法，为建立新时代教师师德失范行为负面清单提供依据。②2019 年，教育部等七部门印发《关于加强和改进新时代师德师风建设的意见》，明确将师德考核摆在教师考核的首要位置，健全师德违规通报制度，进一步推进新时代师德师风建设。

3. 学生评价与立德树人

新"学校"系列的四部电视剧都体现了学习压力与学生评价的内容。在激烈的竞争和升学压力的影响下，学业成绩一度是评价学生的唯一标准。近年来，随着多元评价体系和"立德树人"理念的提出，学生评价的"唯分数论"有望逐渐破除。2017 年，中组部、教育部联合印发《中小学校领导人员管理暂行办法》，提出在考核评价的取向上，要防止单纯以学生学业成绩考试和升学率的倾向。党中央提出培养社会主义建设者和接班人，要践行德智体

---

① 教育部. 对十三届全国人大三次会议第 4522 号建议的答复 [EB/OL]. http：//www.moe. gov.cn/jyb_xxgk/xxgk_jyta/jyta_jijiaosi/202011/t20201110_499166.html 2020 - 10 - 14.

② 中国教育科学研究院. 重大教育政策要点摘编及述评 2018 [M]. 北京：教育科学出版社，2019.

美劳"五育并举"的总体要求。① 2017 年 2 月，中共中央、国务院印发了《关于加强和改进新形势下高校思想政治工作的意见》，提出要全员育人、全程育人、全方位育人。党的十八大提出"把立德树人作为教育的根本任务"后，2018 年 5 月，习近平总书记再次指出，要把立德树人的成效作为检验学校一切工作的根本标准。2020 年，中共中央、国务院印发《深化新时代教育评价改革总体方案》，提出教育评价领域要"破五唯"，学生评价要改变"唯分数"的顽瘴痼疾，要落实立德树人根本任务。要重视品德操行，强调理想信念，要建立多元评价体系，要使每个人都有出彩的机会。

4. 规范校外培训机构发展

《学校 2013》和《学校 2019》有较大一部分体现校外补习班的内容。校外补习班又称"影子教育"，② 近年我国的影子教育除了作为校内教育的有力补充，丰富教育资源供给外，其快速扩张也带来了"剧场效应"、教育资源供给不公平等消极影响，急需加强规范治理。③ 2018 年，《关于切实减轻中小学生课外负担开展校外培训机构专项治理行动的通知》《关于规范校外培训机构发展的意见》等发布，结合《中华人民共和国民办教育促进法》等法律法规逐步推进校外培训机构治理工作。从 6 个方面提出治理任务和整改要求，包括校外培训机构需将学科类培训内容向教育部门备案审核、严禁校外培训机构组织等级考试及竞赛、坚决纠正校外培训机构"超纲教学"等措施，从场所条件、师资条件、管理条件三方面提出三条底线要求，为规范我国校外培训机构发展、减轻中小学生课外负担、促进青少年身心健康成长起到了积极作用。2021 年 7 月 24 日，中共中央办公厅、国务院办公厅印发了《关于进一步减轻义务教育阶段学生作业负担和校外培训负担的意见》，"双减"政策对校外培训机构的管理进入前所未有的规范阶段。

5. 人口流动与随迁子女教育

《学校 2019》体现了不同家庭背景的学生之间的交往问题，《学校 2015》和《学校 2017》也有关于撕去阶层标签、加强学生流动的内容。农民工随迁

---

① 教育部. 对十三届全国人大三次会议第 4389 号建议的答复［EB/OL］. http://www.moe.gov.cn/jyb_xxgk/xxgk_jyta/jyta_jijiaosi/202011/t20201110_499196.html 2020 - 10 - 14.

② 郅庭瑾，丁亚东. 中小学生家庭参与影子教育博弈的行为分析——基于动机的视角［J］. 清华大学教育研究，2020（4）：68 - 74.

③ 郑淑超，任涛，刘军伟. 影子教育治理长效化：困境与对策［J］. 中国教育学刊，2020（10）：58 - 63.

子女的融合教育和异地升学考试问题一直是我国教育政策研究领域的重点，随着农民工随迁子女的基数变大、增长速度加快，融合教育问题逐渐凸显，公共资源配置、教育均等化发展等也是亟待解决的问题。① 2012 年，国务院办公厅转发教育部等四部委《关于做好进城务工人员随迁子女接受义务教育后在当地参加升学考试工作的意见》，教育部积极会同有关部门认真贯彻落实，采取多项措施指导督促各地制定具体办法，解决进城务工人员随迁子女在迁入地参加高考问题。2019 年，在当地参加高考的随迁子女达到 22.4 万人，是 2013 年的 50 多倍。② 2016 年，国务院发布《关于统筹推进县域内城乡义务教育一体化改革发展的若干意见》，提出改革随迁子女就学机制，简化优化随迁子女入学流程和证明要求，依法保障随迁子女平等接受义务教育等政策，积极促进了流动人口随迁子女的融合教育，促进了不同背景的学生之间的交往交流。

可见，新"学校"系列电视剧展现出的教育问题，也都是我国近年重点关注和亟待解决、发展的问题。其一方面显示出了韩国电视剧教育传播的渠道充分性、主题活跃性、形式生动性、内容可看性，通过高收视率的校园系列电视剧，以"润物细无声"的方式展示和思考了教育问题；另一方面也对比出我国在电视剧教育传播方面的不足，虽然同样的教育问题在我国也存在，但我们却没有类似成系列的教育主题电视剧，说明我们在电视剧教育传播方面还有很多需要借鉴和改进的地方。

（三）新"学校"系列电视剧具有较好教育传播效果的原因

1. 以生动的形式反映当下的教育热点问题

新"学校"系列电视剧的主题鲜明，剧本生动，紧扣当前教育问题引人思考。新"学校"系列电视剧的主题都是当下真实存在的教育问题，情节真实，但是表现形式却不枯燥，让观众有代入感。通过一系列小故事对人物的成长过程娓娓道来，无说教，易接受。

2019 年上映的国内电影《少年的你》将校园暴力搬上了大银幕，表现手法和主题赢得了称许。而韩国早在 2015 年，就有以学校霸凌为题材的电视剧

---

① 刘乃超. 农名工随迁子女融合教育的困惑与对策［J］. 人民论坛，2019（29）：94-95.
② 教育部. 教育部答复人大代表关于农民工随迁子女异地高考的建议［EB/OL］. http://www. moe. gov. cn/jyb_xwfb/xw_zt/moe_357/jyzt_2020n/2020_zt06/jianyitian/202005/t20200520_456717. html 2019-11-11.

《学校2015》，其对人物内心的纠结和矛盾的刻画，也很到位。《学校2013》的主题之一便是师德，展示了教师在个人追求、物质利益和学生发展之间的抉择，其虽发生在高中校园，但默默无闻、呕心沥血的教师形象呈现得丝毫不生硬，值得各个学段的教师学习。此外，社会各阶层的融合与流动是《学校2019》的主题之一，相关主题在我国的影视作品中呈现较少，却是我国亟待解决的问题，为我们提供了一些关于进城务工流动人口子女教育状况的对照。还有很多其他的教育问题也都在新"学校"系列电视剧中被一一呈现。

上述问题既是教育热点问题，也是教育领域的重点和难点问题，我国近年的教育政策在相关方面给予了相当的重视和关注，也出台了系列政策文件予以规范和支持。尽管全社会和教育部门都在关注相关问题，但是我国却缺少充分体现相关教育问题的电视剧，而韩国将各种教育问题搬上电视屏幕，进行充分的剖析解读，为进一步探讨解决方式提供了依据。这种敢于展示、敢于批评、敢于探讨、敢于争论的精神，也是提升电视剧的教育传播效果的原因之一。

2. 较好地利用了"饭圈"文化的积极特征，扩大在青少年中的影响力

新"学校"系列电视剧的成功，一部分原因在于它较好地利用了"饭圈文化"的正面属性和易传播特征，积极扩大了偶像的影响力和号召力。"饭圈文化"的一些积极特征，在当下严峻的"饭圈文化"环境下，尤其值得我们思考和挖掘。

首先，在演员的选取上尽量将经济利益影响因素降到最低。一是采用一批有潜力的年轻偶像，他们出道时间不长，拍摄费用相对于大牌明星来说较低，这样可以保证电视剧的前期准备和后期制作的充足费用。二是年轻演员尽管资历较浅，但是拥有大量的年轻粉丝群体，号召力强。在控制拍摄成本的同时保证了其收视率。三是新"学校"系列电视剧的主演们演技和颜值俱佳，身份自带话题。

其次，新"学校"系列电视剧始于偶像而又不止于偶像。这些演员都有较高的专业度，是兼具实力的偶像派。我们当前的"饭圈"需要认真汲取的一点便是提升偶像的专业度。韩国的造星和娱乐产业具有精细的分工和很高的专业度，粉丝们虽然也关注偶像的绯闻，但偶像们更提倡将注意力放在关注其作品上，而不是通过炒作话题来吸引流量。很多年轻偶像都具有较多的优秀代表作品。例如，《学校2013》的主演获得过"SBS演技大赏特别奖"

"最佳男演员奖"等近 30 个奖项。《学校 2015》的主演获得过横跨演员奖、独幕剧奖、人气奖、童星奖等多个领域的近 20 个奖项。《学校 2017》的主演之一是学金融的高才生，突破了演艺圈偶像文化素养短板的固有印象。《学校 2019》的主演出生于 2000 年，年纪轻轻便已参演过 13 部电影和 8 部电视剧，两次获得"童星奖"。这些演员都是年轻偶像，但都具有较高的专业度，已经超出了重外在、轻内在的偶像范畴，也脱离了靠话题炒作、靠引战吸粉的低级营销层面。因此，靠偶像出演教育主题电视剧是吸引青少年粉丝的第一步，而后要保证电视剧的教育传播效果，还是要通过提升剧本质量、磨炼演员演技，从整体上提升电视剧制作的专业性来实现。

三、韩国新"学校"系列电视剧对我国教育传播的启示

（一）积极认识电视剧的教育传播特征和作用

利用电视剧进行教育传播首先应认识和肯定电视剧的教育传播作用，电视剧不仅具有休闲娱乐的功能，还应是电化教育的主要阵地。韩国新"学校"系列电视剧的实践和成效表明，利用电视剧进行教育传播确实是一种有效方式。

1. 电视剧传播是电化教育的重要途径

电视是最早在大众中进行广泛的文化传播的可视化媒体，电视剧是在电视上播放的影音剧集。随着网络和移动媒体的发展，电视剧也能在网络平台和移动客户端上进行播放。电视剧是电化教育的重要传播途径表现在时间领先性、传播便利性、环境兼容性上。

电视剧是最早的电化教育形式，早在电脑、手机等普及前，电视机就进入了千家万户，成为日常休闲娱乐和接受知识信息的重要渠道来源。对于现在的青少年来说，电视剧更是在其懂得接受信息之初就接触到的传播形式，已经成为其日常生活中固有的一部分。电视剧这种传播形式，对青少年来说有一种先入为主的领先感和亲切感。利用这种习惯的形式来进行教育传播，具有应然性和必然性。

互联网的发展使得电视剧的获得脱离了电视机载体的束缚，原本只有在电视机前才能看到电视剧，而且是在固定时段，使得电视剧在获得的便利性上有一定的时间和空间限制。而随着移动互联网的发展，现在只要有一台手机或平板电脑，在有网络覆盖的任何地方，都能随时看到想看的电视剧，极

大地提升了电视剧接触和获得的便利性，提升了其教育传播的可行性和效率性。

"互联网+教育"时代，要利用一切可利用的渠道，积极进行教育传播：一是认识电视剧传播与教育传播的关联性；二是认识电视剧传播中教育传播的特点和表现形式；三是认识电视剧传播中教育传播的作用；四是在分析电视传播的教育因素的基础上，加强和改进电视剧的教育传播功能。同时，要注重与其他传播媒体的协调和补充，使电视剧的教育传播与网络环境充分融合。[①]

2. 电视剧教育传播的优点和需要注意的问题

电视剧的教育传播具有渠道和环节畅通的优点。由于电视剧的影音呈现形式，使得电视剧内容易传播、易感知、易接受，这样使得教育客体较易与传播主体间建立起积极的关联。第一，电视剧的播放和观看多在轻松的环境下进行，使得相关教育信息和理念易传播。第二，电视剧的呈现形式通过可视的声音影像和真人演绎，形象生动，易感知。第三，电视剧通常有明星或偶像出演，对于喜欢追星的青少年来说，较易有代入感，比单纯的说教更易接受。

同时，利用电视剧进行教育传播要注意几个问题。一是要突出教育主题，坚持教育导向，要明确教育主题电视剧中的思想教育理念和方向，要对教育主题电视剧和泛娱乐化的电视节目进行区别，要保持严谨严肃的态度进行电视剧创作，不要被娱乐节目带偏和淹没。二是要和传统的学校教育和其他的电化教育方式充分结合，既要关注学校教育的发展现状，关注教育政策的改革发展与热点难点，确保教育主题电视剧反映教育领域的真问题，又要和其他的电化教育方式互相补充和融合，以提升其传播效率。三是要提高创作门槛，加强教育主题电视剧的审查监管，对于教育主题电视剧的制作传播，既要加大支持力度，又要提高准入门槛，要追求精品，避免粗制滥造。四是要培养专业人才，提升教育主题电视剧的制作水平。加强影视剧制作、编导等专业人才的培养，提升电视剧制作的精细分工和专业水平。加强传播领域人才和教育研究领域的结合，多了解真实现状，反映实际问题。还应多关注和反映教育问题，既要宣传正面成果，更要敢于展示问题、剖析原因，进而积

---

① 黄承. 电视传播中的思想政治教育研究 [D]. 武汉：华中师范大学，2007.

极思考和改进，从根本上促进教育事业取得实际进展。

（二）引导利用"饭圈文化"在青少年中进行教育传播

结合我国当前的"饭圈文化"特点和韩国新"学校"系列电视剧呈现出的积极特征，我们应该正面引导、积极利用"饭圈文化"来进行教育传播。

1. 整治网络环境，肃清"饭圈"不良氛围

2020 年 7 月 13 日，国家互联网信息办公室网站发布《关于开展 2020"清朗"未成年人暑期网络环境专项整治的通知》，提出要"重点整治诱导未成年人无底线追星、饭圈互撕等价值导向不良的信息和行为"。一方面引导年轻偶像加强自身修养，提升专业素质，转变一些偶像话题多、作品少的尴尬现状。对于没有像样的代表作，仅靠着在"饭圈"经营人设、吸引流量的行为应予以严肃清除。最近因为篡改高考身份、主持人考试作弊、违规落户等原因频频出现人设"翻车"的一些年轻偶像，便是由于过于急功近利，忽视了自身的专业素质和人品修养造成的不良后果。由此可见，偶像不仅要立人设，更要树人品；不仅要制造话题，更要提升专业；不仅要修饰外表，更要夯实内心。另一方面，要积极引导粉丝转移注意力，树立正确的人生观和价值观，理性追星。通过发掘偶像身上的闪光点而激励自身进步的行为是可取的，但是因为盲目追逐偶像而失去应有的判断力，逐渐丧失自我的行为是要坚决杜绝的。

2. 构建青少年积极正面的主体意识

通过避免几个现象来营造积极向上的"饭圈"氛围。一是避免网络暴力，引导粉丝正确认识自己的偶像和别人的偶像的异同，认清偶像存在的价值，以积极的心态欣赏和包容。对异于自己圈子的人和事，以"和而不同"的心态来接受，切勿由于宣泄情感而引战。二是避免被动跟风，要跳出"饭圈"的"信息茧房"，脱离部分别有用心的营销者的有意管控，避免"控评""反黑"等"饭圈"内群体极化行为。三是避免文化偏离，"饭圈文化"是一种亚文化，其中的恶性竞争、网络造谣等负面行为会影响青少年的人生观、价值观，过度的追星也容易催生"黑粉""私生饭"等病态现象，而这些都容易造成青少年主体意识的偏离，要认真肃清。[①]

---

① 袁志香."饭圈文化"下青年主体意识的建构［J］. 人民论坛，2020（5）：118-119.

3. 正面利用偶像的号召力，引导关注教育问题

一是营造积极整洁的娱乐产业环境，用大环境的建设带动偶像和粉丝的风向转变。二是鼓励偶像多参与教育有关的作品，减少真人秀等娱乐节目录制，增加教育主题的影视作品拍摄和制作，承担公众人物责任，用"润物细无声"的方式向青少年粉丝传播正面的价值观。三是发掘"互联网+"时代教育传播的新途径，探索"饭圈文化"在传播视域下的生存形态，借鉴"饭圈"的组织形式进行教育传播，鼓励和挖掘教育题材的文学、影视作品，探索学校教育走出校园后，依托于社交媒体平台的传播方式和认同可能。

总之，对于"饭圈文化"，我们要"弃其糟粕，取其精华"，要正面引导、积极利用，等到"饭圈文化"真正成为一种受人称道的文化时，我们的青少年价值观培养和电视剧教育传播也将会上一个新的台阶。

后 记

在我工作的第十年出版第三本个人专著,也算是对过去工作的一个阶段性总结。我本科和硕士均是数学专业,博士是经济学专业,偏重于实证研究和数据分析。博士毕业后进入中国教育科学研究院,从事教育科学研究,也开始了理科思维和社科问题的火花碰撞。

在用量化分析进行教育研究和参与各项课题的过程中,我发现了两个有趣的现象:一是大部分教育科研人员不具备统计学的学科背景,对量化研究方法不甚了解,只能"浅尝辄止"甚至"敬而远之";二是一些较好地掌握了定量研究统计学方法的科研人员对教育本身缺乏足够的认识,相关研究还是偏重于经济学解释,与教育问题的结合不深入。于是便产生了教育问题和科学研究之间的沟壑,二者遥遥相望,时常想牵手却总是难相融。

于是,我产生了一个想法,那就是如何通过我的数学、经济学背景和十年的教育科研工作经历,搭建起教育研究和量化分析之间的桥梁?冒出这个想法之初,我就觉得这项工作应该很有意义,这个融合研究应该兼顾两方面,既尽量保证实证方法介绍的科学性和准确性,又尽量回应教育领域的热点难点问题。我定下了书稿的思路:对教育研究甚至社会科学研究中能够用到的量化方法进行分类归纳,并用近年教育研究领域的热点问题作为实例,既呈现量化方法的基本概念、原理、适用情形,又说明相关方法可以在教育研究范畴怎么用、能得到什么样的研究结果,争取达到一举两得的效果。

书稿付梓之际,我回顾了一下全书内容是否达到动笔时定下的目标。诚然,搭建教育研究和量化分析之间的桥梁,并不是通过一本专著就能实现的，但至少我的努力是在朝着拉近二者距离的方向。本书的内容也还有很多值得改进的地方，方法说明可以更具体，统计软件操作过程可以更详细，一些研究内容应该有后续研究跟上，今后我会在此基础上继续完善。希望各位专家学者不吝批评指正，也希望有更多的同行加入到教育实证研究中来。

彭妮娅
2022 年 10 月于北京